VOM BYZANTINISCHEN ZUM ARABISCHEN ÄGYPTEN

Studien und Texte
aus der Heidelberger Papyrussammlung (STHP)

Herausgegeben von

Andrea Jördens – Joachim F. Quack –
Rodney Ast – James M. S. Cowey

Band 2

INSTITUT FÜR
PAPYROLOGIE
UNIVERSITÄT
HEIDELBERG

VOM BYZANTINISCHEN ZUM ARABISCHEN ÄGYPTEN

Neue dokumentarische Papyri aus dem 5. bis 8. Jahrhundert (P.Heid. XI)

Lajos Berkes

HEIDELBERG
UNIVERSITY PUBLISHING

Lajos Berkes https://orcid.org/0000-0001-6697-1107

Bibliografische Information der Deutschen Nationalbibliothek
Die Deutsche Nationalbibliothek verzeichnet diese Publikation in der Deutschen Nationalbibliografie; detaillierte bibliografische Daten sind im Internet unter http://dnb.dnb.de abrufbar.

Publiziert bei Heidelberg University Publishing (heiUP)
Heidelberg 2021.

Die Online-Version dieser Publikation ist auf den Verlagswebseiten von Heidelberg University Publishing https://heiup.uni-heidelberg.de dauerhaft frei verfügbar (Open Access).
urn: urn:nbn:de:bsz:16-heiup-book-869-9
doi: https://doi.org/10.17885/heiup.869

Satz und Layout: Elke Fuchs

Abbildungen:
Heidelberger Fotos: Elke Fuchs © Institut für Papyrologie Heidelberg
Bremen B 14479: Mathias Haase © Übersee-Museum Bremen
P.Mich.: Die Reproduktion der Michigan-Papyri erfolgt mit der freundlichen Genehmigung der University of Michigan Papyrology Collection

ISSN 2625-6274
eISSN 2625-6282

ISBN 978-3-96822-098-7 (Hardcover)
ISBN 978-3-96822-097-0 (PDF)

Inhalt

Quittungen

Briefe

Dokumente

Vorwort

Dieser Band enthält die Editionen von 42 Papyrusdokumenten, die verschiedene Aspekte des Übergangs von der byzantinischen zur arabischen Herrschaft in Ägypten beleuchten. Die hier edierten Texte sind auf Griechisch, Koptisch, bzw. manchmal einer Mischung dieser zwei Sprachen geschrieben, ferner handelt es sich bei einem Dokument um ein arabisch-griechisches Protokoll (**459**). In der Überzeugung, dass für das Verständnis des byzantinischen und arabischen Ägypten Quellen in allen für die jeweilige Epoche relevanten Sprachen berücksichtigt werden sollen, wurden die Papyri in diesem Band nach Gattung bzw. Inhalt und nicht ihrer Sprache nach gruppiert.

Zwar handelt es sich bei diesem Buch um den neusten Band der Veröffentlichungen aus der Heidelberger Papyrussammlung, doch enthält er ebenfalls Editionen mehrerer Papyri aus Beständen anderer Sammlungen: *habet suum fatum et hic libellus*. Die hier vorgelegten Dokumente wurden alle während meiner Tätigkeit als Doktorand (2010–2013), Assistent (2013–2015) und schließlich Postdoktorand (2015–2016) am Institut für Papyrologie der Universität Heidelberg im Rahmen des von der Volkswagenstiftung geförderten Programms „Forschung in Museen“ bearbeitet.

Die Anfänge dieses Bandes liegen in den 11 Papyri (**460, 463–466, 468, 486–487, 492, 497, 501**), welche ich für den Anhang meiner Dissertation *Dorfverwaltung und Dorfgemeinschaft in Ägypten von Diokletian zu den Abbasiden* (Heidelberg 2013) bearbeitet habe.[1] Diese Dokumente wurden auf die Empfehlung meiner Betreuer, Andrea Jördens und Gerrit Kloss, nicht in die Publikation meiner Dissertation (Philippika 104, Wiesbaden 2017) aufgenommen. Somit bot dieser Kern von 11 Papyri die Möglichkeit eines Editionsbandes an, den ich dann v.a. mit Hilfe der großzügigen Förderung der Volkswagenstiftung verwirklichen konnte. In diesem Projekt schlug ich einen Editionsband von Papyri verschiedener Sammlungen vor, die Kontakte von Christen und Muslimen in der früharabischen Zeit beleuchten. Diese Förderung ermöglichte es mir sowohl meine ersten Transkriptionen zahlreicher Heidelberger Stücke zu Editionen zu erweitern, als auch in diversen Sammlungen Ausschau nach weiteren interessanten Dokumenten zu halten. Mein Wechsel an die Humboldt-Universität zu Berlin im Oktober 2016 und meine dortigen neuen Verpflichtungen hinderten mich daran, mein Vorhaben rechtzeitig

1 Der Anhang enthielt auch eine Neuedition von P.Erl. 127, auf deren Veröffentlichung ich in diesem Band aber verzichte, da mittlerweile anderweitig eine Neubearbeitung erschienen ist, deren Lesung und Interpretation kaum von meinen abweichen, vgl. Gonis–Kovarik, *Korr. Tyche.*

zu vollenden. Daher freue ich mich nun mit dieser Publikation mein Versprechen an die Volkswagenstiftung und an die Heidelberger Papyrussammlung zu erfüllen.

Dieses Buch wäre nie ohne die großzügige Förderung der Volkswagenstiftung zustande gekommen, für die ich an dieser Stelle aufrichtig danken möchte. Dies beinhaltet auch den Druckkostenzuschuß, der meine Arbeit in vielerlei Hinsicht deutlich erleichterte. Mein herzlicher Dank gilt auch Andrea Jördens, die mich zunächst als Doktormutter und auch später als Vorgesetzte stets mit ihrem umfassenden Fachwissen unterstützte und mir immer Freiraum gewährte, um meine eigenen wissenschaftlichen Ideen zu verwirklichen. Ferner möchte ich noch einmal ausdrücklich meine Dankbarkeit für meinen durchgehenden freien Zugang zur Heidelberger Papyrussammlung betonen, ohne welchen die Ergebnisse dieses Bandes deutlich ärmer wären. Sowohl Andrea Jördens, wie auch den Kuratoren der anderen Sammlungen, von welchen ich Papyri veröffentliche, möchte ich für ihre Publikationserlaubnis danken: Brendan Haug (University of Michigan), Almuth Märker und Reinhold Scholl (Papyrus- und Ostrakasammlung der Universitätsbibliothek Leipzig), Olaf Schneider (Universitätsbibliothek Gießen) und Silke Seybold (Übersee-Museum Bremen). Des Weiteren zeige ich mich den Herausgebern der Reihe *Studien und Texte aus der Heidelberger Papyrussammlung* für die Aufnahme dieses Bandes in ihre Serie erkenntlich.

An dieser Stelle möchte ich auch die Möglichkeit nutzen, den zahlreichen Kollegen zu danken, die mich auf verschiedene Arten und Weisen in meiner Arbeit an diesem Band unterstützt haben. Zuerst sei meinen ehemaligen Kollegen aus der Heidelberger Papyrussammlung ganz herzlich gedankt. Von ihnen gilt ein besonderer Dank Elke Fuchs, der Restauratorin der Heidelberger Sammlung, da sie nicht nur meine zahlreichen Restaurierungs- und Scanwünsche immer geduldig erfüllte und mir auch sonst in die Sammlung betreffenden Angelegenheiten eine unentbehrliche Hilfe leistete, sondern auch den Satz dieses Bandes für den Druck übernommen hat. Über die Jahre hatte ich die Möglichkeit viele der hier bearbeiteten Papyri mit zahlreichen Kollegen weltweit zu diskutieren. An dieser Stelle können nicht alle aufgelistet werden, die auf verschiedene Weisen inhaltlich zum Band beigetragen haben, den folgenden Personen möchte ich dennoch besonders für Lesungen, Korrekturen und verschiedene interpetatorische Vorschläge danken: Anne Boud'hors, Alain Delattre, Esther Garel, Jean Gascou, Nikolaos Gonis, Andrea Jördens und Sophie Kovarik. Für eine inhaltliche Kontrolle der griechischen, koptischen bzw. arabischen Indices bin ich Andrea Jördens, Esther Garel und Naïm Vanthieghem besonders zum Dank verpflichtet. Für die sprachliche Korrektur des

Bandes danke ich Kathrin Stenzel. Es versteht sich von selbst, dass alle Fehler gleichwohl meine eigenen sind.

V·S·L·M

Berlin, Mai 2021

Lajos Berkes

Editorisches

Die Anordnung der hier veröffentlichten Papyri richtet sich grundsätzlich nach den Gattungen der jeweiligen Dokumente, wobei sie innerhalb dieser Gruppen wiederum ihrer Datierung entsprechend angeordnet wurden. Da der Großteil der in diesem Band publizierten Papyri nicht exakt datiert werden kann, stellt diese Abfolge lediglich eine ungefähre zeitliche Einordnung dar. Aus diesem Ordnungsprinzip wurden drei thematische Einheiten ausgenommen und am Ende des Bandes gesetzt.

Griechische und koptische papyrologische Editionen werden gemäß der *Checklist of Editions of Greek, Latin, Demotic and Coptic Papyri, Ostraca and Tablets* zitiert; arabische gemäß *The Checklist of Arabic Documents*.[2] Die Angabe der Provenienz und die Datierung der Texte folgt grundsätzlich den relevanten Datenbanken (HGV, DDbDP, *Brussels Coptic Database*). Bei der Angabe der Provenienz werden in der Regel nur die Gaue berücksichtigt. Tagesangaben, Korrekturen bzw. Diskussionen der einzelnen Dokumente werden nur dann angeführt, wenn sie für das Verständnis des Textes oder des behandelten Themas relevant sind. Alle Übersetzungen – falls nicht anders vermerkt – stammen von mir. Alle Datumsangaben sind – falls nicht anders angegeben – n.Chr. Bei der Angabe der Provenienz und der Datierung papyrologischer Texte und Inschriften wurden die folgenden Abkürzungen verwendet:

Aphrod. = Aphrodites Kome bzw. Aphrodito
Ars. = Arsinoe, Arsinoiton Polis bzw. Arsinoites
Herakl. = Herakleopolis bzw. Herakleopolites
Herm. = Hermupolis bzw. Hermopolites
Hk. unbek. = Herkunft unbekannt
o.D. = ohne Datierung
Oxy. = Oxyrhynchos bzw. Oxyrhynchites

Bei der Angabe der Maße bezeichnen „B“ die Breite und „H“ die Höhe der Papyri.

2 http://papyri.info/docs/checklist; http://www.naher-osten.uni-muenchen.de/isap/isap_checklist/index.html.

Literaturverzeichnis*

Wörterbücher, Lexika, Datenbanken

Brussels Coptic Database

Brussels Coptic Database (http://dev.ulb.ac.be/philo/bad/copte/baseuk.php?page=accueiluk.php).

Crum, *Dict.*

Walter E. Crum, *A Coptic Dictionary*, Oxford 1929.

DDbDP

Duke Databank of Documentary Papyri (papyri.info).

Förster, *WB*

Hans Förster, *Wörterbuch der griechischen Wörter in den koptischen dokumentarischen Texten* (Texte und Untersuchungen zur Geschichte der altchristlichen Literatur 148), Berlin [u.a.] 2002.

HGV

Heidelberger Gesamtverzeichnis der griechischen Papyrusurkunden Ägyptens einschließlich der Ostraka usw., der lateinischen Texte, sowie der entsprechenden Urkunden aus benachbarten Regionen (http://aquila.zaw.uni-heidelberg.de/start).

LBG

Erich Trapp (Hrsg.), *Lexikon zur byzantinischen Gräzität. Besonders des 9.–12. Jahrhunderts* (Österreichische Akademie der Wissenschaften, Philosophisch-Historische Klasse Denkschriften; Veröffentlichungen der Kommission für Byzantinistik), I–VII, Wien 2001–2017.

LSJ

Henry George Liddell – Robert Scott – Henry Stuart Jones – Robert McKenzie, *A Greek-English Lexicon.* With a revised supplement, Oxford 1996^{9}.

* Die Zeitschriften werden nach dem System der *L'Année philologique* (http://www.annee-philologique.com/files/sigles_fr.pdf) bzw. der *Checklist of Editions of Greek, Latin, Demotic and Coptic Papyri, Ostraca and Tablets* (http://papyri.info/docs/checklist) abgekürzt. Die Vornamen der Autoren wurden – insofern das möglich war – ermittelt und angeführt.

Preisigke, *Wörterbuch*

Friedrich Preisigke, *Wörterbuch der griechischen Papyrusurkunden mit Einschluß der griechischen Inschriften, Aufschriften, Ostraka, Mumienschilder usw. aus Ägypten.* I–II, Berlin 1925–1927.

Monographien, Artikel

Alston, *Soldier and Society*

Richard Alston, *Soldier and Society in Roman Egypt. A Social History*, London – New York 1995.

Ast, *Papyri Brashear I*

Rodney Ast, Papyri editae in memoriam Wm. Brashear I, *ZPE* 139 (2002) 177–186.

Azzarello, *Distretti*

Giuseppina Azzarello, „Distretti“ nell'Oxyrhynchites del VII sec.? P.Mert. II 98 revisitato, *APF* 59 (2013) 401–405.

Bagnall, *Army and Police*

Roger S. Bagnall, Army and Police in Roman Upper Egypt, *JARCE* 14 (1977) 67–86.

Bagnall–Worp, *CSBE²*

Roger S. Bagnall – Klaas A. Worp, *Chronological Systems of Byzantine Egypt*, Leiden – Boston 2004².

Benaissa, *Bishop*

Amin Benaissa, A Bishop, a Village, and the Nomination of a Church Steward, *ZPE* 171 (2009) 175–180.

Benaissa, *Rural Settlements*

Amin Benaissa, *Rural Settlements of the Oxyrhynchite Nome. A Papyrological Survey* (Trismegistos Online Publications 4). Version 2.0. May 2012 (http://www.trismegistos.org/top.php).

Berkes, *Die christusliebende Thebais*

Lajos Berkes, Die christusliebende Thebais, *Tyche* 29 (2014) 23–27.

Berkes, *Dorfverwaltung*

Lajos Berkes, *Dorfverwaltung und Dorfgemeinschaft in Ägypten von Diokletian zu den Abbasiden* (Philippika 104), Wiesbaden 2017.

Berkes, *Korr. Tyche*

Lajos Berkes, Korr. Tyche 700, *Tyche* 26 (2011) 291.

Berkes, *Neue Papyri*

Lajos Berkes, Neue Papyri zur Wirtschaftsgeschichte des Apa Apollos-Kloster in Bawit, *CdÉ* 89 (2014) 395–404.

Berkes, *Papyri aus Bawit*

Lajos Berkes, Papyri aus dem Apa Apollos-Kloster in Bawit (Nr. 271–275), In: Annette Felgenhauer (bearb.), *Aus Gräbern, Heiligtümern und Siedlungen. Die altägyptische Sammlung des Übersee-Museums Bremen*, [Darmstadt] 2015, 164–166.

Berkes, *Papyrologicum*

Lajos Berkes, [Papyrologicum] 74. κλάσμα τῆς καταγραφῆς in einer Steuerquittung (P. Musée copte Inv. 12837), *CdÉ* 93 (2018) 440–441.

Berkes–Cowey–Vanthieghem, *Overseers*

Lajos Berkes – James M.S. Cowey – Naïm Vanthieghem, *The Overseers of the Barns of Babylon: Two Arabic-Greek Receipts (P.Christ.Musl. 1–3)*, In: Lajos Berkes (Hrsg.), *Christians and Muslims in Early Islamic Egypt: New Texts and Studies* (i.E.).

Berkes–Cromwell, *An amīr*

Lajos Berkes –Jennifer A. Cromwell, [Papyrologicum] 65. An amīr between Umayyads and Abbasids: A Note on P. KRU 70, *CdÉ* 93 (2018) 218–220.

Berkes–Haug, *Villages*

Lajos Berkes – Brendan Haug, Villages, Requisitions, and Tax Districts: Two Greek Lists from the Eighth-Century Fayyūm, *BASP* 53 (2016) 189–222.

Biedenkopf-Ziehner, *Untersuchungen*

Anneliese Biedenkopf-Ziehner, *Untersuchungen zum koptischen Briefformular unter Berücksichtigung ägyptischer und griechischer Parallelen* (Koptische Studien I), Würzburg 1983.

Boud'hors, *Babylone*

Anne Boud'hors, Babylone - Fusṭāṭ dans les sources papyrologiques coptes, In: Lajos Berkes (Hrsg.), *Christians and Muslims in Early Islamic Egypt: New Texts and Studies* (i.E.).

Bruning, *Developments*

Jelle Bruning, Developments in Egypt's Early Islamic Postal System (With an Edition of P.Khalili II 5), *Bulletin of SOAS* 81 (2018) 25–40.

Clackson, *Archimandrites*

Sarah J. Clackson, Archimandrites and Andrismos: a Preliminary Survey of Taxation at Bawit, In: Bernhard Palme (Hrsg.), *Akten des 23. Internationalen Papyrologenkongresses Wien, 22.–28. Juli 2001*, Wien 2007, 103–107.

Crum, *Coptic Documents*

Walter E. Crum, Coptic Documents in Greek Script, *PBA* 5 (1939) 249–271.

Delattre, *Korr. Tyche*

Alain Delattre, Korr. Tyche 705, *Tyche* 26 (2011) 294–295.

Delattre, *Le monastère de Baouît*

Alain Delattre, Le monastère de Baouît et l'administration arabe, In: Alexander T. Schubert – Petra M. Sijpesteijn (Hrsg.), *Documents and the History of the Early Islamic World* (Islamic History and Civilization 111), Leiden [u.a.] 2015, 43–49.

Delattre, *Les «lettres de protection»*

Alain Delattre, Les «lettres de protection» coptes, In: Bernhard Palme (Hrsg.), *Akten des 23. Internationalen Papyrologenkongresses Wien, 22.–28. Juli 2001,* Wien 2007, 173–178.

Delattre, *Un contrat*

Alain Delattre, Un contrat de prêt copte du monastère de Baouît, *CdÉ* 79 (2004) 385–389.

Delattre, *Une lettre*

Alain Delattre, Une lettre copte du monastère de Baouît. Réédition de *P.Mich.Copt.* 14, *BASP* 44 (2007) 87–95.

Derda–Wipszycka, *L'emploi*

Tomasz Derda – Ewa Wipszycka, L'emploi des titres *abba, apa* et *papas* dans l'Égypte byzantine, *JJP* 24 (1994) 23–54.

Diethart, *Personennamen*

Johannes Diethart, Hinter Personennamen „versteckte" Berufsbezeichnungen im byzantinischen Griechisch mit einem Exkurs über Beinamen nach Berufen in den Papyri, *MBAH* 25 (2006) 195–236.

Drew-Bear, *Le nome Hermopolite*

Marie Drew-Bear, *Le nome Hermopolite. Toponymes et sites* (American Studies in Papyrology 21), Missoula 1979.

Drexhage, *Berufsbezeichnungen*

Hans-Joachim Drexhage, Zu den Berufsbezeichnungen mit dem Suffix -ᾶς in der literarischen, papyrologischen und epigraphischen Überlieferung, *MBAH* 23 (2004) 18–40.

Falivene, *The Herakleopolite Nome*

Maria Rosaria Falivene, *The Herakleopolite Nome. A Catalogue of the Toponyms with Introduction and Commentary* (ASP Studies 37), Atlanta 1998.

Garel, *Titres*

Esther Garel, Titres et fonctions dans les documents coptes fayoumiques. Méthodologie et premiers résultats, In: Anne Boud'hors *et al.* (Hrsg.), *Études coptes XVI. Dix-huitième journée d'études, Bruxelles, 22–24 juin 2017* (Cahiers de la Bibliothèque copte 23), Paris 2020, 205–215.

Garosi, *Cross-Cultural Parameters*

Eugenio Garosi, Cross-Cultural Parameters of Scribal Politesse in the Correspondence of Arab-Muslim Officials from Early Islamic Egypt, In: Sabine R. Huebner *et al.* (Hrsg.), *Living the End of Antiquity. Individual Histories from Byzantine to Islamic Egypt*, Berlin/Boston 2020, 73–94.

Gascou, *Documents grecs*

Jean Gascou, Documents grecs relatifs au monastère d'Abba Apollôs de Titkôis, *Anagennesis* 1 (1981) 219–230 (= Jean Gascou, *Fiscalité et société en Égypte byzantine* [Bilans de Recherche 4], Paris 2008, 93–97).

Gascou, *Les grands domaines*

Jean Gascou, *Les grands domaines, la cité et l'état en Égypte byzantine. Recherches d'histoire agraire, fiscal et administrative* (Travaux et Mémoires 9), Paris 1985, 160–175 (= Jean Gascou, *Fiscalité et société en Égypte byzantine* [Bilans de Recherche 4], Paris 2008, 125–213).

Gascou, *Notes*

Jean Gascou, Notes de papyrologie byzantine, *CdÉ* 58 (1983) 226–234.

Gascou, *Remarques*

Jean Gascou, Remarques textuelles et méthodologiques sur les surnoms et sobriquets dans les papyrus tardifs (autour des P.Apoll.), In: Lajos Berkes (Hrsg.), *Christians and Muslims in Early Islamic Egypt: New Texts and Studies* (i.E.).

Gascou, *Rez. Roueché*

Jean Gascou, [Rezension von] Charlotte Roueché, Performers and Partisans at Aphrodisias in the Roman and Late Roman Periods (London 1993), *AnTard* 5 (1997) 375–377.

Gascou, *Un nouveau document*

Jean Gascou, Un nouveau document sur les confréries chrétiennes: P. Strasb. Copte inv. K 41, In: Anne Boud'hors – Jean Gascou – Denyse Vaillancourt, *Études coptes IX. Onzième journée d'études, Strasbourg, 12–14 juin 2003* (Collections de l'Université Marc-Bloch – Strasbourg. Études d'archéologie et d'histoire ancienne = Cahiers de la Bibliothèque copte. 14), Paris 2006, 167–177.

Gignac, *Grammar I*

Francis Thomas Gignac, *A Grammar of the Greek Papyri of the Roman and Byzantine Periods. Vol. I. Phonology* (Testi e documenti per lo studio dell'Antichità 55), Milano 1976.

Gonis, *Abbreviated Nomismata*

Nikolaos Gonis, Abbreviated Nomismata in Seventh- and Eighth-Century Papyri. Notes on Palaeography and Taxes, *ZPE* 136 (2001) 119–122.

Gonis, *Five Tax Receipts*

Nikolaos Gonis, Five Tax Receipts from Early Islamic Egypt, *ZPE* 143 (2003) 149–157.

Gonis, *Hermopolite Localities*

Nikolaos Gonis, Hermopolite Localities and Splinter Nomes, *ZPE* 142 (2003) 176–184.

Gonis, *Loan*

Nikolaos Gonis, P.Oxy. XVI 1969 desc.: Loan of Two Solidi, *ZPE* 144 (2003) 186–188.

Gonis, *Notes*

Nikolaos Gonis, Notes on the Aristocracy of Byzantine Fayum, *ZPE* 166 (2008) 203–210.

Gonis, *Rāshid b. Khālid*

Nikolaos Gonis, Rāshid b. Khālid: An amīr in Middle Egypt under the Umayyads, In: Lajos Berkes (Hrsg.), *Christians and Muslims in Early Islamic Egypt: New Texts and Studies* (i.E.).

Gonis, *Recent News*

Nikolaos Gonis, Recent News from Flavius Magistor & Sons, *JJP* 37 (2007) 125–133.

Gonis, *Reconsidering III*

Nikolaos Gonis, Reconsidering Some Fiscal Documents from Early Islamic Egypt III, *ZPE* 169 (2009) 197–208.

Gonis, *Reconsidering IV*

Nikolaos Gonis, Reconsidering Some Fiscal Documents from Early Islamic Egypt IV, *ZPE* 186 (2013) 270–274.

Gonis, *Some Πραγματευταί*

Nikolaos Gonis, Some Πραγματευταί with False Identities, *ZPE* 132 (2000) 187–188.

Gonis, *Two Poll-Tax Receipts*

Nikolaos Gonis, Two Poll-Tax Receipts from Early Islamic Egypt, *ZPE* 131 (2000) 150–154.

Gonis–Kovarik, *Korr. Tyche*

Nikolaos Gonis – Sophie Kovarik, Korr. Tyche 867: P.Erl. 127 revised, *Tyche* 33 (2018) 237–238.

Grob, *Arabic Letters*

Eva Mira Grob, *Documentary Arabic Private and Business Letters on Papyrus. Form and Function, Content and Context* (APF Beiheft 29), Berlin [u.a.] 2010.

Hagedorn, *Bemerkungen*

Dieter Hagedorn, Bemerkungen zu Urkunden, *ZPE* 150 (2004) 155–160.

Harrauer–Rom, *Drei byzantinische Papyri*

Hermann Harrauer – Brigitte Rom, Drei byzantinische Papyri, *ZPE* 54 (1984) 95–100.

Heuser, *Personennamen*

Gustav Heuser, *Die Personennamen der Kopten I* (Untersuchungen) (Studien zur Epigraphik und Papyruskunde I/2), Leipzig 1929.

Hickey–Worp, *The Dossier of Patermouthios*

Todd M. Hickey – Klaas A. Worp, The Dossier of Patermouthios *Sidêrourgos*. New Texts from Chicago, *BASP* 34 (1997) 79–109.

Hussein, *Steuersystem*

Faleh Hussein, *Das Steuersystem in Ägypten von der arabischen Eroberung bis zur Machtergreifung der Ṭūlūniden 19–254/639–868 mit besonderer Berücksichtigung der Papyrusurkunden* (Heidelberger Orientalische Studien 3), Frankfurt am Main – Bern 1982.

Jördens, *Symmachoi*

Andrea Jördens, Die ägyptischen Symmachoi, *ZPE* 66 (1986) 105–118.

Kovarik, *Tabellionenurkunde*

Sophie Kovarik, Die byzantinische Tabellionenurkunde in Ägypten, In: Christian Gastgeber (Hrsg.), *Quellen zur byzantinischen Rechtspraxis. Aspekte der Textüberlieferung, Paläographie und Diplomatik. Akten des internationalen Symposiums, Wien 5.–7.11.2007* (ÖAW Denkschriften 413/Veröffentlichungen zur Byzanzforschung 25), Wien 2010, 27–37.

Lauffer, *Diokletians Preisedikt*

Siegfried Lauffer (Hrsg.), *Diokletians Preisedikt* (Texte und Kommentare 5), Berlin 1971.

Legendre, *Perméabilité*

Marie Legendre, Perméabilité linguistique et anthroponymique entre copte et arabe: L'exemple de comptes en caractères coptes du Fayoum fatimide, In: Anne Boud'hors (Hrsg.), *Coptica Argentoratensia: textes et documents de la troisième université d'été de papyrologie copte (Strasbourg, 18–25 juillet 2010): (P. Stras. Copt.)* (Cahiers de la Bibliothèque Copte 19), Paris 2014, 325–461.

Litinas, *Villages*

Nikos Litinas, Villages and Place-names of the Cynopolite Nome, *APF* 40 (1994) 157–164.

MacCoull, *Korr. Tyche*

Leslie S.B. MacCoull, Korr. Tyche 373, *Tyche* 16 (2001) 279.

MacCoull, *Taxes*

Leslie S.B. MacCoull, P.Lond.Copt. I 1077: Taxes in Money in Seventh-Century Egypt, *OCP* 67 (2001) 385–436.

Maresch, *Nomisma*

Klaus Maresch, *Nomisma und Nomismatia. Beiträge zur Geldgeschichte Ägyptens im 6. Jahrhundert n. Chr.* (Papyrologica Coloniensia 21), Opladen 1994.

Mitthof, *Mietverträge*

Fritz Mitthof, Zwei Mietverträge aus Herakleopolis, *Tyche* 20 (2005) 101–110.

Morelli, *I χωρία*

Federico Morelli, I χωρία in α dell'Arsinoite. Le liste alfabetiche SPP X 37, 40, 81, 87, 134, 135, 240 (= SPP XX 226), 265, 269, P. Münch. inv. 294, P. Prag. I 26, *ZPE* 149 (2004) 125–137.

Morelli, *Legname*

Federico Morelli, Legname, palazzi e moschee. P.Vindob. G 31 e il contributo dell'Egitto alla prima architettura islamica, *Tyche* 13 (1998) 165–190.

Morelli, *Le monete*

Federico Morelli, Le monete d'oro contanti di SPP X 62 raddoppiato, *ZPE* 189 (2014) 218–224.

Morelli, *Prezzi*

Federico Morelli, *I prezzi dei materiali e prodotti artigianali nei documenti tardoantichi e del primo periodo arabo (IV ex.-VIII d.C.)* (MPER 33), Berlin – Boston 2019.

Nielsen–Worp, *New Papyri*

Bruce E. Nielsen – Klaas A. Worp, New Papyri from the New York University Collection: IV, *ZPE* 149 (2004) 103–124.

Papaconstantinou, *Administering*

Arietta Papaconstantinou, Administering the Early Islamic Empire: Insights from the Papyri, In: John Haldon (Hrsg.), *Money, Power and Politics in Early Islamic Syria. A Review of Current Debates,* Farnham 2010, 57–74.

Papaconstantinou, *Conversions monétaires*

Arietta Papaconstantinou, Conversions monétaires byzantines. P.Vindob. G 1265, *Tyche* 9 (1994) 93–98.

Papathomas, *Höflichkeit*

Amphilochios Papathomas, Höflichkeit und Servilität in den griechischen Papyrusbriefen der ausgehenden Antike, In: Bernhard Palme (Hrsg.), *Akten des 23. Internationalen Papyrologenkongresses Wien, 22.–28. Juli 2001.* Wien 2007, 497–512.

Pintaudi, *Papiri di piccolo formato*

Rosario Pintaudi, Ancora papiri di piccolo formato, In: Sandro F. Bondì *et al.* (Hrsg.), *Studi in onore di Edda Bresciani*, Pisa 1985, 423–427.

Raghib, *Lettres Arabes I*

Yusuf Raghib, Lettres Arabes (I), *AnnIslam* 14 (1978) 15–35.

Richter, *Rechtsemantik*[2]

T. Sebastian Richter, *Rechtsemantik und forensische Rhetorik. Untersuchungen zum Wortschatz, Stil und Grammatik der Sprache koptischer Rechtsurkunden* (Philippika 20), Wiesbaden 2008[2].

Richter, *Spätkoptische Rechtsurkunden III*

T. Sebastian Richter, Spätkoptische Rechtsurkunden neu bearbeitet (III): P.Lond. Copt. I 487 – arabische Pacht in koptischem Gewand, *JJP* 33 (2003) 213–230.

Rouillard, *L'administration civile*[2]

Germaine Rouillard, *L'administration civile de l'Égypte byzantine*, Paris 1928[2].

Satzinger, *ⲕⲁⲑⲁⲣⲱⲥ ⲕⲁⲓ ⲁⲡⲟⲕⲣⲟⲧⲱⲥ*

Helmut Satzinger, ⲕⲁⲑⲁⲣⲱⲥ ⲕⲁⲓ ⲁⲡⲟⲕⲣⲟⲧⲱⲥ in koptischen Urkunden, *CdÉ* 45 (1970) 417–420.

Schmelz, *Brief der Bischofskirche*

Georg Schmelz, Brief der Bischofskirche von Hermupolis Magna an die Dorfvorsteher von Alabastrine, In: Bernhard Palme (Hrsg.), *Akten des 23. Internationalen Papyrologenkongresses Wien, 22.–28. Juli 2001*, Wien 2007, 645–656.

Schmelz, *Kirchliche Amtsträger*

Georg Schmelz, *Kirchliche Amtsträger im spätantiken Ägypten nach den Aussagen der griechischen und koptischen Papyri und Ostraka* (Archiv für Papyrusforschung Beiheft 13), Leipzig 2002.

Seider, *Papyrussammlung*

Richard Seider, Aus der Arbeit der Universitätsinstitute. Die Universitäts-Papyrussammlung, *Heidelberger Jahrbücher* 8 (1964) 142–203.

Sijpesteijn, *Shaping a Muslim State*

Petra M. Sijpesteijn, *Shaping a Muslim State. The World of a Mid-Eighth-Century Egyptian Official* (Oxford Studies in Byzantium), Oxford 2013.

Silverstein, *Postal Systems*

Adam J. Silverstein, *Postal Systems in the Pre-Modern Islamic World* (Cambridge Studies in Islamic Civilisation), Cambridge [u.a.] 2007.

Steen, *Clichés Épistolaires*

Henry A. Steen, Les clichés épistolaires dans les lettres sur papyrus grecques, *C&M* 1 (1938) 119–176.

Tibiletti, *Lettere private*

Giuseppe Tibiletti, *Le lettere private nei papiri greci del III e IV secolo d. C. Tra paganesimo e cristianesimo*, Milano 1979.

van Minnen, *Receipt*

Peter van Minnen, A Receipt for Tax Arrears from Hermopolis, *Tyche* 31 (2016) 201–203.

van Minnen, *Une nouvelle liste*

Peter van Minnen, Une nouvelle liste de toponymes du nome Hermopolite, *ZPE* 101 (1994) 83–86.

Venticinque, *Receipt*

Philip Venticinque, A Receipt from the Holy Church of God at Hermopolis, *BASP* 48 (2011) 89–97.

Wassiliou, *Katalog*

Alexandra-Kyriaki Wassiliou, *Katalog der ausgestellten Siegel*, In: Alexandra-Kyriaki Wassiliou (Hrsg.), *Siegel und Papyri. Das Siegelwesen in Ägypten von römischer bis früh-arabische Zeit.* Katalog zur Sonderausstellung des Papyrusmuseums der Österreichischen Nationalbibliothek in Zusammenarbeit mit der Österreichischen Akademie der Wissenschaften/Kommission für Byzantinistik 20.9.–31.12.1999 (Nilus Studien zur Kultur Ägyptens und des Vorderen Orients 4), Wien 1999.

Wipszycka, *Les confréries*

Ewa Wipszycka, Les confréries dans la vie religieuse de l'Égypte chrétienne, In: Dieter H. Samuel (Hrsg.), *Proceedings of the Twelfth International Congress of Papyrology*, (American Studies in Papyrology 7), Toronto 1970, 511–525.

Wipszycka, *Les reçus*

Ewa Wipszycka, Les reçus d'impôts et le bureau des comptes des pagarchies aux VIe–VIIe siècles, *JJP* 16–17 (1971) 105–116.

Wipszycka, *Les ressources*

Ewa Wipszycka, *Les ressources et les activités économiques des églises en Égypte du IVe au VIIIe siècle* (Papyrologica Bruxellensia 10), Bruxelles 1972.

Worp, *Coptic Containers*

Klaas A. Worp, Notes on Coptic Containers of Liquids in Greek Papyri, In: Mat Immerzeel (Hrsg.), *Coptic Studies on the Threshold of a New Millennium. Proceedings of the Seventh International Congress of Coptic Studies, Leiden, August 27–2 September 2000* (Orientalia Lovaniensia analecta 133), Leuven [u.a.] 2004, 559–578.

Die Erwerbungsgeschichte der publizierten Papyri

Institut für Papyrologie der Universität Heidelberg

Alle Angaben stammen aus dem Inventar des Instituts für Papyrologie der Universität Heidelberg und wurden nur minimal durch zusätzliche Informationen ergänzt, für die ich Andrea Jördens und Elke Fuchs zum Dank verpflichtet bin. Die zum „alten Bestand" gehörenden Papyri kamen wahrscheinlich über Carl Reinhardt 1897–1905 in die Sammlung. Zu den einzelnen Erwerbungen vgl. Seider, *Papyrussammlung*; zum „Ankauf Hammer" vgl. die Notiz in eckigen Klammern von Diether Hagedorn in Ast, *Papyri Brashear I*, bes. die mit einem Stern gekennzeichnete Anmerkung auf S. 177.

- P.Heid. Inv. G 35: „Erworben durch: Reinhardt 1897."
- P.Heid. Inv. G 45: „Erworben durch: Reinhardt 1897."
- P.Heid. Inv. G 151b (+292): „Erworben durch: Reinhardt 1897."
- P.Heid. Inv. G 262: „Erworben durch: Reinhardt 1897."
- P.Heid. Inv. G 281: „Erworben durch: Reinhardt 1897."
- P.Heid. Inv. G 282: „Erworben durch: Reinhardt 1897."
- P.Heid. Inv. G 292 (+151b): „Erworben durch: Reinhardt 1897."
- P.Heid. Inv. G 325: „Erworben durch: Reinhardt 1897."
- P.Heid. Inv. G 379: „Erworben durch: Reinhardt 1897."
- P.Heid. Inv. G 780: „Erworben durch: Bilabel 1914."
- P.Heid. Inv. G 1030: „Erworben durch: Siegmann 1959."
- P.Heid. Inv. G 1034: „Erworben durch: Siegmann 1959."
- P.Heid. Inv. G 1243: „Alter Bestand."
- P.Heid. Inv. G 1330: „Alter Bestand."
- P.Heid. Inv. G 1497: „Erworben: 1952–1963? Durch Siegmann."
- P.Heid. Inv. G 1587a: „Erworben: 1952–1963? Durch Siegmann."
- P.Heid. Inv. G 1631a: „Alter Bestand."
- P.Heid. Inv. G 1631d: „Alter Bestand."
- P.Heid. Inv. G 1745: „Alter Bestand."
- P.Heid. Inv. G 1889: „Alter Bestand."
- P.Heid. Inv. G 1920: „Alter Bestand."
- P.Heid. Inv. G 2626: „Alter Bestand."
- P.Heid. Inv. G 2735: „Alter Bestand."
- P.Heid. Inv. G 2739: „Alter Bestand."

- P.Heid. Inv. G 2760: „Alter Bestand.“
- P.Heid. Inv. G 5226: „Ankauf Hammer (Nachlaß Bilabel) 1999. Pap[yrus].-Kart[ell]. 1914.“
- P.Heid. Inv. G 5253: „Ankauf Hammer (Nachlaß Bilabel) 1999. Pap[yrus].-Kart[ell]. 1914.“
- P.Heid. Inv. Kopt. 16: „Erworben durch: Reinhardt 1897.“
- P.Heid. Inv. Kopt. 29: „Erworben durch: Reinhardt 1897.“
- P.Heid. Inv. Kopt. 43: „Erworben durch: Reinhardt 1897.“
- P.Heid. Inv. Kopt. 79: „Erworben durch: Reinhardt 1897.“
- P.Heid. Inv. Kopt. 707: „Alter Bestand.“
- P.Heid. Inv. Kopt. 880: „Alter Bestand.“
- P.Heid. Inv. Kopt. 1110: „Alter Bestand.“
- P.Heid. Inv. Kopt. 1379: „Alter Bestand.“

Papyrus Collection, University of Michigan[3]

- P.Mich. Inv. 3519 und 3566: „The papyrus was purchased from Nahman in 1925 and came to University in October 1926 as a gift of Oscar Weber and Richard H. Webber (of Detroit).“
- P.Mich. Inv. 3980f: „It reached the University in October 1926 (sent by Boak in March 1925).“
- P.Mich. Inv. 5577a: „Purchased in 1928/29, and were received at the University of Michigan in 1929.“

Übersee-Museum Bremen

B 14479 wurde 2012 mit anderen Papyri von der Restauratorin der Heidelberger Papyrussammlung Frau Elke Fuchs restauriert. Während der Restaurierung hatte ich die Möglichkeit, die Bestände zu untersuchen: Inhaltliche Merkmale ließen schnell eine Herkunft aus dem Apa Apollos-Kloster in Bawit vermuten. Über die Provenienz der Papyri liegen keine Informationen vor, wie mir Frau Annette Felgenhauer freundlicherweise mitgeteilt hat (Email vom 3.7.2014): „Zur Erwerbungsgeschichte der Papyri ist nichts bekannt. Sie sind aber mit an Sicherheit grenzender Wahrscheinlichkeit unter und auf Veranlassung des Gründungsdirektors des Museums Hugo Schauinsland [Direktor 1896–1933] in die Sammlung gelangt. Ich konnte auch im Archiv keine Information zu diesem Eingang finden.“ Mehrere Papyri waren Kollagen aus Papyrusfragmenten verschiedener antiker Dokumente. Solche Kollagen wurden typischerweise von modernen Händlern zusammengestellt, um dem Käufer auf den ersten Blick den Eindruck zu

3 Alle Angaben stammen von der APIS-Seite der University of Michigan: https://www.lib.umich.edu/papyrology-collection/advanced-papyrological-information-system-apis.

vermitteln, dass es sich um ein vollständiges Stück handelt, und dadurch den Kaufpreis zu erhöhen. Diese Bestände werden im folgenden Beitrag beschrieben: Berkes, *Papyri aus Bawit.*

Gießener Papyussammlung, Justus-Liebig-Universität Gießen

P.Giss. Inv. 192: Olaf Schneider, der Kurator der Gießener Papyrussammlung, informiert mich (Email vom 25.11.2019) dankenswerter Weise folgendermaßen: „Der Papyrus dürfte über das deutsche Papyruskartell in Berlin in Ägypten erworben und an die Sammlung der Papyri des Oberhessischen Museums / Papyri Gissenses verlost worden sein. Für diese Sammlung war Ernst Kornemann Mitglied im Papyruskartell. Alle Papyri nach der Inventarnummer 150 wurden über das Kartell erworben. Die ersten 150 Nummern noch in Ägypten über eine Postsendung selbst angekauft." Holger Essler ergänzte anhand unveröffentlichter Unterlagen (Email vom 27.11.2019), dass die Reihenfolge der Inventarnummern nicht der Reihenfolge der Ankäufe zu entsprechen scheine, da die frühen Ankäufe für Giessen (bzw. P.Giss.) der Beschreibung nach alle ptolemäisch oder römisch wären und somit sollte P.Giss. Inv. 192 nicht dazu gehören – außer es wäre nicht erwähnt worden. Ferner passte er vielleicht am besten zu Ankauf 79 des Gesamtkartells, dessen Kurzbeschreibung folgendermaßen lautet: „1 Schachtel Papyrus. byz. Rechnungen." Die Verlosungslisten verweisen als Inhalt auf „ein grösseres Schriftstück aus byzant. Zeit; eine vollständige Quittung, byzant.; eine gut erhaltene kleine koptische Urkunde; sonstige byzant. Bruchstücke; grösseres Bruchstück eines Vertrages (?), auf der einen Seite grosse griech. Pinselschrift; eine arabische Urkunde" – was zu P.Giss. Inv. 192 gut passen würde. Die Erwerbung dieses Ankaufs geschah am 30. September 1912 durch Max Pieper im Fayyum, Verkäufer war Mansur Ismaïn aus Kasr el-Haram. Zwar ist dieser Ankauf der beste Kandidat, dennoch kann 1912 nicht mit vollkommener Sichercheit als Datum des Erwerbs von P.Giss. Inv. 192 angenommen werden, da die Internetseite der Gießener Sammlung selbst „1902 (?)" als Erwerbdatum angibt.[4]

Papyrus- und Ostrakasammlung der Universitätsbibliothek Leipzig

P.Lips. Inv. 1041 und 2189: Wie mir Almuth Märker, die Kuratorin der Leipziger Papyrus- und Ostrakasammlung der Universitätsbibliothek Leipzig freundlicher Weise mitteilte (Email vom 5.12.2019), sind wohl beide Papyri nach 1902 durch das Deutsche Papyruskartell nach Leipzig gelangt – Weiteres lässt sich jedoch nicht sicher sagen.

4 https://papyri.uni-leipzig.de/receive/GiePapyri_schrift_00013490.

Konkordanz der Inventar- und Publikationsnummern

Inventarnummer	P.Heid. XI
B 14479	**495**
P.Giss. Inv. 192	**471**
P.Heid. Inv. G 35	**466**
P.Heid. Inv. G 45	**469**
P.Heid. Inv. G 151b + 292	**463**
P.Heid. Inv. G 262	**492**
P.Heid. Inv. G 281	**493**
P.Heid. Inv. G 282	**494**
P.Heid. Inv. G 325 Vorderseite	**464**
P.Heid. Inv. G 325 Rückseite	**465**
P.Heid. Inv. G 379	**460**
P.Heid. Inv. G 780 R	**470**
P.Heid. Inv. G 1030	**501**
P.Heid. Inv. G 1034	**497**
P.Heid. Inv. G 1243	**467**
P.Heid. Inv. G 1330	**477**
P.Heid. Inv. G 1497	**476**
P.Heid. Inv. G 1587a	**474**
P.Heid. Inv. G 1631a	**475**
P.Heid. Inv. G 1631d	**479**
P.Heid. Inv. G 1745	**480**
P.Heid. Inv. G 1889	**486**
P.Heid. Inv. G 1920	**468**
P.Heid. Inv. G 2626	**473**
P.Heid. Inv. G 2735 + Kopt. 29 + G 2739 + Kopt. 1110 + Kopt. 880 R	**462**
P.Heid. Inv. G 2735 + Kopt. 29 + G 2739 + Kopt. 1110 + Kopt. 880 V	**472**
P.Heid. Inv. G 5226 V	**484**
P.Heid. Inv. G 5253	**478**
P.Heid. Inv. Kopt. 16 R	**461**
P.Heid. Inv. Kopt. 16 V	**482**
P.Heid. Inv. Kopt. 43	**483**
P.Heid. Inv. Kopt. 79 R	**490**
P.Heid. Inv. Kopt. 79 V	**481**
P.Heid. Inv. Kopt. 707	**491**
P.Heid. Inv. Kopt. 1379	**485**
P.Lips. Inv. 1041 R	**459**
P.Lips. Inv. 1041 V	**489**
P.Lips. Inv. 2189	**487**
P.Mich. Inv. 3519	**488**
P.Mich. Inv. 3566	**496**
P.Mich. Inv. 3980f R	**498**
P.Mich. Inv. 3980f V	**499**
P.Mich. Inv. 5577a	**500**

Texte

459. Griechisch-Arabisches Protokoll

P.Lips. Inv. 1041 R | B: 17,5 cm × H: 10,5 cm | 685–705
Hermopolites | | Tafel I

Erhalten sind Reste eines griechisch-arabischen Protokolls, das in die Regierungszeit des Gouverneurs ʿAbd al-ʿAzīz b. Marwān datiert. Solche Protokolla, welche auf eine byzantinische Tradition zurückgehen, wurden zum Schutz an den Anfang der Papyrusrolle geklebt und enthielten verschiedene Angaben über Beamte und – in der arabischen Zeit – auch religiöse Formeln. Unser Protokoll wurde für den koptischen Brief **489** wiederverwendet: Reste der Adresse sind (um 180°) gedreht) über Z. 5 zu sehen. Die Entzifferung des Textes basiert an vielen Stellen weitgehend auf Parallelen, da die verschwommene, abgeriebene Stempelschrift oft kaum zu deuten ist. Das Protokoll scheint dem Formular A2aα von Adolf Grohmann zu entsprechen, vgl. CPR III, S. XXXVI–XXXVII. Zu griechisch-arabischen Protokolla vgl. CPR III und die Einleitung von Alain Delattre und Naïm Vanthieghem mit weiteren Literaturhinweisen in P.Gascou 27a, S. 113–117.

Dunkelbraunes, löchriges Papyrusblatt beschrieben mit schwarzer Tinte und einem Pinsel. Nur der rechte Rand ist original; die anderen wurden für die Wiederverwendung beschnitten. Die Schrift läuft bis Z. 4 parallel zu, danach – wie bei Protokolla üblich – entgegen den Fasern.

- -

[الرحمن الرحيم *vac.*] *vac.* بسم الله
[**IIIII** οὐκ ἔστι Θ(εὸ)ς] ε̣ἰ̣ μ̣ὴ̣ ὁ̣ Θ(εὸ)ς μ̣ό̣ν̣ος **IIIII**
[Μααμετ ἀπό]σ̣τ̣ο̣λ̣ος Θεοῦ

[محمد رسول الله *vac.*] *vac.* لا اله الا الله وحده
[**IIIII** Αβδε]λ̣α̣ζ̣ιζ υἱὸς **IIIII**
[Μαρουαν] σ̣[ύ]μ̣β̣ο̣υ̣λ̣ο̣ς

- -

2 $\overline{\theta\varsigma}$ *pap.*

„(Arabisch) Im Namen des barmherzigen und gnädigen Gottes.
(griechisch:) Es gibt keinen Gott außer Gott alleine.
Muḥammad ist der Gesandte Gottes.
(Arabisch) Es gibt keinen Gott außer Gott. Muḥammad ist der Gesandte Gottes.
(griechisch:) ʿAbd al-ʿAzīz ibn Marwān, Statthalter (…)“

460. Schlussteil einer Rechtsurkunde

P.Heid. Inv. G 379 B: 12,2 cm × H: 13,2 cm 5. Jh.
Hermopolites Tafel II

Das Fragment enthält die letzten Zeilen einer hermopolitischen Rechtsurkunde. Überliefert ist die Kyria-Klausel, die Stipulation, die Unterschriften des Ausstellers und der Zeugen; Spuren der *completio* (Beglaubigung des Notars) sind vielleicht auch zu erkennen. Zum Aufbau der byzantinischen Rechtsurkunden vgl. Kovarik, *Tabellionenurkunde*, 30–31. Der erhalten Text entspricht dem hermopolitischen Formular für Vertragsschlüsse, vgl. z.B. BGU XIX 2682 (Herm., 481), 28–35. Die anspruchsvolle, fast schon kalligraphisch wirkende Schrift lässt sich in das 5. Jh. datieren, vgl. z.B. CPR IX 40 (Herm., 451, eine digitale Abbildung ist durch das HGV erreichbar). Auf der Rückseite ist der rechte Teil einer in einem anderen Stil (und eventuell anderer Hand?) geschriebenen Zusammenfassung des Vertragsinhaltes zu sehen, deren Entzifferung jedoch problematisch ist, vgl. den Komm. zu Z. 13. Es scheint sich auf jeden Fall um ein Darlehen oder einen Lieferungskauf zu handeln, vgl. z.B. SB XVI 12489 (Herm., Mitte 5. Jh.) oder P.Heid. V 356 (Herm., 5.–6. Jh.).

Es ist von Interesse, dass die Urkunde von einem Gnoster aus dem hermopolitischen Dorf Hakis geschrieben wurde. Der Terminus Gnoster bezeichnet in der Spätantike verschiedene Funktionen, hier handelt es sich offenbar um einen Dorfbeamten. Die fast ausschließlich im Hermopolites belegten Dorfgnostere üben mit denen des Dorfschreibers, des γραμματεὺς κώμης, vergleichbare Tätigkeiten aus. Der Titel ist womöglich nur eine lokale Bezeichnung desselben Amtes, gelegentlich kommt aber auch im Hermopolites die Bezeichnung γραμματεὺς κώμης vor. Am wahrscheinlichsten ist wohl die Annahme, dass die lokale Variante Gnoster nicht völlig den ansonsten gängigen Titel im Gau ersetzte. Zum Gnoster vgl. Berkes, *Dorfverwaltung*, 149–155.

In unserem Text begegnet der Gnoster in einer wohlbekannten Rolle: Er schreibt für den Vertragschließenden und die Zeugen, weil sie des Schreibens unkundig waren. Mehrere Texte bezeugen Gnostere (und auch den γραμματεὺς κώμης) in dieser Rolle – seine schriftlichen Angelegenheiten von einem Dorfschreiber übernehmen zu lassen, scheint für einen Dorfbewohner selbstverständlich gewesen zu sein, vgl. SB XXII 15620 (Ant., 424), 17–20; P.Gen. IV 190 (= SB XVI 13037; Herm., 523), 25–28. Man könnte auch vermuten, dass die notarielle Beglaubigung in unserem Dokument ebenfalls vom Gnoster (in einem anderen Stil) vollzogen wurde, vgl. P.Athen.Xyla 17 (Herm., 548–549), 10–15. Da aber der untere Blattrand des Papyrus und die Notarunterschrift schwer beschädigt sind, soll diese Frage hier dahingestellt bleiben.

Der Text weist mehrere Abweichungen von der klassischen Orthographie auf: Abgesehen von itazistischen Fehlern (Z. 7: τρῖς, Z. 9: ἀξιωθ̣ίς) ist besonders der augenfällige Kongruenzfehler οἱ τρῖς μαρτυρῶ in Z. 7 bemerkenswert. Eine naheliegende Erklärung ist, dass die feste, routinemäßig angewandte Formel ein Versehen verursachte; ähnliche Fehler sind auch in anderen vergleichbaren Dokumenten zu finden, vgl. z.B. P.Athen.Xyla 17, 12–13 (mit BL X 252–253).

Hell- bis mittelbrauner Papyrus, auf beiden Seiten parallel zur Faserrichtung mit schwarzer Tinte beschrieben. Gerade Schnittränder links und rechts, oben und unten unregelmäßig abgebrochen, wobei die Ränder links und unten wohl original sind. Leicht löchrig, ca. 6 cm vom linken Blattrand entfernt verläuft eine Bruchlinie, die wahrscheinlich durch eine mittige Faltung verursacht wurde. Auf der Rückseite wurde die Zusammenfassung des Vertragsinhaltes geschrieben.

- -

[ ] *Tintenspuren*
[. .] . . . . [ca. 8 τὸ γ]ρ̣ά̣μμα κύριον
καὶ βέβαιον κα̣ὶ̣ [ἐ]π̣ε̣ρ̣(ωτηθεὶς) ὡμολ(όγησα). Αὐρήλιο`ς´
Πέτρος Ἀνδρέου [ὁ] π̣ροκ̣(είμενος) ἐθέμην τὸ
γρα̣μ̣μ̣ά̣τιον ὡ[ς] π̣ρ̣ό̣κ(ειται). Αὐρήλιοι Πέσ-
χαλις Σόιτος καὶ Ἰ̣ω̣άννης Σαραπίωνος
καὶ Πεβῆς Βίκτω̣ρ̣ος οἱ τρῖς μαρτ̣υ̣ρῶ.
Αὐρήλιος Ἐνὼχ γ̣ν̣ωστὴρ ἀπὸ Ἄκεως
ἀξιωθ̣ὶς ἔγραψα ὑ̣π̣ὲρ αὐτοῦ κ[α]ὶ̣ τῶν
μαρτ̣ύ̣ρων γ̣ράμμ̣[ατ]α̣ μὴ εἰδ̣ό̣τ̣ω̣ν.
(m. 2?) †̣ [
[ ] . . [

Rückseite:

[(m. 1/3 ?) † χ(ει)ρ(όγραφον) Αὐρ(ηλίου) Πέτρου Ἀνδρέου ἀπὸ κ(ώμης) Ἄκεως (?)]
τ̣ο̣ῦ̣ Ἑρ(μουπολίτου) *vac.* γί(νεται) . ι( ) . λ̣ο̣υ̣( ) τνε †

3]π̣ε̣ρ̣ωμολ *pap.* 4 π̣ροκ̣ *pap.* 5 π̣ρ̣ο̣κ *pap.* 7 *l.* τρεῖς μαρτυροῦμεν 9 *l.* ἀξιωθείς 13 ερ *vac.* γι . ι . λ̣ο̣υ̣ *pap.*

„... der Vertrag ist maßgeblich und garantiert, und auf Befragen habe ich zugestimmt. Ich, der vorliegende Aurelios Petros, Sohn des Andreas, habe diesen Vertrag abgeschlossen, wie vor-

liegt. Wir, die Aurelier Peschalis, Sohn des Sois, und Ioannes, Sohn des Sarapion, und Pebes, Sohn des Viktor, die drei, sind Zeugen. Ich, Aurelios Enoch, Gnoster von Hakis habe für ihn und die Zeugen geschrieben, da sie nicht schreiben können.
† (?) … Durch mich (?) …"

Rückseite:
„† Vertrag des Aurelios Petros, Sohn des Andreas, aus dem Dorf Hakis (?) des Hermopolites. Das macht an … 455 … †"

5–6 Πέσχαλις: Der Name war bis jetzt nur in der Form Πεσχάλ, bzw. Πεσχαλ bekannt, s. P.Lond. Herm. (Herm., 546/547), 1r21, 3r9 und die Angaben in der Einleitung von P.Lond. Herm., S. 62.
6 Σόιτος: Der Name Σόις (TM Nam 7561) scheint im Hermopolites besonders beliebt gewesen zu sein.
7 οἱ τρῖς μαρτυρῶ: Mindestens drei Zeugen wurden auch in der Gesetzgebung Iustinians für Verträge festgesetzt, obwohl sie generell auch ohne Zeugenunterschriften gültig sein konnten, vgl. Kovarik, *Tabellionenurkunde*, 2 und 35.
8 Αὐρήλιος Ἑνὼχ γ̣ν̣ωστήρ: Gnostere namens Enoch kommen in der ebenfalls hermopolitischen Abrechnung SB XXII 15598 (Herm., frühes 6. Jh.), v 16 und P.Eirene III 20 (Hk. unbek., spätes 5. Jh.), 4 vor. Ob jene mit unserem Enoch zu identifizieren sind, soll dahingestellt bleiben.
Ἄκεως: Zum Dorf Hakis (TM Geo 5957) vgl. Drew-Bear, *Le Nome Hermopolite*, 55–56.
11 †: Das Kreuz könnte eventuell zur Notarunterschrift gehört haben, vgl. den Komm. zu Z. 12.
12] . . [: Vielleicht der Beginn der Notarunterschrift: † δ̣ι̣'[ἐμοῦ N. N./ 'Ενώχ, wobei keine Spuren der für hermopolitische Notarunterschriften charakteristischen Einrahmung zu finden sind.
13 Für die Ergänzungen vgl. SB XVI 12489 (Herm., Mitte 5. Jh.), v 1.
γί(νεται): Das Verb γί(νεται) ist hier ungewöhnlich, man würde an seiner Stelle die Nennung einer Summe im Genitiv erwarten. Ferner erscheinen auch einige Tintenspuren mittig vor dem γ, wobei es nicht eindeutig ist, ob diese absichtlich sind oder nicht. Man könnte eventuell an ἁ̣γι( ) denken, was auf eine kirchliche Institution hinweisen würde, wobei dies hier ebenfalls unerwartet wäre.
. ι( ). λο̣υ̣( ): Die Entzifferung des Vertragsobjekts ist schwierig. Nach der mutmaßlichen Abkürzung für γί(νεται) folgt ein Buchstabe, der als ο oder vielleicht σ zu deuten ist, auf jeden Fall

scheint die untere Hälfte des Buchstabens abgerieben zu sein. Es muss nicht unbedingt stören, dass eine Unterlänge dieses Buchstabens noch weiter nach rechts rutscht, vermutlich handelt es sich um eine ähnliche Zierde wie bei dem folgenden ν in der Zahl τνε, wo der Querstrich des Buchstabens über dem τ angefangen wurde. Danach folgt wohl ein ι mit Kürzungsstrich. Es ergeben sich die Auflösungen οἴ(νου) oder σί(του).

Was nach dieser Abkürzung und vor den Zahlbuchstaben kommt, entzieht sich m.E. einer eindeutigen Interpretation. Am ehesten sind wohl die Buchstaben χλ, dann ου oder εου zu lesen, also χλου oder χλεου. Die einzige Maßeinheit, die mit diesen Buchstaben hätte gemeint sein können, ist das seltene Maß κλουίον oder κ/χλουβίον. Demgemäß könnte man οἴ(νου)/σί(του) χλου(βία) τνε ⳨ lesen – diese Kollokationen sind allerdings nicht belegt.

Das Maß ist von der ptolemäischen Zeit bis in die Spätantike und sogar noch weiter belegt. Es handelt sich um eine Art von Korb oder Käfig, was weder für Wein noch für Weizen passend ist. Die Bedeutung ‚Ofen' kommt an dieser Stelle offenbar nicht in Frage, vgl. Eustathios Papapolychroniou im Komm. zu P.Benaki, 3; LSJ, s.v. κλουβός; *LBG*, s.v. κλουβίον und J. David Thomas im Komm. zu P.Oxy. LXXXII 5320, 7. Der m.W. früheste Beleg für das Wort ist P.Iand.Zen. 53 (Ars., ca. 257 v. Chr.), μήλων κλουίον (A8), ἐν κλουίωι μήκων (A10), μήκων ἐν κλουίωι (B2), ἐν κλουίωι μικρῶι μῆλα (B51). Eine Abrechnung aus dem 6. Jh. erwähnt jedoch einen χλουβοκεραμεύς, was die Herausgeber zur Erklärung veranlasste: „[T]he first part of this compound must be κλουβός, *cavea* … though what precisely is meant by κλουβοκεραμεύς is not clear (cf. κουφοκεραμεύς, λεπτοκεραμεύς). Since a μηχανή was concerned, the reference might naturally be thought to be to jars of the water-wheel, which in P.Brit.Mus. 1117. 158 sqq. (iii, pp. 185–6) are called κεραμίδες and κάδοι". Komm. zu P.Oxy. XVI 1913 (Oxy., ca. 555 [?]), 21–22): Ἀβρααμίῳ χλουβοκεραμ(εῖ) ὑ[π(ὲρ) μ]ισθ(οῦ) τῶν μηχ(ανῶν) ἔξω τῆς πύλης καὶ τῆς μηχ(ανῆς) τοῦ πωμαρ(ίου) Πκεμρόχ. Dies zeigt, dass man das Wort in der Spätantike vielleicht für eine Art Krug benutzte, was dafür sprechen könnte, dass οἴ(νου) χλου(βία) τνε zu lesen ist. Diese Annahme muss jedoch eine Vermutung bleiben, besonders da im LSJ, s.v. χλουβοκεραμεύς auch die Alternative „perh. maker of ovens or kilns" vorgeschlagen wurde.

461. Erklärung an den *amīr* von Schmun

P.Heid. Inv. Kopt. 16 R B: 11,5 cm × H: 15,0 cm 1. Hälfte 8. Jh.
Hermupolis Tafel III

Erhalten ist die rechte Hälfte einer Rechtsurkunde (παρακλητική, wohl ὁμολογία), die an den *amīr*, d.h. an den Pagarchen von Schmun/Hermupolis, adressiert wurde. Die ersten zwei Zeilen enthalten das übliche Präskript, Z. 3–6 die Adresse und ab Z. 6 beginnt der Körper der Urkunde. Mehrere Personen adressieren die Urkunde an den *amīr*. Es scheint sich um die Bestätigung einer früheren Vereinbarung zu handeln. Sie hätten Bewohner von Schmun – eventuell in einem Gefängnis – unter Bewachung gestellt (Z. 5–6). Danach werden die Steuer der vierten Indiktion und ein Termin, der ab dem 10. Phamenoth gerechnet wird, erwähnt (Z. 8–9). Schließlich begegnet die Stadt Babylon und die Aussage, dass sie an jenem Ort bleiben werden (Z. 10).

Diese Reste des Textes könnten zur folgenden Rekonstruktion der Ausgangssituation bzw. des Inhaltes dieser Urkunde führen: Einige Bewohner eines Teils von Schmun, der verwaltungstechnisch als kollektiv haftende Gruppe betrachtet wurde (vielleicht eines Stadviertels), verbürgten sich für Arbeiter, die in Babylon Fronarbeiten leisten sollten. Es liegt nahe, dass es sich bei den Deklaranten um Bewohner der Stadt und nicht eines Dorfes handelt, da sie anscheinend für Bewohner von Schmun (Z. 7) haften. Diese Arbeiter sind dann wohl geflüchtet und wurden von ihren Bürgen unter Bewachung gestellt, wie es die Klauseln der Bürgschaftsurkunden verlangten, vgl. z.B. P.Lond. IV 1528 (Aphrodito, 8. Jh.), 11: ⲉ̣ⲓ̣ⲛⲁⲁⲥⲫⲁⲗⲓⲍⲉ ⲙⲙⲟϥ̣ ⲟⲛ ⲉⲧⲉⲫⲩⲗⲗⲁⲅⲏ, „indem ich ihn für das Gefängnis in Bewachung stellen werde“. Nun scheinen sie sich wieder für einen bestimmten Zeitraum zu verbürgen, indem sie garantieren, dass sie in Babylon bleiben. Der Bezug zu den Steuern (ⲇⲏ]ⲙ̣[ⲟ]ⲥⲓⲛ) der vierten Indiktion in Z. 8 bleibt unklar, vielleicht wird auch garantiert, dass die verbürgten Personen ebenfalls ihre Steuern leisten werden. Verschiedene Arten von koptischen Bürgschaftsturkunden sind v.a. aus dem Basilios-Archiv (Aphrodito, frühes 8. Jh.) überliefert. Eine einschlägige Parallele ist P.Lond. IV 1494 aus dem Jahr 709, welcher an mehreren Stellen phraseologische Ähnlichkeiten zu unserem Text aufweist. In diesem Dokument verbürgen sich Dorfbeamte für drei Seeleute, die in der arabischen Flotte dienen sollen.

Das Dokument wurde von einem geübten Schreiber in einer quadrilinearen, ligaturreichen Schrift geschrieben. Die ersten zwei griechischen Zeilen scheinen von demselben Schreiber zu stammen wie der Rest des Textes und nur in einem anderen Stil geschrieben zu sein. Die Paläographie bietet für die Datierung der Urkunde nur einen ungefähren Rahmen, da vergleichbare Schriften in koptischen Dokumenten des 7.–8. Jh. zu finden sind. Ausschlaggebend sind vielmehr die Gattung und der Kontext, die auf die ersten Jahrzehnte des 8. Jh. hinweisen. Das Dokument wurde beschnitten und die Rückseite (um 180° gedreht) für **482**, eine griechische Steuerquittung für die Berufskorporation der Färber des Stadtviertels der Blauen Zirkuspartei, wiederverwendet. Man kann davon ausgehen, dass dies im gleichen Büro – in dem der Pagarchie von Hermupolis – stattgefunden hat: Nachdem die Bürgschaft nicht mehr relevant war, wurde sie zerschnitten und für andere administrative Texte wiederverwendet.

Dunkelbrauner Papyrus beschrieben mit schwarzer Tinte entgegen den Fasern *transversa charta*. Oben und rechts vollständig erhalten. An allen anderen Seiten, abgesehen von kleineren Brüchen, klare Schnittränder, die bei der Wiederverwendung entstanden sind. Der Papyrus wurde aufgerollt und mehrfach vertikal gefaltet. Zur Wiederverwendung vgl. die Einleitung.

1 [† ἐν ὀνόματι τῆς ἁγίας καὶ ζωοπ]οιοῦ καὶ ὁμοουσίο̣υ̣ Τ̣ρ̣ιάδ̣ο̣ς̣, Π̣ατ̣ρ̣ὸ̣ς̣ [κ]α̣ὶ̣ [Υἱο]ῦ
2 [καὶ Ἁ̣γίου Πνεύματος. ἐγρ(άφη) …]της ἰνδ(ικτίων)ο(ς) ἐν Ἑρμουπόλει τῆς Θηβαίδ̣ος--
3 [† ⲁⲛⲟⲛ ca. 18 ⲟⲩ]ⲱ̣ⲛⲁϩ ⲉⲃⲟⲗ ϩⲁ ⲡⲉⲥⲏⲧ ⲛⲧⲓⲡⲁⲣⲁⲕⲗⲏⲧⲓⲕⲏ
4 [ca. 25]ⲉ ̣ [̣] ̣ ⲟⲩⲱⲛⲁϩ ⲉⲃⲟⲗ ϩⲁ ⲡⲉⲥⲏⲧ ⲉⲣⲟⲥ ⲉⲩⲥⲧⲟⲓⲭ(ⲉⲓ)
5 [ca. 25] ̣ ⲁⲙⲓⲣⲁ ⲛⲧⲓⲡⲟⲗⲓⲥ ⲧⲁⲓ̈ ϣⲙⲟⲩⲛ ⲙⲛ ⲡⲉⲥⲧⲟϣ
6 [ca. 25] *vac.* (?) ϫⲉ ⲉⲡⲉⲓⲇⲏ ⲙⲛⲛⲥⲁ ⲧⲣⲉⲛⲁⲥⲫⲁⲗⲉⲓⲍⲉⲥⲑ(ⲁⲓ)
7 [ca. 25]ⲉⲣ̣ⲱⲙⲉ ϣⲙⲟⲩⲛ ⲛϩⲉ ⲛⲓⲙ *vac.*
8 [ca. 19 ⲇⲏ]ⲙ̣[ⲟ]ⲥⲓⲟⲛ ⲛⲧⲉⲧⲁⲣⲧⲏⲥ ⲓⲛⲇⲓⲕⲧⲓⲟⲛⲟⲥ̣
9 [ca. 25]ⲟⲩ ⲉⲩⲏⲡ ϫⲓⲛⲉ ⲡⲟⲟⲩ ⲉⲧⲉ ⲥⲟⲩ ⲙⲏⲧ ⲫⲁⲙ̣[ⲉⲛⲱⲑ]
10 [ca. 25] ⲃⲁⲃⲩⲗⲱⲛ ⲛ̄ⲥⲟⲩϭⲱ ϩⲓ ⲡⲙⲁ ⲉⲧⲙⲙⲁⲩ
11 [ca. 25] *Buchstabenreste*

- -

2 ϊνδ̊ς *pap.* 3 παρακλητική 4 στοιχεῖν, ⲉⲩⲥⲧⲟⲓ^{x} *pap.* 5 πόλις 6 ἐπειδή, ἀσφαλίζεσθαι, ⲧⲣⲉⲛⲁⲥⲫⲁⲗⲉⲓⲍⲉⲥ$^{\theta}$ *pap.* 8 δημόσιον, τετάρτης ἰνδικτίωνος, ⲓ̈ⲛⲇⲓⲕⲧⲓⲟⲛⲟⲥ̣ *pap.*

„† (griechisch:) Im Namen der heiligen und lebenspendenden Dreifaltigkeit, des Vaters, des Sohnes und des Heiligen Geistes. Es wurde geschrieben (?) am … der fünften (?) Indiktion in Hermupolis der Thebais. (koptisch:), … † Wir … die unten, in dieser bittenden (Urkunde?) … erscheinen werden … sie (die Urkunde?) … (die) unten erscheinen werden, indem sie zustimmen … schreiben … an … den *amīr* von dieser Stadt, Schmun, und ihrem Bezirk … nachdem wir … Bewohner von Schmun, auf jede Weise … in Bewachung gestellt haben … Steuer der vierten Indiktion … gezählt von dem zehnten Tag von Phamenoth … Babylon, und sie bleiben an jenem Ort …“

1–2: Für die Invokationsformel 2E vgl. Bagnall–Worp, *CSBE*[2], 100.

2 ἐγρ(άφη) …]της: Die Ergänzung von ἐγρ(άφη) ist nicht zwingend. Da in Z. 8 auf die Steuern der vierten Indiktion Bezug genommen wird, ist es naheliegend, dass die Erklärung in der fünften Indiktion geschrieben wurde: Es ist wohl πέμπ]της zu ergänzen.

3–4: ⲟⲩ]ⲱ̣ⲛⲁϩ ⲉⲃⲟⲗ: Zu diesem Ausdruck vgl. Richter, *Rechtsemantik*[2], 293, wo P.Ryl.Copt. 135 (Herm., 7.–8. Jh.), 2 angeführt wird: ⲙⲛ ⲛⲉⲩⲥⲏⲙⲓⲟⲛ ⲛⲁⲟⲩⲱⲛϩ ⲉⲃⲟⲗ ϩⲉ [ⲡ]ⲥⲏⲧ ⲛⲧⲓⲉⲅⲅⲩⲏⲧⲓⲕⲏ, „und ihre Handzeichen, die am Ende dieser Bürgschaftsurkunde erscheinen werden“. An unserer Stelle könnte man eine ähnliche Formulierung erwarten.

4 ⲛⲧⲓⲡⲁⲣⲁⲕⲗⲏⲧⲓⲕⲏ: Das Adjektiv παρακλητική ‚bittende‘ bestimmt die Art der Urkunde näher und weist im Prinzip darauf hin, dass sie auf die Bitte einer der Vertragsparteien ausgestellt wurde. Im Fall einer an einen arabischen Beamten adressierten Deklaration ist diese Aussage jedoch sicherlich nur als eine Floskel zu deuten. Die meisten sowohl griechischen wie auch koptischen Dokumente, die als παρακλητική bezeichnet werden, sind ὁμολογίαι. Vgl. den Komm. zu P.Heid.Kopt. 18a, Z. 8–9 (S. 113).

5 ⲁⲙⲓⲣⲁ ⲛⲧⲓⲡⲟⲗⲓⲥ ⲧⲁï ϣⲙⲟⲩⲛ ⲙⲛ ⲡⲉⲥⲧⲟϣ: Zu dieser Titulatur und ihrer Verbindung zum Pagarchen vgl. Gonis, *Rāshid b. Khālid.*

6: Nachdem am Ende der letzten Zeile das Wort ⲡⲉⲥⲧⲟϣ die Titulatur des *amīr* abschloss, ist in dieser Zeile wohl die Erwähnung eines Vertreters zu erwarten, durch den die Urkunde an den *amīr* adressiert wurde. Dies wurde wohl durch ϩⲓⲧⲛ eingeleitet.

ⲧⲣⲉⲛⲁⲥⲫⲁⲗⲉⲓⲍⲉⲥⲑ(ⲁⲓ): Das Wort war in koptischen dokumentarischen Papyri bis jetzt nur in seiner aktiven Form belegt, vgl. Förster, *WB*, 121. Für einen ähnlichen Gebrauch aus der arabischen Zeit s. SB III 7241 (Aphrod., 710), 40–42: τὰ μάλιστα | τούτους ἐξασφαλιζόμενος δεόντως δι’ ἐγγράφου ὁ̣μ̣[ο]λ[ογ]ί̣[α]ς | αὐτῶν.

7 ⲛϩⲉ ⲛⲓⲙ: Dieser Ausdruck war bis jetzt m.W. nur in P.Mon.Apollo 24 (Bawit, 8. Jh.), 8 belegt, vergleichbare griechische Ausdrücke wie πάντα τρόπον sind jedoch häufig, vgl. Förster, *WB*, s.v. τρόπος.

8 ⲇⲏ]ⲙ̣[ⲟ]ⲥⲓⲛ: Theoretisch käme auch die Ergänzung ⲕⲁⲧⲁ ⲙⲓ]ⲙ̣[ⲏ]ⲥⲓⲛ in Frage, aber ⲇⲏ]ⲙ̣[ⲟ]ⲥⲓⲛ ist deutlich wahrscheinlicher.

9 ⲥⲟⲩ ⲙⲏⲧ ⲫⲁⲙ̣[ⲉⲛⲱⲑ]: Der 10. Phamenoth entspricht dem 6. März. Der Monatsname war entweder abgekürzt (z.B. ⲫⲁⲙ̣[(ⲉⲛⲱ)ⲑ]) oder an das Ende der Zeile gequetscht.

10: Am Anfang der Zeile könnte man die folgende Ergänzung erwägen: ⲛⲧⲉⲓⲣⲟⲙⲡⲉ ⲧⲁⲓ ⲧⲉⲧⲁⲣⲧⲏⲥ ⲓⲛⲇ(ⲓⲕⲧⲓⲱⲛⲟⲥ).

462. Rechtsurkunde

Fr. I:		
P.Heid. Inv. G 2735 R	B: 9,7 cm × H: 5 cm	787–788
Fr. II:		
P.Heid. Inv. Kopt. 29 + G 2739 R	B: 29 cm x H: 24,5 cm	
Fr. III:		
P.Heid. Inv. Kopt. 1110 R	B: 7,6 cm x H: 3 cm	
Fr. IV:		
P.Heid. Inv. Kopt. 880 R	B: 10,7 cm x H: 3,7 cm	
Hermupolis		Tafel IV

Erhalten sind Fragmente einer koptischen Rechtsurkunde aus dem Jahr 787–788, die später für eine lange Weizenabrechnung (**472**) wiederverwendet wurde. Das Dokument wird von dem „gottesfürchtigsten Diakon und Verwalter (οἰκονόμος) der heiligen Kirche", der wohl Phoibammon hieß (vgl. Anm. zu Z. 12), an einen gewissen ʿAbd Allāh b. Sallām, den „Vertrauensmann" (ϣⲁⲗⲓⲟⲩ), der in Schmun lebt, adressiert. Aus den erhaltenen Fragmenten ist nicht mehr ersichtlich, was das Objekt der Urkunde war. Da ʿAbd Allāh ein „Vertrauensmann" war, könnte man vermuten, dass es sich um eine offizielle Angelegenheit handelte, vielleicht musste die Kirche eine öffentliche Leistung garantieren – ein privates Geschäft ist jedoch genauso möglich. Auf jeden Fall ist es bemerkenswert, dass **462** ein Rechtsgeschäft zwischen einem Kleriker und einem arabischen Beamten dokumentiert.

Die im Text genannte „Heilige Kirche" bezeichnet wahrscheinlich die Bischofskirche von Hermupolis/Schmun, welche in mehreren griechischen Dokumenten einfach als ἁγία ἐκκλησία (Ἑρμοῦ πόλεως) bezeichnet wird. Mehrere griechische Dokumente belegen die Existenz und Aktivitäten dieser Kirche ab dem 4. Jh., wobei zahlreiche Wirtschaftstexte aus dem Archiv der Kirche selbst zu stammen scheinen. Die Mehrzahl der Belege ist griechisch, bis dato gibt es einen einzigen koptischen Brief aus dem 7.–8. Jh. (ebenfalls aus der Heidelberger Papyrussammlung), der im Namen des Klerus der Kirche geschrieben wurde: P.Heid. Inv. Kopt. 198, publiziert in Schmelz, *Brief der Bischofskirche*. Ferner könnten auch die koptischen Rechtsurkunden P.Heid.Kopt. 18a-b – auf zwei Seiten des gleichen Papyrusblattes geschrieben – aus dem Archiv der Kirche stammen. Darauf weist zum einen die relativ hohe Zahl von Klerikern in diesen Urkunden hin (vgl. die Einleitung zu diesen Dokumenten), zum anderen, dass die

Inventarnummer von P.Heid.Kopt. 18a-b (P.Heid. Inv. Kopt. 199) auf die des eben erwähnten Briefes (P.Heid. Inv. Kopt. 198) folgt. So erscheint – kaum überraschend – die Bischofskirche als ein wichtiger Ort für die Ausstellung von Rechtsurkunden im Hermupolis des 8. Jh. Zur Bischofskirche von Hermupolis und seiner Dokumentation vgl. Schmelz, *Brief der Bischofskirche*, bes. 651–653 und Venticinque, *Receipt*.

Die Platzierung der Fragmente, welche sowohl auf dem Text der Vorderseite wie auch auf dem Layout der Abrechnung auf der Rückseite basiert, macht es deutlich, dass von der Urkunde sehr viel verloren gegangen ist: Es handelte sich wohl um einen sehr langen Text. Besonders auffallend ist, wie ungewöhnlich lang das Präskript gewesen sein muss. Vielleicht agiert der Diakon und Verwalter (οἰκονόμος) als Vertreter der „heiligen Kirche“, wie es in einigen Quittungen der gleichen Kirche belegt ist, vgl. z.B. SB XII 10805 (Herm., Mitte 7. Jh.), 1–5. Darauf könnte eventuell auch das Wort μέρος (Z. 7) hinweisen, falls es sich auf einen Verwaltungsbezirk der Kirche bezieht, welche im 7. Jh. als μερίδες in den Papyri begegnen.

Das Dokument ist in einer professionellen, fast kalligraphisch wirkenden quadrilinearen Schrift geschrieben, die sich für bestimmte Buchstabenformen v.a. in griechischen Wörtern gerne der griechischen Minuskelschrift bedient. Der Schreiber geht sehr großzügig mit dem Material um, was die weiten Zeilenabstände und Freiränder anschaulich zeigen. Ein bewusst anderer Duktus, wie häufig bei professionellen Schreibern, wird für den griechischen Teil des Dokumentes in Fr. I verwendet. Fr. I wurde wegen seiner bemerkenswerten Ortsangabe bereits publiziert, bevor erkannt wurde, dass weitere Fragmente der Heidelberger Sammlung zu diesem Dokument gehören, vgl. Berkes, *Die christusliebende Thebais*.[5]

Fragmente eines mittelbraunen Papyrusblattes beschrieben auf der Vorderseite mit schwarzer Tinte entgegen dem Faserverlauf, *transversa charta*. Auf der Rückseite parallel zum Faserverlauf beschrieben.

Fr. I

\- -

] ̣[ca. 3] ̣[ca. 6] ̣[

] ̣ φẹṿτακοσιοστ`ή´ τετάρτη [

ἐν Ἑρμουπόλει] ṭῆς φιλοχ(ρίστου) Θηβαΐδος †

\- -

5 In diesem Artikel habe ich auf S. 25 die Angabe des Inventars der Heidelberger Papyrussammlung bestritten, dass auch das Fragment P.Heid. Inv. G 2739 zum gleichen Dokument gehöre. Diese Einschätzung erwies sich inzwischen als Irrtum, da ich das Fragment mittlerweile mit P.Heid. Inv. Kopt. 29 zusammensetzen konnte (Fr. II).

Fr. II

- -

[ca. 34] .[ca. 1–2]
[ca. 34]ⲉ̣ϩ̣[ca. 1–2]
[ca. 30] .[. .]ⲁ̣ⲓ .[ca. 1–2]
[ca. 30] . ⲛ̄ⲙⲉⲣⲟⲥ ⲛ̄ⲧⲓ-
.[ca.4] .[ca.1–2] .[ca. 20]ⲉ̣ⲩⲗⲁⲃⲉⲥⲧⲁⲧⲟⲥ
ⲛ̄ⲇⲓⲁⲕⲟ(ⲛⲟⲥ) ⲁⲩⲱ ⲡⲟ̣ⲓⲕⲟ(ⲛⲟⲙⲟⲥ) ⲛⲧⲉ̣[ⲕⲕⲗ]ⲏⲥⲓⲁ ⲉⲧⲟⲩⲁⲁ̣ⲃ ⲡϣⲛ̣ [ⲙ]ⲡⲙⲁⲕⲁⲣⲓⲟⲥ
ⲛ̄ϣ̄ⲟ̣ⲩ ⲣ ⲡ̣ϥ̄ⲙⲉⲉⲩⲉ ⲇⲱⲣⲟⲑⲉ(ⲟⲥ) ⲡⲣϣⲙⲉ ϣⲙ̣ⲟ̣ⲩⲛ *vac.* ⲉⲓⲥϩⲁⲓ ⲛ̄ⲁⲃⲇⲉⲗⲗⲁ ⲡϣⲁⲗⲓⲟⲩ
ⲡ̣̄ϣ̄ⲉ ⲛⲥⲁⲗⲗⲁⲙ ⲡⲉⲧⲟⲩⲏϩ ϩ̣[ⲛ] ⲧ̣ⲡⲟⲗⲓⲥ ⲧⲁⲓ ϣ̄ⲙⲟⲩⲛ· *vac.* ⲧⲓⲣⲁϣⲉ
ⲧⲓϩⲟⲙⲟⲗⲟⲅⲉⲓ ⲁⲛⲟⲕ ⲡⲉⲧϣ[ⲏⲣⲡ ⲥϩⲁⲓ ca. 8]ϣⲛ ⲡⲇⲓⲁⲕⲟ(ⲛⲟⲥ)
ⲉⲧⲥⲙⲓⲛⲉ ⲛⲁⲕ ⲛⲧⲟⲕ ⲁⲃⲇ̣[ⲉⲗⲗⲁ ca.11]ⲙ̣ⲛ ⲡ̣ⲉ̣ⲓⲉⲅⲅⲣ̣ⲁⲫⲟⲛ̣
[ca. 32]ϩⲏ . [ca.5]

- -

Fr. III

- -

[ ] . . [ca. 4–5] . . . [ca. 3–4]
[ ]ⲁ̣ⲑⲗⲟⲫ[ⲟ]ⲣⲟⲥ ⲁ̣ⲩⲱ . [ca. 1–2]

- -

Fr. IV

- -

. . [ ]
ⲛ̇ⲁⲟⲩⲱⲛⲁϩ ⲡϩⲱⲃ ⲉⲃ . [ ]
ⲉⲕ[ⲕⲗⲏⲥⲓⲁ ⲉⲧ]ⲟⲩⲁⲁⲃ [ ]

- -

2 ε *corr. ex* ?, *l.* πεντακοσιοστοῦ τετάρτου 3 φῖλο^χ *pap.* 7 μέρος 8 εὐλαβέστατος 9, 12 διάκονος, ⲡⲇⲓⲁⲕ^ⲟ *pap.* 9, 19 ἐκκλησία 9 οἰκονόμος, ⲡⲟ̣ⲓⲕ^ⲟ *pap.*, μακάριος 10 ⲇⲱⲣⲟⲑ^ⲉ 11 πόλις 12 ὁμολογεῖν 13 ἔγγραφος 16 ἀθλοφόρος

Fr. I:

„… fünfhundertvierte … in Hermupolis der christusliebenden Thebais.† …“

Fr. II:

„… Phoibammon (?), der gottesfürchtigste Diakon und Verwalter (οἰκονόμος) der Heiligen Kirche, Sohn des seligen gedenkenswerten Dorotheos, aus Schmun: Ich schreibe an ʿAbd Allāh, den Vertrauensmann (ϣⲁⲗⲓⲟⲩ), Sohn des Sallām, der in dieser Stadt Schmun lebt. Ich, der genannte Phoibammon (?), Diakon, der für dich, ʿAbd Allāh …, diese schriftliche … ausstellt freue mich und bekenne…"

Fr. III:

„… siegreich und…"

Fr. IV:

„… erscheinen werden … die Sache, die … Heilige Kirche …"

2–3: Zum Präskript der Urkunde, das nach der Ära von Diokletian datiert wurde, und bes. zur „christusliebenden Thebais" vgl. Berkes, *Die christusliebende Thebais.*
7 ⲛ̄ⲙⲉⲣⲟⲥ: Die Bedeutung des Wortes ist unklar, möglicherweise weist es auf einen Verwaltungsbezirk der Kirche hin, vgl. die Einleitung. Alternativ könnte ein Stadtteil oder eine Rechtspartei gemeint sein, vgl. Förster, *WB*, s.v. μέρος/5 und 7.
9: ⲡⲟ̣ⲓⲕⲟ(ⲛⲟⲙⲟⲥ): Der οἰκονόμος verwaltete eine Kirche und wurde aus dem Klerus rekrutiert, vgl. Wipszycka, *Les ressources*, 135–141; Schmelz, *Kirchliche Amtsträger*, 163–164 und Benaissa, *Bishop.*
10 ⲛ̄ϣⲟ̣ⲩ ⲣ̣ ⲡ̣ϥ̄ⲙⲉⲉⲩⲉ: Zur gleichen Wendung vgl. CPR IV 72 (Herm., 7. Jh.), 2; CPR IV 124 (Herm., 7. Jh.), 10 und SB Kopt. IV 1806 (= CPR IV 34; Herm., 7. Jh.), 23.
ϣⲁⲗⲓⲟⲩ: Dieser Titel ist wahrscheinlich das koptische Äquivalent des griechischen πιστικός ‚Vertrauensmann'. Beide bezeichnen administrative Funktionäre, die auf verschiedenen Ebenen der Verwaltung tätig waren. Auch wenn der Terminus schon in der byzantinischen Zeit bezeugt ist, fällt es auf, dass in den Verwaltungsdokumenten der arabischen Epoche „Vertrauensmänner" viel häufiger belegt sind, vgl. Sarah J. Clackson in der Einl. zu P.Mon.Apollo, S. 25–26 und *eadem*, *Archimandrites*, bes. 105/Anm. 21.
11 ⲥⲁⲗⲗⲁⲙ: Die Transkription des arabischen Sallām ist hier das erste Mal in griechischen oder koptischen dokumentarischen Papyri belegt.
11–12 ⲧⲓⲣⲁϣⲉ | ⲧⲓϩⲟⲙⲟⲗⲟⲅⲉⲓ: Eine gut belegte hermopolitische Urkundenformel, vgl. Richter, *Rechtsemantik*[2], 255.
12 ca. 8]ϣⲛ ⲡⲇⲓⲁⲕⲟ(ⲛⲟⲥ): Wahrscheinlich ϕⲟⲓⲃⲁⲙⲙ]ϣⲛ.

13 ⲁⲃⲇ̣[ⲉⲗⲗⲁ ca.11]ⲙ̣ⲛ: Man könnte ⲙ̣ⲛ als Präposition auffassen, attraktiver scheint es jedoch ⲡ̣ϣ̄ⲉ̄ ⲛⲥⲁⲗⲗⲁ]ⲙ̣ ⲛⲡ̣ⲉ̣ⲓⲉⲅⲅⲣ̣ⲁⲫⲟⲛ̣ zu ergänzen: „... (für dich) ʿAbd Allāh, Sohn des Sallām, diese schriftliche (Urkunde)... ausstelle ...". Zwar wird der Diakon in der vorigen Zeile ohne seinen Vatersnamen genannt, man könnte allerdings vermuten, dass im Fall eines Muslimen das Patronymikon eine wichtigere Rolle in der Identifikation spielte.

16]ⲁ̣ⲑⲗⲟⲫ[ⲟ]ⲣⲟⲥ ⲁ̣ⲩⲱ . [: Das Wort ἀθλοφόρος 'siegreich' ist i.d.R. ein Ehrenepithet für Märtyrer, vgl. Förster, *WB*, s.v. Es könnte sich vielleicht auf eine nach einem Märtyrer benannte Institution beziehen. ⲁ̣ⲩⲱ würde dann ein weiteres Adjektiv einleiten.

463. Entwurf einer Steuerliste

P.Heid. Inv. G 151b + 292 B: 19,3 cm × H: 18,7 cm 6. Jh.
Hermopolites Tafel V

Eine fragmentarische und eine vollständige Kolumne einer Steuerliste sind erhalten. Es handelt sich wohl um einen Entwurf, da nicht alle Beträge eingetragen worden sind. In der vollständigen Kolumne sind hermopolitische Dörfer, deren Beamte und die von ihnen abgegebenen Geldsummen aufgelistet. Es ist unwahrscheinlich, dass rechts noch weitere Kolumnen folgten, da am unteren Teil des Blattes ein großer Freiraum vorhanden ist, der in diesem Fall wohl nicht ungenutzt geblieben wäre. Das Dokument kann anhand der Schrift in das 6. Jahrhundert datiert werden, vgl. z.B. CPR IX 8+32 (Herm., 551; eine Abbildung ist durch das HGV erreichbar).

Die Einträge sind nach Dörfern sortiert. Das Dorf Kalamine zahlt ein wenig mehr als 24 Solidi (Kol. II, Z. 1). Es ist wohl anzunehmen, dass die nachfolgende Auflistung der einzelnen zahlenden Beamten die detaillierte Darstellung dieser Zahlung ist, d.h. diejenigen Summen, die von den Dorfbeamten geleistet wurden, machten zusammen den ganzen Betrag des Dorfes Kalamine aus. Für dieses Dorf bezahlen der Boethos, der Protokomet, die Komarchen und der Gnoster (Kol. II, Z. 2–5). Bei dem Dorf Sentryphis ist dieselbe Struktur zu finden: Die Zahlungen des Dorfes werden durch den Boethos, den Protokometen, die Sitologen und den Gnoster vollzogen (Kol. II, Z. 6–10). Schließlich bezahlen die Dorfgemeinden von Psobthis und Phby (Kol. II, Z. 11–12) ohne die Erwähnung von vermittelnden Beamten.

Die im Text erwähnten Dörfer befinden sich im Hermopolites: Phby (TM Geo 7841) gehört zu der ehemaligen, im Süden liegenden Patre Ano Toparchie des Gaues, vgl. Jennifer A. Sheridan in P.Col. IX, S. 152. Sentryphis (TM Geo 2941) und Kalamine (TM Geo 9150) lagen ebenfalls in dieser Gegend, vgl. zu Sentryphis: Drew-Bear, *Le nome Hermopolite*, 245 und auch Ruey-Lin Chang in der Einl. zu P.Strasb. 901–903, S. 80–81, zu Kalamine Jean Gascou im Komm. zu P.Sorb. II 69, 44/30 (S. 229). Unsicher sind jedoch die Identifikation und Lokalisation von Psobthis. Eine Siedlung namens Psobthis gehörte zum Theodosiopolites (TM Geo 8249) – aber hier ist wohl ein gleichnamiges Dorf aus dem Süden des Hermopolites gemeint (vgl. Komm. zu Z. 11), da in **463** sonst nur Siedlungen dieser Region erwähnt werden. Es scheint auf jeden Fall, dass die Abrechnung auf einer höheren Verwaltungsebene aufgezeichnet wurde: Die Steuerzahlungen stammten wohl aus einem Verwaltungsbezirk im Süden des Hermopolites.

Aus den bezahlten Beträgen könnte man auch auf die Größe der Dörfer im Verhältnis zueinander schließen – falls man annimmt, dass die Abrechnung tatsächliche Größenverhältnisse widerspiegelt. Obwohl die geleisteten Zahlungen nicht die tatsächlichen Größenverhältnisse widerspiegeln müssen und wir nicht wissen, nach welchem Prinzip die Siedlungen die Abgaben zu leisten hatten, werden in diesem Dokument dennoch klare Proportionen deutlich und es lohnt sich, die Möglichkeit zu ergreifen und zu versuchen, aus den bezahlten Beträgen eine ungefähre Größe der Dörfer zu ermitteln. Die Dörfer bezahlen (gerundet) die folgenden Summen: Kalamine: 24 Solidi; Sentryphis: 18 Solidi; Psobthis: 6 Solidi; Phby: 6 Solidi. Die Zahlungen der Dörfer und dementsprechend vielleicht auch ihre Größe stehen also in einem Verhältnis von 4 : 3 : 1 : 1. Ferner wissen wir über Phby von einem Steuerregister aus dem 4. Jh., dass es einen der kleinsten Beträge für die *vestis militaris* im Gau bezahlte. Obwohl anhand dieser Beobachtung nur mit Vorbehalt auf die Größe des Dorfes zu schließen ist, da im erwähnten Steuerregister der Landbesitz von Stadtbewohnern im Dorf nicht aufgelistet ist, kann man doch wohl behaupten, dass Phby zu den eher kleinen Dörfern des Gaues gehörte, vgl. Jennifer A. Sheridan, P.Col. IX, S. 109 und die Tabellen auf S. 110–111 und 112–113.

Von besonderem Interesse ist in diesem Dokument die mehrfache und strukturierte Erwähnung der Dorfbeamten, die einen Einblick in die Terminologie der spätantiken Dorfverwaltung gewährt. Die Einträge von Kalamine und Sentryphis sind klar nach derselben Struktur aufgebaut: Erst bezahlt der Boethos, dann der Protokomet und die Komarchen (bei Kalamine) oder die Sitologen (bei Sentryphis) und schließlich der Gnoster. Diese in beiden Fällen konstante Reihenfolge lässt eine Hierarchie der Beamten vermuten. An erster Stelle steht jeweils der Boethos, der für das Dorf zuständige Hilfsbeamte der übergeordneten Verwaltungsorgane. Ihm folgt jeweils ein einziger Protokomet. Die Bedeutung des Titels ist problematisch und weist regionale Schwankungen auf, aber es scheint, dass im Hermopolites – besonders ab dem 5. Jh. – oft ein Protokomet an der Spitze der Dörfer stand. Komarchen sind ab dem ausgehenden 4. Jh. immer seltener zu finden, sie sind jedoch bis zur früharabischen Zeit belegt. Ab dem 5. Jh. kommen Komarchen nur im Hermopolites und im Oxyrhynchites vor, wo sie ein dem Dorfvorsteher (Hermopolites: πρωτοκωμήτης; Oxyrhynchites: μείζων) untergeordnetes Kollegium bilden. Die Sitologen waren hauptsächlich zuständig für die Steuer in Naturalien und sind ab dem 5. Jh. nur im Hermopolites bzw. in seiner Nähe belegt. Der Titel Gnoster ist ebenfalls charakteristisch für den Gau: Der Aufgabenbereich dieses Amtsträgers, der hauptsächlich im Steuerwesen lag, ist identisch mit dem des in anderen Gauen γραμματεὺς κώμης genannten Dorfsekretärs. Zu den einzelnen Beamtentiteln vgl. die relevanten Kapitel von Berkes, *Dorfverwaltung*, zur Terminologie und Struktur der hermopolitischen Dorfgemeinschaft zusammenfassend *ibidem*, 205 (**463** wird auf S. 32/Fn. 24 und S. 154/Fn. 220 – ohne das Fragment P.Heid. Inv. G 151b, da dessen Zugehörigkeit zu P.Heid. Inv. G 292 erst nach der Veröffentlichung des Buches erkannt wurde – erwähnt).

Interessant ist auch, dass bei Psobthis und Phby die Zahlungen nicht detailliert aufgeführt werden, sondern nur mit der Angabe διὰ τῶν ἀπό gekennzeichnet werden. Der Ausdruck οἱ ἀπό + Dorfname ist in der Spätantike häufig und ist ein Synonym für die ganze Dorfgemeinschaft, das κοινόν. Es fällt ebenfalls auf, dass diese zwei Dörfer wesentlich weniger bezahlen als die zwei anderen, die laut dem Text über eine ausgeprägte Verwaltungsstruktur verfügten. Im Fall von Phby und Psobthis kann angenommen werden (s. oben), dass es sich um eher kleinere Dörfer handelte: Man könnte also vermuten, dass Phby und Psobthis über eine weniger komplexe Verwaltungsstruktur verfügten als die größeren Dörfer und so im Steuerregister ihre Abgabe einfach nur als eine Leistung durch die Dorfgemeinschaft aufgezeichnet wird, da eine detaillierte Auflistung überflüssig gewesen wäre.

Hellbrauner Papyrus, beschrieben mit schwarzer Tinte parallel zur Faserrichtung. Rechter, unterer und oberer Blattrand intakt, linker beschädigt. rechts ein Freirand von 4 cm, unten von 6,8 cm. Einige kleine Löcher. In der rechten, unteren Ecke des Papyrusblattes und auf der Rückseite sind spärliche Tintenreste zu sehen: Es ist unklar, ob diese Schriftreste eventuell von einer früheren Beschriftung stammen. Die Rückseite ist unbeschriftet.

Kol. I

1] εὔσ̣τ̣α̣θ̣(μα)
2]̣ υλβ
3] δ̣ εὔστα̣θ̣(μα)
4]ιβ εὔσ̣τ̣α̣θ̣(μα)
vac.
5] ̣ εὔσ̣τ̣α̣θ̣(μα)
6] εὔσ̣τ̣α̣θ̣(μα)
7] ̣ εὔσ̣τ̣α̣θ̣(μα)
8] ̣ εὔσ̣τ̣α̣θ̣(μα)
vac.
9 εὔστ]α̣θ̣(μα)
10] εὔσ̣τ̣α̣θ̣(μα)
11]̣

- - - - - - - - - - - - -

Kol. II

δ(ιὰ) τῆς κώμ̣[(ης)] Καλαμίνης	νο(μίσματα) κδ εὔσ̣τ̣α̣θ̣(μα)
δ(ιὰ) τοῦ βοηθ(οῦ) Κ[α]λαμίνης	νο(μίσματα) δ εὔσ̣τ̣α̣θ(μα)
δ(ιὰ) τοῦ πρωτοκ(ωμήτου)	νο(μίσματα)
δ̣(ιὰ) τῶν κωμαρχ(ῶν)	νο(μίσματα)
δ̣(ιὰ) τοῦ γνωστῆρ(ος)	νο(μίσματα) γ εὔσ̣τ̣α̣θ̣(μα)
δ(ιὰ) τῆς κώμ(ης) Σεντρύφ(εως)	νο(μίσματα) ιη εὔσ̣τ̣α̣θ(μα)
δ(ιὰ) τοῦ βοηθ(οῦ) Σεντρύφ(εως)	νο(μίσματα) δ εὔσταθ(μα)
δ(ιὰ) τοῦ πρωτοκ(ωμήτου)	νο(μίσματα)
δ(ιὰ) τῶν σιτο̣λόγ(ων)	νο(μίσματα)
δ(ιὰ) τοῦ γνωστῆρ(ος)	νο(μίσματα) γ εὔσ̣τ̣α̣θ̣(μα)
δ(ιὰ) τῶν ἀπὸ Ψώβθ(εως)	νο(μίσματα) ϛ εὔσ̣τ̣α̣θ̣(μα)
δ(ιὰ) τῶν ἀπὸ Φ̣βυ	νο(μίσματα) ϛ εὔσ̣τ̣α̣θ̣(μα)

Passim: ευσταθ϶ *pap.*, Kol. I 2 ϋλβ *pap.* 4 ϊβ *pap.* Kol. II 1–12 δ/, ν̊ *pap.* 1 κωμ̣[*pap.* 2, 7 βοη^θ *pap.* 3, 8 πρωτοκ/ *pap.* 4 κωμαρχχ *pap.* 5 γνωστηρ/, *pap.* 6 ϊη *pap.* 6–7 σεντρυφ/ *pap.* 7 δ *corr. ex* ε 9 σιτο̣λογ *pap.* 10 γ̄ν̄ω̄στηρ/ *pap.* 11 ψωβθ *pap.*

Kol. I

„… vollgewichtige (Solidi)
… 432
… 4 vollgewichtige (Solidi)
… 12 vollgewichtige (Solidi)
… vollgewichtige (Solidi)
… vollgewichtige (Solidi)
… vollgewichtige (Solidi)
… vollgewichtige (Solidi)
… vollgewichtige (Solidi)
… vollgewichtige (Solidi)
…“

Kol. II

„durch das Dorf Kalamine	24 vollgewichtige Solidi
durch den Boethos von Kalamine	4 vollgewichtige Solidi
durch den Protokometen	Solidi

durch die Komarchen	Solidi
durch den Gnoster	3 vollgewichtige Solidi
durch das Dorf Sentryphis	18 vollgewichtige Solidi
durch den Boethos von Sentryphis	4 vollgewichtige Solidi
durch den Protokometen	Solidi
durch die Sitologen	Solidi
durch den Gnoster	3 vollgewichtige Solidi
durch die Bewohner von Psobthis	6 vollgewichtige Solidi
durch die Bewohner von Phby	6 vollgewichtige Solidi“

Kol. I

1 εὔσ̣τ̣α̣θ(μα): Die Lesung ist keineswegs sicher, aber sowohl die Entzifferung wie auch der Sinn scheinen mehr oder weniger befriedigend zu sein. Die Abkürzung ist an mehreren Stellen schwer zu entziffern, da sie oft extrem verschliffen geschrieben wird. Am deutlichsten erscheinen die Buchstaben in Z. 7. Der Ausdruck bezieht sich wahrscheinlich auf die abstrakte Recheneinheit der Solidus-Münze von vier γράμματα, vgl. Maresch, *Nomisma*, 9.

4–5: Vermutlich wurden zwischen diesen zwei Zeilen zwei weitere geschrieben, bei denen allerdings die Zahlungen ebenso wenig eingetragen wurden wie in der zweiten Kolumne.

8–9: Es gibt Platz für weitere drei Zeilen zwischen diesen zwei erhaltenen Einträgen, vgl. die Anm. zu Z. 4–5.

Kol. II

8 δ]ι(ὰ) τοῦ πρωτοκ(ωμήτου): Zum Titel vgl. die Einleitung. Protokometen von Sentryphis sind in SB XVI 12267 (Herm., 540) und vielleicht in **465**, 6 ebenfalls belegt.

9 δι(ὰ)] τῶν σιτο̣λόγ(ων): Zu Sitologen in der Spätantike vgl. Berkes, *Dorfverwaltung*, 205, bes. Anm. 11. Analog zu dem Amt des Gnosters kann auch im Fall der Sitologen angenommen werden, dass die Bezeichnung in der Spätantike zu einem ortsspezifischen hermopolitischen bzw. mittelägyptischen Titel wurde.

10 γνωστῆρ(ος): Der vor dem Wort anfangende und sich bis zum ω erstreckende Strich ist schwer einzuordnen: Vielleicht hat der Schreiber das υ des vorigen Artikels versehentlich mehrfach geschrieben.

11 Ψώβθ(εως): Die Abkürzung Ψωβθ( ) erlaubt theoretisch mehrere Ergänzungen. Die radikale Abkürzung wäre jedoch bei anderen Dörfern mit längeren Namen unklar, deshalb ist der naheliegenden Auflösung und Identifikation mit dem aus der Spätantike bekannten Dorfnamen

Psobthis Vorzug zu geben. Dafür spricht auch, dass die anderen Dörfer, deren Namen mit Ψωβθ- beginnen, in dieser Zeit nicht mehr belegt sind. Ein Psobthis lag zwar sicherlich im Theodosiopolites, aber da die anderen drei Dörfer in unserem Dokument im Süden des Hermopolites lokalisiert werden können, spricht alles dafür, dass in diesem Dokument das im Süden des Hermopolites gelegene Psobthis gemeint ist, vgl. Drew-Bear, *Le nome Hermopolite*, 331–334, bes. 332.

464–465. Zwei Abrechnungen aus hermopolitischen Dörfern

P.Heid. Inv. G 325 B: 14,2 cm × H: 8,4 cm Mitte 7. Jh.
Hermopolites Tafel VI

Der Papyrus enthält auf beiden Seiten fragmentarische Abrechnungen. Beide Dokumente beziehen sich auf ein rurales Milieu: Die erste Liste auf ein ἐποίκιον, die zweite auf das wohlbekannte hermopolitische Dorf Sentryphis. Es handelt sich um Steuerlisten: In **464** werden verschiedene Weizenbeträge, in **465** Solidi abgegeben. Die Zahlungen deuten auf eine Aufstellung eines lokalen Beamten hin, vielleicht eines für die Steuereintreibung des Dorfes verantwortlichen βοηθός. Die geübten Hände der beiden Texte können etwa um die Mitte des 7. Jh. datiert werden, allerdings bleibt es sowohl der Schrift nach wie auch inhaltlich unklar, ob wir uns vor oder nach der arabischen Eroberung befinden. Zuerst wurde wohl **464** *transversa charta* auf das Papyrusblatt geschrieben und erst später **465**, da der letztere Text annähernd vollständig ist. Die beiden Dokumente werden im Folgenden gemeinsam beschrieben, wobei **464** als die Vorderseite betrachtet wird.

Dunkelbrauner Papyrus, beschrieben mit schwarzer Tinte, bemerkenswerter Weise auf beiden Seiten entgegen dem Faserverlauf. Rechts oben ist ein rechteckiger Teil ausgebrochen. Links und rechts – abgesehen von einigen Brüchen – Originalränder. Unten unregelmäßig abgebrochen. Mehrere kleine Löcher.

464. Abrechnung

Erhalten sind die ersten sechs Zeilen einer Abrechnung über Weizenabgaben. Gemäß der Überschrift wurden (gerundet) 72 Artaben Weizen geliefert. In den vollständig erhaltenen vier Einträgen werden insgesamt 67,5 Artaben aufgelistet. Demgemäß kann angenommen werden, dass nicht mehr viele Einträge folgten, besonders da die Vermutung nahe liegt, dass Zahlungen ähnlicher Höhe folgten. Es handelt sich wohl um Steuerzahlungen, vielleicht für die *embola*. Eine enge Parallele zu unserem Text bietet die Zahlungsliste P.Ryl. IV 714 (Herm., 7. Jh.[6] [?]). Besondere Aufmerksamkeit verdient das Auftreten der Laienbrüder des Weilers in Z. 5, da Laienbruderschaften eher im städtischen Kontext belegt sind, vgl. Komm. *ad locum*.

⳨ δι̣ [ca.3]̣ μου τῶν {τ} σί(του) ἀρτ(αβῶν) πβ 𐅵 . . . . . [
οὕ(τως)
ἀφ' ὧ(ν) ὑπ(ὲρ) Ἰωσὰφ πρω( )   σί(του) ἀρτ(άβαι) μα 𐅵
ὑπ(ὲρ) Κωνστα(ντίνου) Πχυκε   σί(του) ἀρτ(άβαι) ια 𐅵
ὑ̣π(ὲρ) τ̣ῶ̣ν̣ φιλοπώ(νων) τοῦ ἐποικί(ου)   σί(του) ἀρτ(άβαι) θ 𐅵
[ὑπ(ὲρ) ca. 3]αίου ἱερ(έως) τοῦ ἐποικί(ου)   σί(του) ἀρτ(άβαι) ε
]̣ ε( )̣ [̣]̣ [σ]ί̣(του) [ἀρ]τ̣(άβαι) [

- -

1–7 σιαρ̊ pap. 1]̣ μ̊ pap. 2 σ— pap. 3–5 ὑ̊ pap. 3 αφ̊ pap., πρ̊ pap., *l.* Ἰωσὴφ 4 κωνστ̊ pap. 5–6 εποικ pap.
5 φιλοπ̊ pap., *l.* φιλοπόνων 6 ϊερ pap. 7 ̣ ε pap.

„⳨ … der 72 ½ 1/9 Artaben an Weizen …
folgendermaßen:
Von welchen: Für Iosaph, den Pro- (?)   41 ½ Artaben Weizen
Für Konstantinos, Sohn des (?) Pchyke   11 ½ Artaben Weizen
Für die Laienbrüder des Weilers   9 ½ Artaben Weizen
Für …aios, *hiereus* des Weilers   5 Artaben Weizen
Für …   … Artaben Weizen
…"

6 6. Jh. ed.pr. Nikolaos Gonis informiert mich dankenswerter Weise anhand des Originals darüber, dass die Schrift eher auf das 7. Jh. hinweist.

1 δι̣ [ca.3]̣ μου: Man könnte δι[ασταλ]μοῦ lesen bzw. ergänzen. Das Wort διασταλμός kann verschiedene Arten von Steuerlisten bezeichnen. Hier könnte es sich um die Zahlungen des Weilers handeln. Zum Terminus διασταλμός vgl. Roger Rémondon im Komm. zu P.Apoll. 78, 1. Für den Wortlaut vgl. P.Eirene I 35 (Hk. unbek., 7.–8. Jh.), 1: δι]α̣σταλμὸ(ς) νο(μισμάτων) ι (κερατίων) α ∠.

{τ}: Dieser Buchstabe an dieser Stelle ist schwer zu erklären. Vermutlich handelt es sich um einen Schreibfehler.

2–5: Entlang des linken Rands dieser Zeilen ist ein Strich zu sehen, der wahrscheinlich auch über die erhaltenen Ränder hinaus reichte. Die Funktion dieses Striches ist nicht eindeutig.

3 Ἰωσάφ: Obwohl man Ἰωσήφ erwarten würde, scheint der vorletzte Buchstabe klar ein α zu sein. Diese Schreibweise ist m.W. weder in griechischen noch in koptischen Papyri belegt. Der in zwei koptischen Urkunden des 11. Jahrhunderts vorkommende ⲓⲱⲥⲁⲫⲁⲧ ist wohl eher durch den Einfluss des Werkes „Barlaam und Iosaphat“ des Johannes von Damaskus zu erklären, vgl. SB Kopt. III 1416 (Teschlot, 1062), 21–22 und SB Kopt. III 1417 (Teschlot, 1062), 14.

πρω( ): Vielleicht πρω(τοκωμήτου). Die Abkürzung des Wortes wäre zwar ungewöhnlich, aber nicht ohne Parallele, vgl. P.Lond.Herm. (Herm., 546–547) 24r 27: δι(ὰ) Μονίου πρ(ωτοκωμή-του), wo die Auflösung der Abkürzung durch 12r 9: Μόνις πρωτοκ(ωμήτης) nachgewiesen wird, vgl. auch den Index des Bandes, S. 211. Auch der dörfliche Kontext könnte diese Deutung untermauern, die alternative Interpretation als πρῶ(τος), ‚Klostervorsteher‘, scheint in diesem Kontext eher unwahrscheinlich zu sein.

4 Πχυκε: Der Name scheint ein *addendum onomasticis* zu sein. Man könnte jedoch auch annehmen, dass es sich um einen Spitznamen handelt, wobei man Π- als den koptischen Artikel deuten könnte. Das folgende –χυκε könnte man vielleicht mit der Annahme eines iotazistischen Sprachfehlers mit ϩⲏⲕⲉ ‚arm‘ identifizieren, obwohl die Gleichsetzung von ϩ und χ nicht unproblematisch wäre. Somit ergäbe sich die Deutung ‚für Konstantin, den Armen‘. Vergleichbare Spitznamen kommen in koptischen Texten immer wieder vor, vgl. Gascou, *Remarques*.

5 τ̣ῶ̣ν̣ φιλοπώ(νων) τοῦ ἐποικί(ου): Die Erwähnung der Laienbrüder des Weilers ist bemerkenswert, da Laienbruderschaften eher ein urbanes Phänomen waren. Wie Ewa Wipszycka bemerkt: „Il faut cependant remarquer que, sauf une exception … toutes les localités où l’existence de ces confréries est attestée sont des villes. Je ne crois pas que cet état de choses soit dû au hasard de la conservation des textes. Je pense plutôt que les confréries étaient un phénomène urbain. Elles ne pouvaient naître que là où il y avait une concentration de population assez grande pour qu’il s’y trouve plusieurs personnes mécontentes de la vie “normale“ de la communauté

chrétienne et susceptibles de former un groupe organisé à l'intérieur de cette communauté". Wipszycka, *Les confréries*, 515.

Bis jetzt gab es keinen Beleg für nicht-städtische Laienbruderschaften. Die einzige Ausnahme war das φιλοπονεῖον des Apa Theodor in Pauore. Ewa Wipszycka identifizierte diese Laienbruderschaft jedoch mit dem τόπος (Kloster/Kirche) von Apa Theodor in derselben Ortschaft, Wipszycka, *Les confréries*, 518. Im Fall unseres Textes könnte man also annehmen, dass mit den Laienbrüdern auch hier Mitglieder einer Kirche bzw. eines Klosters des Weilers gemeint sind. Plausibler scheint jedoch die Annahme, dass es sich um eine Laienbruderschaft im Weiler handelt. Demgemäß könnte auch angenommen werden, dass das φιλοπονεῖον von Pauore eine Laienbruderschaft war, die denselben Patron hatte wie die Kirche/das Kloster des Dorfes. Solange jedoch keine weiteren Belege für nicht-städtische Laienbruderschaften auftauchen, ist in dieser Frage keine Klarheit zu gewinnen. Zu Laienbruderschaften allgemein vgl. Wipszycka, *Les confréries;* Gascou, *Un nouveau document;* Mitthof, *Mietverträge*, 109.

6 ca. 3]αίου: Zahlreiche Ergänzungen wären möglich, naheliegend wäre [Μουσ]αίου.

ἱερ(έως) τοῦ ἐποικί(ου): Der ἱερεύς war eine lokale, hermopolitische Bezeichnung für den Dorfvorsteher in der Spätantike. Ἱερεῖς sind besonders die Vorsteher der Weiler (ἐποίκια), wie auch in diesem Fall, vgl. Berkes, *Dorfverwaltung*, 122–125.

465. Abrechnung

Diese Abrechnung enthält Geldzahlungen, deren Zweck der fragmentarischen Überschrift nicht mehr zu entnehmen ist. Der Ausdruck δι(ὰ) τ̣ῶ(ν) κλ(ηρονόμων) legt nahe, dass es sich um Steuerzahlungen handelt.

† ε̣ . [.] . κω( ) Σιντρύ[φεως
vac. ο̣ὕ(τως)
δ(ιὰ) Π̣αποε̣ [
δ(ιὰ) Σ̣αμουηλίου . [
δ(ιὰ) Πατουῶ (καὶ) Πε[
δ(ιὰ) τ̣ῶ(ν) κλ(ηρονόμων) Ἐνῶχ πρω( ) [
δ(ιὰ) Ζήθ [
δ(ιὰ) Ἀνδρέας [
δ(ιὰ) Παύλου Ἡοῦ [
δ(ιὰ) . . . . φύλακ(ος) [
δ(ιὰ) Ὀνοφρίου (καὶ) Ἰσάκ [
vac. ὁ(μοῦ) νο(μίσματα) ι (κεράτια) ιδ

1 κ̸ω *pap.* 2 σ– *pap.* 3–11 δ̸ *pap.* 5, 11 ϛ *pap.* 6 τ̣ωκλϛ *pap.*, πρ̊ω *pap.*, πρ̊ω *corr. ex* ⟦δ̣ . . . . . ⟧ 8 *l.* Ἀνδρέα 10 φυλακ̸ *pap.* 11 *l.* Ὀννωφρίου 12 ο̸ν̊ϊ/ϊδ *pap.*

„† Rückstand des Dorfes (?) Sintryphis …
folgendermaßen:
Durch Papoe …
Durch Samuelios … …
Durch Patuos und Pe… …
Durch die Erben von Enoch dem Protokometen (?) …
Durch Zeth …
Durch Andreas …
Durch Paulos, Sohn des Eos …
Durch …, den Wächter …
Durch Onnophrios und Isak …
Zusammen: 10 Solidi 14 Siliquae.“

1 ε̣ . [.] . κω( ): Wohl ἔ̣χ̣θ̣[(εσις)] κώ(μης) (ε̣χ^θ ̣ *pap.*). Zur Bedeutung und Schreibweise von ἔχθεσις vgl. Roger S. Bagnall in der Einleitung zu P.Kell. IV, S. 32.

Σιντρύ[φεως: Zum Dorf vgl. die Einleitung von **463**.

3 Π̣απο̣ε̣: Der letzte Buchstabe scheint eher ein ε̣, als ein ς zu sein, da Reste der oberen Hälfte des Epsilon noch sichtbar sind, vgl. auch die Form des Buchstaben in Z. 8.

6 πρω( ): Wohl πρω(τοκωμήτου), vgl. die Anm. zu **464**, 3. Zu den Protokometen von Sentryphis vgl. den Komm zu **463**, 8.

7 Ζήθ: Eine Variante von Seth (TM Nam 36556), vgl. Heuser, *Personennamen*, 106 und 109.

10 . . . . : Eventuell Σ̣ί̣ο̣υ.

φύλακ(ος): Wächter werden in spätantiken Papyri in verschiedenen Kontexten erwähnt. Das Wort φύλαξ bezeichnet hier wohl einen Wächter des Dorfes, vgl. z.B. P.Lond. IV 1384 (Aphrod., 708–710), 13: φύλακας τῶν χωρί[ων.

466. Liste von Eseln aus dem Umfeld des Senuthios-Archivs

P.Heid. Inv. G 35	Fr. I: B: 5,3 cm × H: 17,6 cm Fr. II: B: 0,4 cm × H: 5,4 cm Fr. III: B: 18,1 cm × H: 29,4 cm	20. Juli 647 (?)
Hermopolites		Tafel VII + VIII

Die vorliegenden Fragmente einer Abrechnung enthalten eine Liste von Eseln, γαιδάρια und ὀνάδια, die von verschiedenen hermopolitischen Dörfern für öffentliche Aufgaben zur Verfügung gestellt wurden. Der Umstand, dass die Eseltransporte von einem Dorfbeamten (ἱερεύς) organisiert wurden, deutet darauf hin, dass die Tiere bzw. die Eseltreiber zur Fronarbeit geschickt wurden. Ferner spricht das Wort für Esel, γαιδάριον, auch für einen öffentlichen Kontext, vgl. Federico Morelli im Komm. zu CPR XXX 20, 5: „[Γ]αιδάριν: solo in documenti del periodo arabo e quasi esclusivamente per animali da soma impiegati al servizio dello stato. Si tratta in effetti di un prestito dall' arabo غيذار (*ghaydhârun*) e come tale veniva in ambienti che erano in contatto con la amministrazione araba". In der Tat lassen sich mehrere Dokumente aus der arabischen Zeit finden, die große Ähnlichkeit mit unserem Text aufweisen: SPP X 122 (Ars., 7. Jh.); SPP X 32 (Herm., 7.–8. Jh.); P.Prag. I 30 (Ars., 8. Jh.); SPP VIII 1209 (Ars., 8. Jh.).

Die Struktur des Dokumentes ist klar gegliedert. Die Überschrift besagt, dass es eine „Liste der durch Stephanos, den ἱερεύς von Lenaiu, am 26. Epeiph der fünften Indiktion geschickten Esel" ist. Dem folgt die Auflistung der Dörfer mit Nennung der abliefernden Dorfbewohner und der Zahl der Esel. Im erhaltenen Teil des Dokuments erscheinen insgesamt 16 Esel, allerdings muss man auch berücksichtigen, dass an besonders schwer lesbaren Stellen die Ziffern α und β kaum zu unterscheiden sind. Falls ein Dorf nur einen Esel schickt, werden all diese Informationen in eine einzige Zeile geschrieben, falls es aber mehrere zur Verfügung stellt, werden nach einem οὕ(τως) die Lieferanten der einzelnen Esel aufgelistet. Interessant ist die Aufteilung der Esel in γαιδάρια und ὀνάδια.[7] Das letztere Wort war bis jetzt nur in einem Kodex des 14. Jh. belegt (vgl. *LBG*, s.v.), und seine exakte Bedeutung ist unklar. Die deminutive Form könnte

7 Für die Abkürzung $\overset{\delta}{\text{ον}}$ ergibt sich m.E. keine andere naheliegende Auflösung. Die Lesung ὀν(η)λ(άτης) ist paläographisch unmöglich.

auf Eselfohlen hinweisen, wobei Verkleinerungsformen in der Spätantike häufig gebraucht wurden ohne zwangsläufig eine deminutive Bedeutung aufzuweisen.

Der Text ist von einer geübten Hand aus der Mitte des 7. Jahrhunderts geschrieben, vgl. CPR VIII 85 (Herm., um 643/644) und CPR XXII 48 (Herm., 640er Jahre), zur Datierung dieser Texte vgl. Federico Morelli, CPR XXX, S. 97–98. Unser Dokument wurde von einer sehr ähnlichen, vielleicht sogar derselben Hand geschrieben wie drei andere Dokumente aus der Wiener Papyrussammlung: SPP X 32; SPP X 34; SPP X 244. Bei all diesen Papyri handelt es sich um für verschiedene Zwecke zusammengestellte Listen von Dörfern, von denen einige dieselben sind – oder zumindest in derselben Gegend lagen – wie die in unserem Dokument. Folgende Dörfer werden in unserem Text erwähnt: Ares (Z. 14); Busiris (Z. 3); Ibion (Z. 22); Lenaiu (Z. 1); Magdola (Z. 25); Ophis (Z. 11); Puampoimenis (Z. 18); Sebaemphis (Z. 21); Sinarchebis (Z. 26); Thennis (Z. 7); Timonthis (Z. 27); Tlethmis (Z. 28).

Diese Listen gehören zum Umfeld des sogenannten Senuthios-Archivs. Senuthios war ein bedeutender Beamter, *anystes*, des nördlichen *skelos* des Hermopolites in den ersten Jahren der arabischen Herrschaft, vgl. Federico Morelli in CPR XXX, S. 21–22, bes. 21: „[I] nostri documenti sono i resti dell'archivio dello *skelos* Nord. Sembra, a un certo punto portato a Ermupoli, ma comunque tenuto distinto da quello centrale della pagarchia". In der Tat können alle erwähnten Dörfer in dem aus den Texten des Archivs bekannten geographischen Raum, nördlich von Hermupolis, und in der Nähe dieser Stadt lokalisiert werden – wobei die Reihenfolge der Dörfer kein Ordnungsprinzip erkennen lässt, vgl. Morelli, *op.cit.*, S. 96–106, vgl. auch die Karte *ibidem* 116. Ob diese Listen wirklich zum Archiv gehören oder nur aus demselben Umfeld stammen, bleibt unklar. Morelli, *op.cit.*, S. 97 erklärt zu diesen Dokumenten:

> „Significativa è qui in particolare una serie di conti e di liste della collezione viennese. Di queste, alcune appartengono sicuramente all'archivio. Per altre la appartenenza all'archivio non è certa. Tutte sono state in ogni caso redatte in uno stesso ambiente e in un ristretto arco di tempo. (…) Tutte queste liste sono in realtà strettamente collegate, e probabilmente scritte da una stessa o da poche mani. Della stessa mano sono sicuramente SPP X 32, 34 e 244. SPP X 32 elenca consegne o requisizioni di animali da soma, *gaidaria*, che sono già l'oggetto di diversi testi dell'archivio, come P.Amh. II 153, CPR XXV 29, o [CPR XXX] **20**".

Wegen seines Zusammenhangs mit dem Senuthios-Archiv kann unser Text anhand der in Z. 2 erwähnten fünften Indiktion am wahrscheinlichsten auf den 20. Juli 647 datiert werden. Eine Datierung in den nächsten Indiktions-Zyklus (20. Juli 662) kann zwar nicht ausgeschlossen werden, scheint aber gemäß dem bekannten zeitlichen Rahmens des Archivs nicht plausibel zu sein.[8]

8 Zur Datierung des Archivs vgl. Morelli, *op.cit.*, 22–27.

Es ist nicht klar, warum gerade der ἱερεύς von Lenaiu mit der Organisation der Ablieferung der Esel beauftragt war: Vielleicht wurden sie für einen Transport aus dem Dorf Lenaiu gebraucht. Der Terminus ἱερεύς war in der Spätantike eine lokale Bezeichnung für Verwalter von ἐποίκια (Weiler) im Hermopolites, die – wie die meisten Beamten zu dieser Zeit – einen weiten Aufgabenbereich hatten, vgl. Berkes, *Dorfverwaltung*, 122–125.

Dunkelbrauner Papyrus, beschrieben mit stark verblasster, schwarzer Tinte, auf der Vorderseite *transversa charta*, entgegen dem Faserverlauf, auf der Rückseite parallel zu diesem. Drei Fragmente sind erhalten, welche augenscheinlich nicht direkt aneinander gesetzt gehören. Die Reihenfolge der Fragmente ist eindeutig, da Fr. I den Anfang und Fr. III das Ende des Dokumentes enthalten. Ihr genauer Abstand ist nicht mehr zu bestimmen, es ist jedoch zu vermuten, dass kaum etwas zwischen den Fragmenten I und II bzw. II und III fehlt. Auf Fr. III sind sieben horizontale Faltungen zu erkennen, und Fr. 1 scheint entlang einer horizontalen Faltung vom Dokument abgebrochen zu sein. Da der Abstand der Faltungen von unten nach oben immer größer wird, ist anzunehmen, dass das Dokument von unten aufgerollt wurde.

Fr. I

† γνῶ(σις) τῶ(ν) πεμφθ(έντων) γαιδ(αρίων) δι(ὰ) Στεφάνου ἱερέ(ως) ἀπὸ
Ληναίου μ(ηνὸς) Ἐπειφ κ̣ς ἰνδ(ικτίωνος) ε
ἀ[π]ὸ Βουσί̣ρ̣ε̣(ως) ὀν(ά)δ(ιον) .

- -

Fr. II

- -

] . . [

- -

Fr. III

- -

δ̣(ιὰ) Ἀπολλῶ̣ς . . . μ̣ο̣λ̣[ca. 1–2] α [δ](ιὰ) [Ἱ]λ̣αρίωνος Φὶβ α̣
δ(ιὰ) Πιῆυ Βίκτορος α
ἀπὸ Θε̣ν̣ν̣εως γαιδ(άριον) α ὀν(ά)δ(ια) β
οὕ(τως)
δ̣(ιὰ) Πέτρου Κυριακοῦ α δ(ιὰ) Πάπου Ἀντ̣ω̣νίο̣υ α
δ(ιὰ) . . νε Πέτρου α
ἀπὸ Ὄφεως ὀν(ά)δ(ια) β
οὕ(τως)
δ(ιὰ) Παχ̣υ̣μ̣ίου Ψᾶ α δ(ιὰ) Δανιὴλ Ἀπολλῶς α

ἀπὸ Ἄρεως γαιδ(άριον) α ὀν(ά)δ(ια) β
οὕ(τως)
[δ(ιὰ)] . [ca. 4]υ Γερμανοῦ α̣ δ(ιὰ) Μι̣[ca. 1–2] . [ca. 2–3]βα( ) α
δ(ιὰ) Κυρι[ακοῦ] Θεοδώρου α
α̣πὸ Πουαμπ̣(οιμήνεως) γα̣ι̣δ̣(άριον) α̣ ὀν(ά)δ(ιον) α̣
ο̣ὕ̣(τως)
δ̣(ιὰ) . . . . . Μα̣καρί̣ο̣υ α δ(ιὰ) *Spuren von ca. 8–10 Buchstaben* α
ἀπο̣ Σ̣ε̣βαέμφε(ως) δ(ι') Ἐνὼχ Φοιβά̣(μμωνος) γαιδ(άριον) α
ἀπὸ Ἰ̣βιῶ(νος) γαιδ(άρια) β
ο̣ὕ̣(τως)
δ(ιὰ) [ca. 2–3]νου Φοιβά(μμωνος) α δ(ι') Ἄμμω̣(νος) Ἀτρῆτο̣ς α
ἀπὸ Μαγδώ(λων) δ(ιὰ) Ἑλλῶτος Σ̣τ̣ε̣φ̣άνο̣υ ὀ̣ν(ά)δ(ιον) α
ἀπὸ Σιναρχ(ήβεως) δ(ιὰ) Γεωργ̣ί̣ου Δαυεὶδ γαιδ(άριον) α
α̣π̣ὸ̣ Τ̣ι̣μ̣ω̣ν̣θ(έως) δ̣(ιὰ) Δ̣αυεὶδ Μαθ̣θαίου γαιδ(άριον) α
ἀπὸ Τλήθ̣μ̣ε̣(ως) δ(ιὰ) Μ̣αροῦ Ἀλῆτος γαιδ(άριον) α
γί(νεται) κ̣

Rückseite:

† καταγρα̣(φὴ) τῶ(ν) πε̣μ̣φθ̣(έντων) [γαιδ(αρίων) (καὶ) (?)] ὀ̣ν̣(α)δ(ίων) κ

1 †γν^{ω}ι̣^{ω}τπεμφ^{θ}γαιδ^{δ}ιστεφανουϊερ^{ε}α^{ο}π *pap.* 2 μ' *pap.*, ιν^{δ} *pap.* 1, 7, 14, 18, 21–22, 26–28 γαι^{δ} *pap.* 3 βουσ̣ι̣ρ̣^{ε} *pap.* 3, 7, 11, 14, 18, 25, 30 ον^{δ} *pap.* 5, 6, 9, 10, 13, 16–17, 20–21, 24–28 δ̸ *pap.* 5, 13 απολλω̣^{c} *pap.*, *l.* Ἀπολλῶτος 8, 12, 15, 19, 23 σ— *pap.* 16]β^{α} *pap.* 18 πουαμ^{π} *pap.* 21 σ̣ε̣βαεμφ^{ε} *pap.* 21, 24 φοιβ^{α} *pap.* 22 ϊ̣βι^{ω} *pap.* 24 αμμ^{ω} *pap.* 25 μαγδ̸^{ω} *pap.* 26 σιναρ^{χ} *pap.* 27 τ̣ι̣μ̣ω̣ν̣^{θ} *pap.* 28 τληθ̣μ̣^{ε} *pap.* 29 γι̸ *pap.* 30 †κα̣ταγ̣ρ^{αω}τπε̣μ̣φ^{θ} *pap.*

Fr. I

„† Liste der Esel, die durch Stephanos, den Hiereus von Lenaiu, am 26. Epeiph der fünften Indiktion geschickt wurden:

von Busiris … Esel(fohlen ?)

…"

Fr. II

„…"

Fr. III

„…

durch Apollos, Sohn des … 1 durch Hilarion, Sohn des Phib 1

durch Pieu, Sohn des Viktor 1

von Thennis 1 Esel, 2 Esel(fohlen?)

wie folgt:

Durch Petros, Sohn des Kyriakos 1 durch Papos, Sohn des Antonios 1

Durch …, Sohn des Petros 1

von Ophis 2 Esel(fohlen?)

wie folgt:

Durch Pachymios, Sohn des Psas 1 durch Daniel, Sohn des Apollos 1

von Ares 1 Esel, 2 Esel(fohlen?)

wie folgt:

Durch …, Sohn des Germanos 1 durch …, (Sohn des) … 1

Durch Kyriakos, Sohn des Theodoros 1

von Puampoimenis 1 Esel, 1 Esel(fohlen?)

wie folgt:

Durch …, (Sohn des) Makarios 1 durch …, (Sohn des) … .

von Sebaemphis, durch Enoch, Sohn des Phoibammon 1 Esel

von Ibion 2 Esel

wie folgt:

durch …, (Sohn des) Phoibammon 1 durch Ammon (Sohn des) Hatres 1

von Magdola, durch Hellos, Sohn des Stephanos 1 Esel(fohlen?)

von Sinarchebis, durch Georgios, Sohn des David 1 Esel

von Timonthis, durch David, Sohn des Matthaios 1 Esel

von Tlethmis, durch Mares, Sohn des Ales 1 Esel

Das macht 20.“

Rückseite:

„† Verzeichnis der 20 geschickten Esel und Eselfohlen (?).“

2 Ἐπειφ κ̣ς: Der 20. Juli.

5 [Ἱ]λ̣αρίωνος: Hilarion (TM Nam 9641) ist ein seltener Name, jedoch ist er im zeitgenössischen Hermopolites belegt, vgl. P.Sorb. II 69 (618–619/633–634 [?]), 123 C 1 und SPP III 314 (7. Jh.), 3.

10 . . νε: Vielleicht Ϗ̣α̣νε?

16 δ(ιὰ) Μι̣[ca. 1–2] . [ca. 2–3]βα( ): Wohl δ(ιὰ) Μί̣[νο]υ̣ [Φοι]βά(μμωνος). Die Schriftreste zwischen den zwei Lakunen könnten zu dem – wie in diesem Dokument üblich – einigermaßen schräg über die Zeile geschriebenen Endypsilon von Μί̣[νο]υ passen.

18 ἀ̣π̣ὸ̣ Πουαμπ̣(οιμήνεως): Theoretisch könnte man annehmen, dass hier das Dorf Puampinuphis (TM Geo 6794) gemeint ist, vgl. Hagedorn, *Bemerkungen*, 158. Da aber in den Texten des Senuthios-Archivs nur Puampoimenis belegt ist, scheint die Auflösung eindeutig zu sein. Zu Puampoimenis (TM Geo 2949) vgl. auch den Komm. zu **499**, 4.

24 δ(ιὰ) [ca. 2–3]νου: Vielleicht [Μί]νου, vgl. Anm. zu Z. 16.

29 γί(νεται) κ: Das Fehlen der Einheit (Esel) ist unerwartet.

30 ☩̣ κ̣α̣ταγ̣ρα̣(φὴ) τῶ(ν) πε̣μ̣φθ̣(έντων) [γαιδ(αρίων) (καὶ) (?)] ὀ̣ν̣(α)δ(ίων) κ: Der Dorsalvermerk scheint vom gleichen Schreiber und im gleichen Stile geschrieben worden zu sein wie das Verzeichnis der Vorderseite. Es ist bemerkenswert, dass die Rückseite den Terminus καταγραφή für das Dokument verwendet, während es in der Überschrift der Vorderseite als γνῶσις bezeichnet wird. Die vorgeschlagene Ergänzung der Lakuna erfolgt anhand des Inhaltes der Vorderseite.

467. Liste von ausgesandten Briefträgern mit Schreibübungen

P.Heid. Inv. G 1243 V B: 15 cm × H: 7,8 cm 7.–8. Jh.

Hermopolites Tafel IX

Das Dokument enthält eine Liste von aus verschiedenen Dörfern gesandten Briefträgern, die später für Schreibübungen wiederverwendet wurde. Das Verzeichnis wurde auf die Versoseite eines Protokollblattes geschrieben, welches auch schon mit einigen *transversa charta* geschriebenen griechischen Federproben beschrieben wurde.[9] Es ist nicht zu ermitteln, ob die Schreibübungen des Verso und des Recto gleichzeitig oder mit gewissem Zeitabstand geschrieben wurden. Es bleibt auch unklar, ob die koptische Federprobe des Verso vom gleichen Schreiber stammt wie die griechischen Zeilen des Recto.

Vergleichbar mit der Liste von Briefträgern ist SB XXII 15365 (Oxy., 606 oder 621 [?]), ein Dienstplan von σύμμαχοι (Schnellboten). Der für die Postboten verwendete Terminus, *veredarii*, macht deutlich, dass es sich um eine Liste aus der Verwaltung, wohl aus dem Büro der hermopolitischen Pagarchie handelt, vgl. Anm. zu Z. 1. Zum Postwesen in der früharabischen Zeit vgl. Silverstein, *Postal Systems*, 53–90, für die papyrologische Evidenz bes. 50–51, 58–59, 71–74, 76 und kürzlich Bruning, *Developments*. Nachdem das Dokument nicht mehr gebraucht wurde, verwendete man es wahrscheinlich im gleichen Büro für Federproben, vgl. Anm. zu Z. 4.

Hellbrauner Papyrus beschrieben mit schwarzer Tinte, parallel zum Faserverlauf sowohl auf der Vorder-, als auch auf der Rückseite. Nur der linke und der obere Rand sind original. Auf der Rückseite sind Reste eines Protokolls mit Stempelschrift zu sehen, dessen Faserverlauf – wie üblich – gegen die des restlichen Blattes geht.[10] Mehrere Löcher. Die Tinte ist an mehreren Stellen verflossen, es ist nicht immer eindeutig zu bestimmen, ob es sich um Flecken oder Schriftreste handelt.

1 † σὺν Θ(εῷ) γνῷ(σις) τῶν ἀπολυθ(έν)τ(ων) β(ερε)δ(αρίων) ἐπι[ca.3] ̣ ν̣ω̣( ) ἀπὸ τ( ) σ ̣ [

\- \- \-

2 [ἀπὸ] χω(ρίου) Ι[ ] . . . ( ) ε ̣ ̣ ̣ ̣ ̣ ( ) [ca.6]ϛ̣ [?] ̣

3 ἀπὸ χω(ρίου) Σόμο̣υ [

9 Drei Zeilenanfänge sind zu erkennen. Z. 1 beginnt mit einem Kreuz und Z. 2 mit καί.

10 Es ist nicht zu ermitteln, ob es sich um ein Protokoll nach dem byzantinischen Muster oder schon um ein arabisch-griechisches Protokoll handelt. Die letztere Art von Protokolla wurde während des Kalifats von ʿAbd al-Malik b. Marwān (685–705) eingeführt und würde somit besser zu unserem Dokument passen. Die Schrift deutet eher auf das späte 7. bzw. frühe 8. Jh. hin, wobei eine Datierung kurz vor die Zeit von ʿAbd al-Malik auch nicht auszuschließen ist. Zu Protokolla der früharabischen Zeit vgl. die Literaturhinweise in der Einleitung von **459**.

4 (um 90 Grad gedreht) п]ṇоүтє

- -

1 συ$\overset{\theta}{\nu}$γ$\overset{\omega}{\nu}$ *pap.*, απολυ$\overset{\tau}{\theta}$$\beta^{\delta}\beta^{\delta}$ *pap.*, . $\overset{\omega}{\text{ṿ}}$ *pap.*, απ$\overset{\tau}{o}$ *pap.* 2–3 $\overset{\omega}{\chi}$ *pap.*

„† Mit Gott. Liste der ausgesandten Postboten … von …

Folgendermaßen:

vom *chorion* I…

vom *chorion* Somou …

(Schreibübung) Im Namen (?) Gott(es) …“

1 β(ερε)δ(αρίων): Eine sehr radikale Abkürzung. Man könnte prinzipiell auch an die Auflösung β(ερέ)δ(ων) „Postpferde“ denken, doch diese Interpretation scheint nicht zum Kontext zu passen. Das lateinische Wort *veredarius* ‚Bote‘ (aus dem lateinischen *veredus*, ‚Pferd des Boten‘) ist in Ägypten schon im 4. Jh. belegt, kommt dann jedoch erst wieder ab islamischer Zeit vor. Es wurde im 7. Jh. aus anderen ehemaligen byzantinischen Provinzen nach Ägypten gebracht, vgl. Georgina Fantoni in der Einl. zu CPR XIV 33.

ἐπι[ca.3] . ṿω̣( ) ἀπὸ τ( ) σ . [: Man könnte ἐπί als Präposition auffassen, die angibt, wohin die *veredarii* geschickt worden sind. Nach ἀπό könnte man einen Ortsnamen oder eventuell eine Zeitangabe erwarten: Man könnte vielleicht ἀπὸ τ(οῦ) σκ̣[έλους oder ἀπὸ τ(ῆς) σή[μερον erwägen.

2 I[: Zahlreiche Dorfnamen kommen in Frage, vgl. Drew-Bear, *Le nome Hermopolite*, 122–135.

] . . . ( ): Vielleicht]τ̣ο̣λ̣ . ( ). Es kämen Ἀποστόλου für eine kirchliche Institution oder der Name Παποστόλου in Frage.

ε . . . . . ( ): Nach dem ε vielleicht π̣α̣λ̣ oder π̣α̣χ̣, wobei das ε einfach eine Ziffer sein könnte.

]ϛ̣ [?] . : Es ist nicht klar, ob diese Buchstaben zur Abrechnung oder zu den Federproben gehören, und es ist auch zweifelhaft, ob zwischen dem unsicher gelesenen Stigma und dem nächsten Tintenfleck wirklich noch etwas geschrieben wurde.

3 Σόμο̣υ: Das moderne Ismu el-Arus (TM GEO 7220).

4 п]ṇоүтє: Es ist wahrscheinlich ϩм прⲁн мп]ṇоүтє zu ergänzen. Invokationen kommen oft in Schreibübungen von früharabischen Verwaltungsbüros vor, da sie ein fester Bestandteil von bestimmten Dokumenten waren, vgl. z.B. CPR XXII 17 (Ars., 789–790), 1a.

468. Steuerregister

P.Heid. Inv. G 1920 B: 6,9 cm × H: 11,6 cm spätes 7./frühes 8. Jh.

Oxyrhynchites (?) Tafel X

Der Papyrus enthält ein kurzes Steuerregister, welches vielleicht nur für die Kompilation einer anderen Abrechnung erstellt wurde. Vergleichbar sind SB XXIV 16122–16124 (alle: Hk. unbek., 7.–8. Jh.). Steuerzahlungen des *chorion* Pyrgu werden registriert: 29 Solidi und 18 Siliquae werden durch den γραμματεύς – der in diesem Kontext wohl als Dorfschreiber zu deuten ist – vermittelt, und 14 Solidi und 16 Siliquae werden durch den Dorfvorsteher (μείζων) bezahlt. In der letzten Zeile werden die Einnahmen gerundet angegeben. Der Ortsname Pyrgu könnte am ehesten für eine oxyrhynchitische Provenienz sprechen, vgl. Komm. zu Z. 1. Die typische administrative Minuskelschrift weist in das späte 7. bis frühe 8. Jh., vergleichbar ist etwa CPR VIII 73 (Ars., 694).

Mittelbrauner, vollständiger Papyrus, beschrieben mit schwarzer Tinte, parallel zur Faserrichtung. Gerade Schnittränder, eine vertikale und fünf horizontale Faltungen sind zu erkennen. Die Rückseite ist unbeschriftet.

1 †

2 χωρ(ίου) Πύργου

3 δ(ιὰ) τ(οῦ) γρα(μματέως) νο(μίσματα) κθ̣ (κεράτια) ιη

4 (καὶ) ἐν απολο . . . ( ) ε( )χ( ) δ(ιὰ) τ(οῦ) μείζο(νος)

5 νο(μίσματα) ιδ (κεράτια) ις

vac.

6 (γίνεται) ν̣ο̣(μίσματα) μδ

2 χωρ *pap.* 3 δ^{τ}γρ^{α}ν̊κθ/ιη *pap.* 4 ϛεναπολο . . · ε^{χ}δ^{τ}μειζ̊ *pap.* 5 ν̊ιδ/ις *pap.* 6 /ν̊μδ *pap.*

„†

Vom *chorion* Pyrgu,

durch den Sekretär (γραμματεύς): 29 Solidi 18 Siliquae;

und … durch den Dorfvorstand:

14 Solidi 16 Siliquae.

Das macht: 44 Solidi.“

2 Πύργου: Dieses Toponym (TM Geo 6972) ist aus dem Oxyrhynchites bekannt, vgl. Benaissa, *Rural Settlements,* 298. Allerdings könnte so ein simpler Name (‚Turm') auch anderswo verwendet worden sein.
3 δ(ιὰ) τ(οῦ) γρα(μματέως): Damit ist wohl der Dorfschreiber von Pyrgu gemeint. Dorfschreiber sind häufig als Übermittler von Steuerzahlungen belegt, vgl. Berkes, *Dorfverwaltung,* 143.
4 ἐν απολο... ( ): Nach ἐν könnte man einen Ortsnamen erwarten und so Ἀπολον̣( ) lesen. Drei Ortsnamen kämen in Frage: I. Ἀπόλλωνος im Oxyrhynchites (TM Geo 8616), das vielleicht mit dem gleichnamigen kynopolitischen Dorf zu identifizieren ist, vgl. Benaissa, *Rural Settlements,* 38–39 und Litinas, *Villages,* 157–158, bes. 158. II. Ἀπολλωνιάς im Oxyrhynchites (TM Geo 9946). III. Ἀπολλωνιάς im Arsinoites (TM Geo 253), welches in dieser Zeit jedoch nicht mehr belegt ist.

Alternativ könnte man ἐν ἀπολο̣ι̣π̣α̣( ) lesen, was man als ἐν ἀπολο̣ι̣π̣ά̣(δι), ‚für die Restschulden (der Steuerzahlungen)', oder weniger wahrscheinlich als ἐν ἀπολο̣ι̣π̣α̣(σί̣α̣), ‚für das Verzeichnis der Restschulden (der Steuerzahlungen)', deuten könnte. Für die Konstruktion vgl. SB XXVI 16353 (Herakl., 6. Jh.), 1: ἔστιν ἐν λοιπάδ(ι) χρυσίου. Ἀπολοιπάς wäre ein *addendum lexicis,* obwohl diese Wortbildung nicht unerwartet wäre. In den Aphrodito-Papyri des 8. Jh. ist die Abkürzung απολ( ) belegt, die von Bell als ἀπόλοιπον gedeutet wurde, vgl. z.B. P.Lond. IV 1427 (Aphrod., 732–733), 5: ἀπολ(οίπου) δημ(οσίων), wobei auch hier das Wort ἀπολοιπάς in Frage käme.
ε( )χ( ): Oder ει( )χ( ), falls man den nach rechts unten gerichteten Strich nicht als Abkürzung, sondern als Teil einer ει-Ligatur deutet. Man könnte ἔχ(οντα) (sc. νομίσματα) oder εἰ(σενε)χ(θέντα) erwägen, vgl. CPR XXII 50 (Hk. unbek., 8. Jh.), 22: τὰ (καὶ) εἰ(σ)εν(ε)χ(θέντα), aber der Sinn wäre in beiden Fällen unklar.
μείζο(νος): Die Auflösung μειζο(τέρου) ist unwahrscheinlich, da der Kontext klar für einen Dorfvorstand und nicht für einen *maior domus* spricht. Zu μείζονες vgl. Berkes, *Dorfverwaltung,* 63–82.

469. Steuerregister

P.Heid. Inv. G 45 B: 28 cm × H: 20 cm 7.–8. Jh.

Herkunft unbekannt Tafel X

Der Papyrus enthält die obere Hälfte eines Steuerregisters aus der früharabischen Zeit. Erhalten sind die Überschrift einer Abrechnung über „40 Solidi der πραγματευταί" und der erste Teil des Registers, der Zahlungen für die Einzelposten des Steuerregisters enthält. Eine Notiz über diesen Teil lässt vermuten, dass für die Einzelquoten etwa 26 Solidi eingetrieben wurden. In dem abgebrochenen Teil des Papyrusblattes folgten wahrscheinlich weitere Abrechnungseinheiten mit Überschriften. Bemerkenswert ist die Einteilung der Steuerzahler in drei Kolumnen, Ähnliches lässt sich in zeitgenössischen Abrechnungen der arabischen Verwaltung finden, vgl. Komm. zu Z. 3.

Die abgegebenen Beträge sind mit wenigen Ausnahmen (Z. 17 und 22, 1 Solidus und ⅓ Solidus) ½ und 1/12 Solidus. Die Summe der erhaltenen Beträge ergibt ca. 19 Solidi. Wenn man annimmt, dass die Beträge der einzelnen Steuerzahler weiterhin etwa konstant blieben, könnte man vermuten, dass die Beträge von etwa zwölf Steuerzahlern fehlen. Das würde bedeuten, dass ca. 45 Steuerzahler aufgelistet waren und der erste Teil der Abrechnung noch ca. 3 Zeilen länger war. Die Namen der Steuerzahler werden im Genitiv angegeben, was in Abrechnungen dieser Zeit nicht ungewöhnlich ist.

Der Überschrift des Textes ist zu entnehmen, dass das Register die „Verteilung der 40 Solidi der πραγματευταί" enthält. Das Wort πραγματευτής bedeutet in der Spätantike meistens ‚Händler', in einigen Fällen kommt auch die Bedeutung ‚Agent' vor, vgl. Gonis, *Some Πραγματευταί*, zur letzteren Bedeutung vgl. auch Berkes, *Dorfverwaltung*, 3/Anm. 7. Es ist nicht eindeutig, wie der Terminus hier zu verstehen ist. Wenn es sich um irgendwelche Funktionäre der Verwaltung handeln würde, wäre wohl gemeint, dass sie die Zahlungen von 40 Solidi abgegeben hätten. Die aufgelisteten Steuerzahler wären in diesem Fall diejenigen, von denen die πραγματευταί das Geld eingesammelt hätten.

Man könnte jedoch auch annehmen, dass es sich um Händler handelt. In diesem Fall würde es nicht stören, dass auch Diakone auftreten (Z. 8, 33): Obwohl Diakone normalerweise keinen Handel treiben sollten, konnte dies offensichtlich trotz des Verbotes genauso geschehen wie das Zinsnehmen, vgl. Schmelz, *Kirchliche Amtsträger*, 195–197. Fraglich wäre jedoch, aus welchem Grund die Beträge eingetrieben wurden: Könnte unser Text vielleicht eine Handelssteuer betreffen? Über die Handelssteuer im früharabischen Ägypten stehen uns nur sehr wenige Informationen zur Verfügung, vgl. Hussein, *Steuersystem*, 81–84. Ferner könnte es sich auch um die Kopfsteuer der (Berufskorporation der?) Händler handeln. In einem arabischen Brief aus dem 8. Jh. fragt z.B. ein Beamter seinen Kollegen, ob die Händler schon ihre Kopfsteuer in Fusṭāṭ bezahlt hätten, vgl. Raghib, *Lettres Arabes I*, 18–22.

Einige Namen (z.B. Taurinos, Kolluthos, Dornos) könnten auf eine hermopolitische Herkunft hinweisen. Auffallend ist jedoch die Parallelität der Struktur zu der von P.Lond. IV 1435 (Aphr., 716), 158–166 (vgl. unten Anm. zu Z. 3): Kommt unser Dokument eventuell auch aus Aphrodito? Die Provenienz bleibt unklar.

Mittelbrauner Papyrus beschrieben mit schwarzer Tinte parallel zum Faserverlauf. Oben, links und rechts gerade Schnittränder. Der untere Teil des Dokumentes ist gerade abgebrochen. 0,9–1,7 cm vom linken Rand entfernt läuft eine Kollesis. Drei vertikale Faltungen sind zu erkennen. Die Rückseite ist unbeschriftet.

1 ἔστι ἡ διαστολὴ τῶ(ν) νο(μισμάτων) μ πραγματε(υ)τ(ῶν)
2 οὕ(τως)
3 ὑ(πὲρ) τ(ῶν) κλασμά(των) τῆ(ς) κ(ατα)γρα(φῆς) νο(μίσματα) κ̣ε ς´ [(?)]
4 *vac.* ν̣ο̣(μίσματα) κς 𐅵γ´

Kol. I

5 Ἀπολλῶ Ἠλία νο(μίσματος) 𐅵 ιβ´
6 Σενου(θίου) Φιλ( ) νο(μίσματος) 𐅵 ιβ´
7 Παχυμίου Ἐνὼχ νο(μίσματος) 𐅵 ιβ´
8 Βίκτ(ορος) διακ(όνου) νο(μίσματος) 𐅵 ιβ´
9 Κοσμᾶ Δώρνου νο(μίσματος) 𐅵 ιβ´
10 Πβελε Τέκτ(ονος) νο(μίσματος) 𐅵 ιβ´
11 Βίκτ(ορος) Κολλ(ού)θ̣(ου) νο(μίσματος) 𐅵 ιβ´
12 Θεοδ̣ώ̣ρου Παύλου [νο(μίσματος)] 𐅵 ιβ´
13 Ὀννοφρ(ίο)υ Στεφά(νου) νο(μίσματος) 𐅵 ιβ´
14 Πελόολε Ταυρίνου νο(μίσματος) 𐅵 ιβ´
15 [.] . [.] . [. . .] . . [

- -

Kol. II

16 Ὀννοφρ(ίο)υ Ἀτρῆ̣ νο(μίσματος) 𐅵 ιβ´
17 Γεωργίου Παύλ(ου) νό(μισμα) α
18 Θεοφ(ί)λ(ου) Ἀπολ(λῶ) νο(μίσματος) 𐅵 ιβ´

19 Γεωργ(ίου) δια(κόνου)	νο(μίσματος) ϛ ιβʹ
20 Κολλ(ού)θ(ου) Φοιβά(μμωνος)	νο(μίσματος) ϛ ιβʹ
21 Ιωσὴφ Δαυὶδ	νο(μίσματος) ϛ ιβʹ
22 Ταυρίνου Ἰούστου	νο(μίσματος) γʹ
23 Μηνᾶ Ἀπολ(λῶ)	νο(μίσματος) ϛ ι̣βʹ
24 Δαυὶδ Σενου(θίου)	νο(μίσματος) ϛ ιβʹ
25 Ἀπολλῶ Φοιβά(μμωνος)	νο(μίσματος) ϛ ιβʹ
26 [	νο(μίσματος) ...] ̣ʹ

- -

Kol. III

27 Κόμε(τος) Φιλ( )	νο(μίσματος) ϛ ιβʹ
28 Κοσμᾶ Ἠλία	νο(μίσματος) ϛ ιβʹ
29 Ἀβρα(αμίου) Παπνου(θίου)	νο(μίσματος) ϛ ιβʹ
30 Κολλ(ού)θ(ου) Κυρ(ια)κ(οῦ)	νο(μίσματος) ϛ ιβʹ
31 Ἰσαὰκ Ἀνδρέ(α)	νο(μίσματος) ϛ ιβʹ
32 [ca. 2] ̣ Πιῆυ	νο(μίσματος) ϛ ιβʹ
33 [	νο(μισμ-) . . .]
34 [Ἀ]β̣ρα(αμίου) δι[α(κόνου)]	νο(μίσματος) ϛ ιβʹ
35 Κολλ(ού)θ(ου) Σενου(θίου)	νο(μίσματος) ϛ ιβʹ
36 Ἰωσὴφ Ἠλία	νο(μίσματος) ϛ ιβʹ
37 [̣] ̣ ου[ca. 3] ̣ [	νο(μίσματος) ϛ ιβ]ʹ

- -

1, 3–36 ν^{o} 1 διαστο$^{\lambda\eta\omega}$ τν^{o}μπραγματε$^{\tau}$ *pap.* 2σ— *pap.* 3 γ$^{\tau}$κλασμτκγρ$^{\alpha\eta\,\alpha}$ *pap.* 6 σεν$^{\gamma}$φι$^{\lambda}$ *pap.* 8 βικδιακ$^{\tau}$ *pap.* 10 τεκ$^{\tau}$ *pap.* 11 βικκολλ$^{\tau\,\theta}$ *pap.* 13 οννοφρστεφ$^{\upsilon\,\alpha}$ *pap.* 16 οννοφρατρ$^{\upsilon\,\eta}$ *pap.* 17 παυ$^{\lambda}$ *pap.* 18 θεοφιαπο$^{\lambda\,\lambda o}$ *pap.*, απο$^{\lambda o}$: α *corr. ex* ε 19 γεωργ$^{\gamma}$δι$^{\alpha}$ *pap.* 20 κολλφοιβ$^{\theta\,\alpha}$ *pap.* 23 μηναπ$^{\alpha\,o\lambda}$ *pap.* 24 σεν$^{\gamma}$ *pap.* 25 φοιβ$^{\alpha}$ *pap.* 27 κομφι$^{\epsilon\,\lambda}$ *pap.* 29 αβρπαπν$^{\alpha\,\gamma}$ *pap.* 30 κολλκυρ$^{\theta\,\kappa}$ *pap.* 31 ανδρ$^{\epsilon}$ *pap.* 34]βρδι[$^{\alpha}$ *pap.* 35 κολλσεν$^{\theta\,\gamma}$ *pap.* 37] ̣$^{\gamma}$[*pap.*

„Das ist die Verteilung der 40 Solidi der πραγματευταί,

folgendermaßen:

Für die Einzelposten des Steuerregisters:	25 ⅙ Solidi
	26 ½ ⅓ Solidi

(Kol. I)

von Apollos, Sohn des Elias	½ ¹⁄₁₂ Solidus
von Senuthios, Sohn des Philotheos (?)	½ ¹⁄₁₂ Solidus
von Pachymios, Sohn des Enoch	½ ¹⁄₁₂ Solidus
von Viktor, dem Diakon	½ ¹⁄₁₂ Solidus
von Kosmas, Sohn des Dornos	½ ¹⁄₁₂ Solidus
von Pbele, Sohn des Tekton	½ ¹⁄₁₂ Solidus
von Viktor, Sohn des Kolluthos	½ ¹⁄₁₂ Solidus
von Theodoros, Sohn des Paulos	½ ¹⁄₁₂ Solidus
von Onnophris, Sohn des Stephanos	½ ¹⁄₁₂ Solidus
von Peloole, Sohn des Taurinos	½ ¹⁄₁₂ Solidus
…	

(Kol. II)

von Onnophris, Sohn des Hatres	½ ¹⁄₁₂ Solidus
von Georgios, Sohn des Paulos	1 Solidus
von Theophilos, Sohn des Apollos	½ ¹⁄₁₂ Solidus
von Georgios, Diakon	½ ¹⁄₁₂ Solidus
von Kolluthos, Sohn des Phoibammon	½ ¹⁄₁₂ Solidus
von Ioseph, Sohn des David	½ ¹⁄₁₂ Solidus
von Taurinos, Sohn des Iustus	⅓ Solidus
von Menas, Sohn des Apollos	½ ¹⁄₁₂ Solidus
von David, Sohn des Senuthios	½ ¹⁄₁₂ Solidus
von Apollos, Sohn des Phoibammon	½ ¹⁄₁₂ Solidus
…	

(Kol. III)

von Komes, Sohn des Philotheos (?)	½ ¹⁄₁₂ Solidus
von Kosmas, Sohn des Elias	½ ¹⁄₁₂ Solidus
von Abrahamios, Sohn des Papnuthios	½ ¹⁄₁₂ Solidus
von Kolluthos, Sohn des Kyriakos	½ ¹⁄₁₂ Solidus
von Isaak, Sohn des Andreas	½ ¹⁄₁₂ Solidus
von …, Sohn des Pieu	½ ¹⁄₁₂ Solidus
von …	… Solidus

von Abrahamios, dem Diakon	½ 1/12 Solidus
von Kolluthos, Sohn des Senuthios	½ 1/12 Solidus
von Ioseph, Sohn des Elias	½ 1/12 Solidus
von …	½ 1/12 Solidus
…“	

1 ἔστι ἡ διαστολὴ τῶ(ν) νο(μισμάτων) μ πραγματευτ(ῶν): Zum Wortlaut vgl. CPR XXII 26 (Ars. [?], 8. Jh.), 23: ἐστὶ̣ δ̣ὲ̣ ⟦τ̣ο̣ῦ̣ κ̣λ̣(άσματος)⟧ ἡ̣ διαστολ(ὴ) τοῦ κλ(άσματος) τῆ(ς) σπερμ̣ο̣β(ο)λ̣(ίας).

ἡ διαστολή: Das Wort bezeichnet in dieser Zeit meistens die ‘Requisition’ oder die ‘Verteilung’ verschiedener Leistungen, vgl. Federico Morelli im Komm. zu CPR XXII 26, 23.

3 ὑ(πὲρ) τ(ῶν) κλασμά(των) τῆ(ς) κα̣τα̣γρα(φῆς): Zum Ausdruck vgl. Berkes, *Papyrologicum* und auch den Komm. zu **476**, 2. In unserem Text scheint die Übersetzung ‚Einzelposten‘ (Preisigke, *Wörterbuch*, s.v. κλάσμα) zuzutreffen. Besonders auffallend ist die Parallelität des Layouts zu dem von P.Lond. IV 1435 (Aphr., 716), 158–166, wo nach der Überschrift † κλάσμ(ατα) τῆ(ς) καταγρα(φῆς) Zahlungen von Individuen, gegliedert in drei Kolumnen, aufgelistet werden – genauso wie in unserem Dokument.

3–4 νο(μίσματα) κ̣ε ς´ [(?)] | ν̣ο̣(μίσματα) κς ⸓γ´: Der Betrag in Z. 3 ist wahrscheinlich die Summe der „Einzelposten des Steuerregisters.“ In der nächsten Zeile wurde ein etwas höherer Betrag hinzugefügt, handelt es sich etwa um eine Korrektur?

6 Φιλ( ): Die Auflösung der Abkürzung ist nicht eindeutig, naheliegend wäre z.B. Φιλ(οθέου).

9 Δώρνου: Der Name Δῶρνος ist nur in BGU XVII 2723 (Herm., 6.–7. Jh.), 119 und als Ortsname in SB XXVIII 17212 (Hk. unbek., 8. Jh.), 2 belegt. Zum letzteren Text vgl. Gonis, *Hermopolite Localities*, 179–180.

10 Πβελε Τέκτ(ονος): Man könnte auch τέκτ(ονος) lesen. Sollte es sich aber um die Zahlungen von Händlern handeln, wäre diese Interpretation wohl auszuschließen. Der Name Πβελε (TM Nam 27411; ‚der Blinde‘) ist verhältnismäßig selten belegt.

26 Φιλ( ): Vgl. Komm. zu Z. 6.

37 [.] .ου[: Der nach rechts oben gerichtete Strich vor der suspendierten – und somit eine Abkürzung oder das Ende eines Wortes anzeigenden – ου-Ligatur ist mit der oberen Hälfte eines Epsilons kompatibel. Wenn man annimt, dass unter der Ligatur noch Platz für einen Buchstaben war, könnte man an [Σ]ε̣[ν]ου(θίου) denken, vgl. die gleiche Abkürzung in Z. 6, 24 und 35.

470. Abrechnung über Requisitionen für die arabische Flotte

P.Heid. Inv. G 780 R | B: 7,8 cm × H: 14,4 cm | 7.–8. Jh.
Hk. unbek. | Tafel XI

Erhalten ist ein Fragment einer Abrechnung über Requistionen für die arabische Flotte, das wegen der Größenordnung der geforderten Waren von Interesse ist. Auf der Rückseite sind Reste einer anderen Abrechnung zu finden, welche von einer anderen Hand geschrieben wurde.[11] Die professionelle Minuskelhand deutet auf das späte 7. oder frühe 8. Jh. hin. Das Dokument ist eine kurze Abrechnung, vergleichbar ist P.Eirene I 35 (= SB XXIV 16123; Hk. unbek., 7.–8. Jh.).

Dunkelbrauner Papyrus beschrieben mit schwarzer Tinte, auf der Vorderseite parallel zu und auf der Rückseite entgegen dem Faserverlauf. Oben und unten vollständig, links und rechts abgebrochen.

1] ̣( ) τν μασε(ρτ) ζ ἀγκύ(ρια) ρλ̣δ ̣ ̣ [
2] ̣( ) ϛ χαλκ( ) α τυλ(άρια) ψοδ διφθ̣[ερ-] ̣ [
3 *vac.* σ̣τ̣ι̣π ̣ [

1 μασ^ε *pap.*, αγκκ (mit υ υ) *pap.* 2 ⸆ *pap.*, χαλκ^ *pap.*, τυ^λ *pap.*

„… 350 …, 7 Schiffstaue, 134 Ankerseile…
… 6 …, 1 …, 774 Kissen, … Leder (?)… aus Werg (?)…“

1 μασε(ρτ): Dieses indeklinable Wort unklarer Etymologie taucht erst in Dokumenten der arabischen Zeit auf und bezeichnet eine Art von Schiffstau, vgl. Morelli, *Legname*, 168; *idem*, *Prezzi*, 66–67 und Bernhard Palmes Komm zu CPR XXIV 31, 9.

̣ ̣ [: Vielleicht σ̣τ̣[, vgl. Z. 3.

2 χαλκ( ): Man könnte an χαλκ(εύς) ‚Schmied‘ denken, wobei das kleine, hochgestellte Abkürzungszeichen, welches nicht eindeutig als Buchstabe zu deuten ist, auch in diesem Fall stören würde. Die Alternative χάλκ(ωμα) als unbearbeitetes Kupfer kommt wohl nicht in Frage, da

11 Abgesehen von einigen Ziffern ist nur in der Mitte des Blattes eine Zeile klar zu lesen: δι(ὰ) Β̣ί̣κτ̣(ορος) Γεωργ(ίου) ἀπὸ ̣ ̣ [. Ferner könnte man in der ersten Zeile eine Überschrift vermuten und mit viel Mühe das Wort ναυτ(ῶν) erkennen.

man in diesem Fall auch eine Mengenangabe erwarten würde. Zur Bedeutung des Wortes vgl. Morelli, *Prezzi*, 127.

διφθ̣[ερ-] ̣ [: Vgl. P.Lond. IV 1433 (Aphr., 707) 63: ὀν(όματι) μέ(ρους) τι(μῆς) διφθ(ερῶν) σκεπα(στηρίων) διήρων καρά(βων); H. Idris Bell bemerkt im Komm. *ad locum*: „διφθ(ερῶν) σκεπα(στηρίων) or σκεπα(στικῶν), 'hides for covering' the ships". Diese Bedeutung würde auch an dieser Stelle zum Kontext passen.

] ̣ [: Vielleicht Reste eines λ oder χ: Beide könnten als Zahlzeichen gedeutet werden.

3 σ̣τ̣ι̣π ̣ [: Falls korrekt gelesen, könnten eventuell Wergseile gemeint sein, vgl. die „feinen Wergseile", λ(ε)π(τὰ) στ(ί)π(πινα), in CPR XXII 46 (Ars., 8. Jh.), 3, wo ebenfalls sowohl μασερτ wie auch ἀγκύρια in der gleichen Zeile erwähnt werden, vgl. auch Federico Morellis Komm. *ad locum*. Vgl. auch Morelli, *Prezzi*, 65–66.

471. Register von ausstehenden Steuerzahlungen

P.Giss. Inv. 192 | B: 23,3 cm × H: 27,5 cm | 2. Hälfte 8. Jh.
Herakleopolites | | Tafel XII

Erhalten ist ein Register, das über die Eintreibung verschiedener Steuerzahlungen aus herakleopolitischen Dörfern berichtet. Von besonderem Interesse ist die Vielzahl der Steuerzahler, die einen arabischen Namen tragen, wodurch das Dokument einen beindruckenden Einblick in die Islamisation der Umgebung von Herakleopolis im 8. Jh. bietet. Das Dokument besteht aus zwei Kolumnen: Die erste listet die anstehenden Zahlungen auf und die zweite gibt den Übermittler an, wie es auch der Überschrift dieser Kolumne („eingetrieben“) zu entnehmen ist. Das Register wurde später überprüft, wie die Kontrollzeichen vor den Einträgen der linken Kolumne zeigen. Wenn die ausstehende Summe vollständig bezahlt wurde, steht – wie üblich – ein senkrechter Strich vor dem Eintrag, und der Name des Steuereintreibers wird in der nächsten Kolumne angegeben. Falls ein Teil der Zahlung oder eventuell noch die ganze zu leisten ist, werden die ausstehenden Summen vor dem Eintrag angegeben und – im Fall einer Teilzahlung – der Übermittler erwähnt. Wenn jedoch noch nichts bezahlt wurde, steht in der rechten Kolumne ein bloßer Punkt. Die bezahlten Summen sind eher niedrig, die 23 Steuerpflichtigen sollten insgesamt kaum mehr als drei Solidi zahlen, wie die Summe in Z. 24 zeigt. Dies könnte vielleicht auf Teilzahlungen der Landsteuer hinweisen, was gut zum ruralen Milieu passen würde. Vor der Summe des Registers in Z. 24 werden auch noch die in der linken Seite aufgelisteten Beträge, die nicht eingetrieben werden konnten, addiert: Annähernd ein Solidus steht noch aus, also ein bisschen weniger als ein Drittel der Gesamtsumme.

Wie schon erwähnt, liegt der besondere Wert dieses Textes in seinem Namenmaterial. Fast alle der erhaltenen Namen der Steuerzahler sind eindeutig arabisch bzw. muslimisch: Nur David in Z. 3 könnte auch ein Christ sein.[12] Zwar ist die zweite Kolumne, welche die Namen der Vermittler der Steuerzahlungen überliefert, stark beschädigt, trotzdem ist zu erkennen, dass mindestens einer von ihnen Muslime waren, wobei ein gewisser Elias, Sohn des Ioseph, mehrfach vorkommt. Er scheint auf jeden Fall ein Christ gewesen zu sein, auch wenn man prinzipiell sowohl seinen Namen wie auch den seines Vaters als muslimisch identifizieren könnte, allerdings werden diese nicht durch υἱός verbunden wie üblich bei Muslimen, vgl. auch die Ein-

12 Den sehr unwahrscheinlichen Fall, dass sich hinter den arabischen Namen arabische Christen verbergen, berücksichtige ich hier nicht.

leitung zu **484**. Wenn die Steuerzahler nicht durch ihre Vatersnamen, sondern durch ihren Herkunftsort identifiziert werden, erscheinen sie als Bewohner von Dörfern (Phnebi, Phys, Thmoine-), die in der Nähe von Herakleopolis, in der ehemaligen Μέση Toparchie, lagen, vgl. den Zeilenkommentar unten. Demgemäß zeigt uns das Dokument die Präsenz von Muslimen in ländlichen Regionen im – wohl nicht zu frühen (vgl. unten) – 8. Jh., wobei es schwer zu sagen bleibt, ob es sich um konvertierte Christen oder arabische Einwanderer handelt, auch wenn die erstere Möglichkeit wahrscheinlicher zu sein scheint.[13] Dies wird in unserem Text auch dadurch bestätigt, dass zwei Personen (Z. 10–11) als *mawālī* (Sing. *mawlā*), zum Islam konvertierte Klienten, identifiziert werden.

In Dokumenten der zweiten Hälfte des 8. Jh. begegnen deutlich mehr Muslime als in den Papyri der ersten hundert Jahre der islamischen Herrschaft. Auch wenn man generell davon ausgehen kann, dass die Islamisation im nördlichen Niltal viel intensiver und schneller verlief als im Süden, ist auch zuzugeben, dass der größte Teil des relevanten publizierten Materials dieser Epoche aus dem Arsinoites und Herakleopolites stammt. Zu Zeichen der Arabisation und Islamisation in den Papyri vgl. Sijpesteijn, *Shaping a Muslim State*, 81–84, 92–93, 105–111. Eine besonders einschlägige Parallele zu unserem Text ist eine ebenfalls herakleopolitische Liste von vermeintlichen Arbeitern aus dem 8. Jh., SB XXVIII 17235, die ebenso mehrere arabische Namen zeigt.

Die geübte Minuskelschrift des Dokumentes ist bemerkenswert und typisch für herakleopolitische administrative Dokumente des späteren 8. Jh., vgl. z.B. CPR XXII 42 oder SB XXVIII 17235 (Abbildungen zu beiden Papyri sind durch das HGV erreichbar). Sie zeichnet sich v.a. durch dicke Striche und häufige Vereinfachungen von Schriftzügen aus, was an manchen Stellen die Entzifferung erschweren kann, vgl. z.B. das extrem reduzierte erste Alpha von Μασλα(μα) in Z. 9. Bemerkenswert ist die unnötige Verwendung des Artikels bei δ(ιὰ) τ(οῦ) in der zweiten Kolumne, die durch die Versteinerung des Ausdrucks im Abrechnungswesen zu erklären ist und den allgemeinen Eindruck bestätigt, dass Griechisch in dieser Zeit nur noch als eine Buchhaltungssprache in der Verwaltung fungierte, vgl. den Komm. zu **484**, 4–5. Sowohl die entwickelte Form der Minuskelschrift wie auch die Präsenz zahlreicher arabischer Namen im ruralen Kontext deuten auf eine Datierung in die zweite Hälfte des 8. Jh. hin.

Das dunkelbraune Papyrusblatt ist abgesehen von zahlreichen Löchern vollständig. Der Text wurde in schwarzer Tinte parallel zu den Fasern beschrieben. Das Blatt scheint mindestens einmal vertikal und viermal horizontal gefaltet worden zu sein. Die Rückseite ist unbeschriftet.

13 Darauf weist auch hin, dass in manchen Dokumenten bei muslimischen Namen noch die Ethnizität ‚Sarazene' (=Araber) angegeben wird, vgl. CPR XXII 33 (Hk. unbek., 8. Jh.), 5: Σαλαθαν Σαρ(α)γ(ηνός) (l. Σαρ(α)κ(ηνός)).

1 *vac.*		ἀγυ̣(σθέντα)	
2 / Αιουπ υἱὸ(ς) Αβιβ	νο(μ.) ϛ´ η´	δι(ὰ) τ(οῦ) Ισμα(ηλ) υἱο(ῦ) Αβδελλα	νο(μ.) ϛ´ η̣´
3 / Δαυὶδ ἀπὸ χ(ωρίου) Φυς	νο(μ.) η´	δι(ὰ) τ̣(ῆς) χε(ιρὸς) [αὐτ(οῦ)	νο(μ.) η]´
4 / Ουπηει᾿δ᾿αλλα υἱὸ(ς) Χουνε(ις)	νο(μ.) ϛ´ η´	[δι(ὰ) τ(οῦ) ca.11] . . α . . . ( ) . Ἠλία	[νο(μ.)] ϛ[´]η̣´
5 . . Γ̣α̣μαλ υἱὸ(ς) Σα[αλ?]	[νο(μ.)] ϛ´ κ̣[δ´]	δι(ὰ) τ(οῦ) Ἠλία Ἰ̣[ωσὴ(φ) ?]	νο(μ.) ϛ´ κδ´
6 / Σ̣ε̣ιδ υἱὸ(ς) Μασουρ	νο(μ.) ϛ´	δι(ὰ) τ(οῦ) . . . α( ) Ἰα . νι	νο(μ.) ϛ´
7 ιβ´ Ο̣σ̣α̣μα υἱὸ(ς) Εβρα(ειμ)	νο(μ.) ιβ´ ·	*vac.*	
8 ϛ´ Σααλα ἀπὸ χ(ωρίου) Θμοινε( )	νο(μ.) ϛ´	[·]	
9 γ´ Μασλα(μα) υἱὸ(ς) Ιεζιδ	νο(μ.) γ´	·	
10 [/ (?)] . . . α̣( ) μ̣(αυ)λ̣(εὺς) . . γιδ	νο(μ.) δ´	δι(ὰ) τ̣(ῆς) χ̣ε̣(ιρὸς) α̣ὐ̣τ̣(οῦ)	νο(μ.) δ´
11 [ca.5]μ μ(αυ)λ(εὺς) Ο̣σ̣α̣μ̣α̣	νο(μ.) .´	·	
12 . [.] . ε̣ ἀπὸ χ(ωρίου) Φνεβι	νο(μ.) η´	[δι(ὰ) τ(οῦ)] . .	νο(μ.) η´
13 [.] . λ̣ . . [. .] α̣[πὸ] χ(ωρίου) [.] . . γε( )	νο(μ.) ιβ´	[δι(ὰ) τ(οῦ)] .( )	νο(μ.) ιβ´
14 . . . λ . σζ υ̣ἱ̣ὸ(ς) . . ε( )	νο(μ.) ϛ´	·	
15 [ ] . ε( )	νο(μ.) ϛ´κδ´	δι(ὰ) τ(οῦ) Ἠλία Ἰωσὴ(φ)	νο(μ.) ϛ´κδ´
16 γ´ [ ]	νο(μ.) ιβ´	δι(ὰ) τ(οῦ) [.] ε̣ . . ηθ( )	νο(μ.) ιβ´
17 / [	νο(μ.) η´ μη]´	δι(ὰ) [τ(οῦ) . .] . . . .( )	νο(μ.) η̣´ μ̣η̣´
18 ι̣β̣´ [	νο(μ.) ιβ´ κδ´ μη´]	δι(ὰ) τ̣(ῆς) χε̣(ιρὸς) αὐτ̣(οῦ) νο(μ.) κδ´ μη´ δι(ὰ) τ(οῦ) Ἠλία Ἰωσὴ(φ) νο(μ.) κδ´ μη´	
19 / Γ̣ . . λ̣ι̣ .( ) [υἱὸ(ς) Μου]σλημ	[νο(μ) .´]	[δι(ὰ) τ(οῦ)	νο(μ.) .]´
20 [.] Ε̣β̣ρ̣α̣(ειμ) ἀπὸ χ(ωρίου) Φυς	[νο(μ.) .´		
21 . [ca.2/3] . ιδ [ἀπ]ὸ χ(ωρίου) Θ̣μοι[ν]ε̣( )	[νο(μ.) . ´		
22 / Α̣β̣δ̣ε̣λλα ἀπ[ὸ] τ̣(οῦ) αὐτ(οῦ)	νο(μ.) ιβ´	δι(ὰ) [τ(οῦ)	νο(μ.) ιβ´]
23 / (ὑπὲρ) . . ε . . . ( ) ἀπὸ τ(οῦ) αὐτ(οῦ)	νο(μ.) κδ´	[ ] .	
24 ν̣ο̣(μ.) ⳨ γ´ ιβ´ μ̣η̣ . . *vac.*	γί(νεται) νο(μ.) γ μ̣η̣´ . .		

1 α^{υ}ν̣ *pap.* 2 *et passim* υ^{ο}ι, $\overset{ο}{ν}$, δ^{τ} *pap.*, 2 ισ^{α}μ *pap.* 3 *et passim* απ^{χ}ο 3, 10, 18 χ^{ε}α^{τ}υ *pap.* 4 χουν^{ε} *pap.*,] . . α . . . ( ) *pap.* 6 . . . ^{α} *pap.* 7, 20 εβ^{α}ρ *pap.* 8, 21 θμοιν^{ε} *pap.* 9 μασ^{α}λ *pap.* 10–11 ^{λ}μ *pap.* 13] . . ^{ε}γ *pap.* 14 . . εϑ *pap.* 15, 18 ιω^{η}σ *pap.* 15]^{ε}. *pap.* 16] ε̣ . . η^{θ} *pap.* 17] . . . · *pap.* 19 γ . . λ̣ι · *pap.* 22–23 απ^{τ}οα^{τ}υ *pap.* 23 ⳨ . . ε . . · *pap.* 24 γ̣ι̣ *pap.*

		„eingetrieben	
/ Ayyūb b. Ḥabīb	⅙ ⅛ Sol.	durch Ismāʿīl b. ʿAbd Allāh	⅙ ⅛ Sol.
/ David vom *chorion* Phys	⅛ Sol.	durch seine Hand	⅛ Sol.
/ ʿUbayd Allāh b. Ḫunays	⅙ ⅛ Sol.	durch … Elias	1/48 Sol.
/ (?) Ǧamāl b. Sahl (?)	⅙ 1/24 Sol.	durch Elias S.d. Ioseph (?)	⅙ 1/24 Sol.
/ Saʿīd b. Manṣūr	⅙ Sol.	durch … S.d. I-	⅙ Sol
1/12 Usāma b. Ibrāhīm	1/12 Sol.	·	
⅙ Sahl (?) vom *chorion* Thoimne-	⅙ Sol.	·	
⅓ Maslama b. Yazīd	⅓ Sol.	·	
/ … *mawlā des* … ğid	¼ Sol.	durch seine Hand	¼ Sol.
… -m, *mawlā* des Usāma	… Sol.	·	
… vom *chorion* Phnebi	⅛ Sol.	durch …	⅛ Sol.
… vom *chorion* …	1/12 Sol.	durch …	1/12 Sol.

... b. ...	1/6 Sol.	·	
...	1/6 1/24 Sol.	durch Elias S.d. Ioseph	1/6 1/24 Sol.
1/3 ...	1/12 Sol.	durch ...	1/12 Sol.
/ ...	1/8 1/48 Sol.	durch ...	1/8 1/48 Sol.
1/12 ...	1/12 1/24 1/48 Sol.	durch seine Hand 1/24 1/48 Sol. durch Elias S.d. Ioseph	1/24 1/48 Sol.
/ ... b. Muslim	... Sol.	durch ...	... Sol.
/ Ibrāhīm vom *chorion* Phys	... Sol.	...	
... -id vom *chorion* Thoimne-	... Sol.	...	
ʿAbd Allāh vom gleichen (*chorion*)	1/12 Sol.	durch ...	1/12 Sol.
... vom gleichen (*chorion*)	1/24 Sol.	...	

1/2 1/3 1/12 1/48 Sol. Das macht: 3 1/48 ... Sol."

1 ἀνυ̣(σθέντα): Die gleiche Abkürzung begegnet in CPR XXII 22 (Hk. unbek., 775–776), 3.

2 Αιουπ: Vgl. die variierenden Transkriptionen des Namens in koptischen Texten, s. Legendre, *Perméabilité*, 408.

Αβιβ: Die gleiche Transkription des arabischen Namens Ḥabīb kommt in P.Ness. III 92 (Nessana, 685), 24 und P.Rain.Unterricht 52 (Ars., 8. Jh. [7.–8. Jh. ed.pr.][14]), v 14 vor. Die runde Schleife am Ende des Wortes ist nur ein kalligraphisches Element und stellt keine Abkürzung dar.

Ισμα(ηλ): Vgl. SB XVI 12303 (Hk. unbek., 2. Hälfte 7. Jh.), 2: Ἰσμα̣[η]λ̣ [.

3 Φῦς: Das Dorf Phys (TM Geo 1806) lag in der ehemaligen Μέση Toparchie, vgl. Falivene, *The Herakleopolite Nome*, 251–253.

4 Ουπηει'δ'αλλα: Der Name ʿUbayd kommt in mehreren Schreibweisen in den Papyri vor: Οβαιδ: P.Ness. 92 (Nessana, ca. 685), 38 und P.Ness. 93 (Nessana, ca. 685), 36, 40, 52; Ουβηειδ: P.Rain.Unterricht 50 (Ars., 8. Jh.; mit CPR XXII, S. 57/Anm. 2); CPR VIII 75 (Ars., ca. 698), 2; SB XXVI 16574 (Herakl., 8. Jh.), 1; P.Lond. IV 1368 (Aphr., vor 20. 10. 710), 7; P.Lond. IV 1447 (Aphr., 685–705), 101, 166; SB XXVI 16754 (Herakl., 8. Jh.), 1; Ουβεειδ: P.Lond. IV 1437 (Aphr., 718), 10, 15; Οὐβ̣ε̣[ειδ]: P.Lond. IV 1441 (Aphr., 706), 79, 87; P.Lond. IV 1356; Ουβηειτ: SB VIII 9748 (Ars., Mitte 7. Jh.). Vgl. auch die Schreibweisen der koptischen Texte: ⲟⲩⲡⲉⲓⲧ (10.–11. Jh.), s. Legendre, *Perméabilité*, 403. Das hier erwähnte ⲁ̣ⲃ̣ⲓ̣ⲉ̣ⲓ̣ⲁ̣ von P.KRU 70 (Djeme, 750) gehört eigentlich zum griechischen Präskript des Dokumentes, lies demgemäß Αβιειδ, vgl. Berkes–Cromwell, *An amīr*. Der Name ʿUbayd Allāh kommt in griechischer oder koptischer Transkription m.W. nur in P.Heid. Inv. Arab. 304 (Aphr.

14 Die durch das HGV erreichbare Abbildung macht deutlich, dass es sich um eine typische Minuskel der Mitte bzw. zweiten Hälfte des 8. Jh. handelt, die in zahlreichen zeitgenössischen Papyri belegt ist.

[?], spätes 7.–8. Jh.) vor, vgl. Berkes–Cowey–Vanthieghem, *Overseers* und – außerhalb von Ägypten – in P.Ness. 93 (Nessana, ca. 685), 36 un 60 als Οβαιδαλλα.

Χουνε(ις): Der Name Ḫunays ist das zweite Mal in Papyri belegt, vgl. SPP VIII 945 (Ars., 7.–8. Jh.), 1: Χονέεις Σαρακ(ηνῷ̣), wo m.W. der Name noch nicht identifiziert worden ist.

[δι(ὰ) τ(οῦ) ca.11] . .α . . .( ) . ’Ηλία: Die Lesung dieser Stelle ist schwierig und die ungewöhnliche Länge der Zeile ergibt auch keine naheliegende Lesung bzw. Ergänzung. Auf jeden Fall scheint der Vermittler nicht Elias, S.d. Ioseph zu sein, wie in Z. 15, 18 und vielleicht 5.

5 Γ̣α̣μαλ: Oder eventuell Χ̣α̣μαλ?

Σα[αλ?]: Die mutmaßliche Ergänzung basiert auf den Präskripten von P.KRU 50 (Djeme, 724), 3 und P.KRU 45 (Djeme, 725), 3, welche die gleiche Transkription des Namens Sahl belegen.

6 Σ̣ε̣ι̣δ: Oder vielleicht Σ̣ε̣ε̣ι̣δ, vgl. die Epsilon-Iota Ligatur in Ουπηει`δ´αλλα in Z. 4. Vgl. P.Sijp. 36 (Ars., 8. Jh. [?]), 38: Σεειδ; und die verschiedenen Variationen der koptischen Texte, s. Legendre, *Perméabilité*, 427.

Μασουρ: Die obere Faserschicht zwischen dem α und σ ist abgebrochen, allerdings hätte der Platz wohl kaum für ein ν ausgereicht. M.W. gibt es in den Papyri keinen griechischen Beleg für den Namen Manṣūr und nur ein einziger koptischer Text aus den Jahren 1006–1008 belegt die Form ⲙⲟⲩⲛⲥⲱⲣ, s. Legendre, *Perméabilité*, 421.

. . . α( ): Vielleicht Σαρα( ) oder Σουρα( ). Im ersten Fall wäre Σαρα(πάμμωνος), im zweiten ein arabischer Name wie z.B. Σουρα(ιχ) (Shurayḥ), vgl. SPP X 74 (Ars., 780[15]), v Kol. I, 10, zu erwarten.

’Ια . νι: ’Ιαν̣νι, Ιαυ̣νι oder eventuell Ιαο̣νι. Die erste Lesung könnte man als eine kurze Form von ’Ιωάννης auffassen.

7 Ο̣σ̣α̣μα: Die gleiche Transkription des Namens ist in P.Lond. IV 1441 (Aphr., 706), 77 und P.Lond. IV 1434 (Aphr., 716), 71 bezeugt.

Εβρα(ειμ): Zur Transkription des Namens Ibrāhīm vgl. den Komm. zu P.Heid.Kopt. 18 b, 1.

8 Σααλα: Handelt es sich um eine Transkription von Sahl? Vgl. oben den Komm. zu Z. 5. Das letzte α wäre in diesem Fall jedoch schwer zu erklären.

Θμοινε( ): Die Namen mehrerer herakleopolitischer Siedlungen, die in arabischer Zeit noch belegt sind, beginnen mit Thmoine- und erlauben somit bei der jetztigen Quellenlage keine Identifizierung der Siedlung, vgl. Falivene, *Herakleopolite Nome*, 75–79.

15 Die Datierung des Dokumentes basiert auf eine Korrektur, die ich in einem anderen Kontext veröffentlichen werde.

9 Μασλα(μα): Dieselbe Transkription des Namens ist in CPR XXII 45 (Hk. unbek., Anfang 8. Jh.), 9 (bzw. Μ̣α̣σ̣α̣λ̣α̣μ(α) in Z. 4) und CPR XXII 34 (Hk. unbek., spätes 8. Jh.), 21 belegt.

10] . . . α̣( ): Vielleicht [/ Ο]σ̣α̣μ̣α̣ (mit einem über der Zeile als bloßem Strich geschriebenen Alpha?).

. . γιδ: Es ist schwierig, Ν̣ε̣γιδ zu lesen.

12 [/ ?] . [.] . ε̣: Der Name endet vielleicht auf -χ̣ε̣ oder weniger wahrscheinlich auf -γε̣.

Φνεβι: Dieses Dorf (TM Geo 1786) war die zentrale Siedlung der ehemaligen Μέση Toparchie, wobei ihre exakte Lage unklar bleibt, vgl. Falivene, *Herakleopolite Nome*, 248–250.

13 [.] . λ̣ . . [. .] ἀ̣[πὸ] χ̣(ωρίου) [.] . . γ̣ε( ): Kein herakleopolitischer Dorfname passt zur Endung – falls überhaupt korrekt entziffert.

21 [ca.2/3] . ιδ: Vielleicht [Ιεζ]ι̣δ oder [Νεγ]ι̣δ?

23 (ὑπέρ): Das Symbol, falls richtig gelesen, kommt hier das erste Mal in der Abrechnung vor und seine Funktion ist unklar.

472. Abrechnung über Weizen

Fr. I:		
P.Heid. Inv. G 2735 V	B: 9,7 cm × H: 5 cm	787–788
Fr. II:		
P.Heid. Inv. Kopt. 29 + G 2739 V	B: 29 cm × H: 24,5 cm	oder später
Fr. III:		
P.Heid. Inv. Kopt. 1110 V	B: 7,6 cm × H: 3 cm	
Fr. IV:		
P.Heid. Inv. Kopt. 880 V	B: 10,7 cm × H: 3,7 cm	
Hermupolis		Tafel XIII

Erhalten sind Reste einer koptischen Abrechnung, die auf der Rückseite von der im Jahr 787–788 verfassten Rechtsurkunde **462** geschrieben wurde. Die Abrechnung war sicherlich deutlich länger, womöglich umfasste sie sogar ein ganzes Jahr, vgl. die Einleitung von **462**. Das Verzeichnis ist in zwei Kolumnen geteilt, die jedoch miteinander zusammenzuhängen scheinen. Links sind jeweils Monatstage und eine weitere Zahl aufgelistet, deren Bedeutung unklar bleibt. Darauf folgen Namen von Individuen und die Menge der von ihnen abgelieferten Artaben – es handelt sich wohl um Weizenabgaben. Der erste erhaltene Eintrag datiert auf den 27. Paremhot, den 23. März, und der letzte auf den 3. Hathyr, den 30. Oktober oder 1. November. Das Layout der Rechtsurkunde, die für diese Abrechnung wiederverwendet wurde, legt nahe, dass nicht viele Einträge vor Z. 1 aufgelistet wurden; wie viele unten fehlen, ist allerdings schwer zu sagen. Der Kontext der Abrechnung ist nicht eindeutig: Falls der Text tatsächlich zum Archiv der Bischofskirche von Hermupolis gehörte (vgl. die Einleitung von **462**), könnte es sich um eine Abrechnung dieser Institution handeln. Alternativ könnte man auch annehmen, dass einer der Vertragspartner das Dokument wiederverwendete. Die Schrift ist eher unbeholfen, was auch der Umstand zeigt, dass der Schreiber die Tageszahlen und die darauffolgenden Ziffern, die tendenziell höher geschrieben sind, oft mit zahlreichen Punkten und Strichen verbindet, da seine Zeilenführung unsicher ist. Der Schreiber verwendet eine entwickelte Version der griechischen Minuskel für Zahlen und Abkürzungen, doch sowohl der Schriftcharakter wie auch die Orthographie der Monats- und Personennamen lassen keinen Zweifel daran, dass diese Koptisch transkribiert werden sollten.

Fr. I

- -

	]	] . [	
[παρεμ]ϩ̣ο̣τ	κζ	·· . α [	
[φαρ]μογ(θι) ⟦ϛ⟧ · ᾱ ··		⟦ . . ⟧ [	
]	θ – ·	δ [	
] . [		]δ̣[	

- -

Fr. II

- -

. [					
θω(θ)	. [				
θω(θ)	θ	- [			
θω(θ)	ιϛ	-	·· δ̣ [		
θω(θ)	κδ	-	·· γ	ιωϥ	ἀρτ(άβαι) δ
θω(θ)	λ̣ . .	-	·· δ	βικτωρ	ἀρτ(άβαι) γ
παοπε	γ	·	·· δ	τωϩ στεφεν	ἀρτ(άβαι) ε
	ια -		· δ	κ[ωστα]ντινε	ἀρτ(άβαι) ϛ
	ιϛ		δ	ϩωμ[ισ]ε	ἀρτ(άβαι) ιε
	κδ		ζ	[ ]	ἀρτ(άβαι) ι ∠ ιβ′
[ϩα]θ̣[(υρ)]	γ		. [	]	ἀρτ(άβαι) ιε ∠ δ′

- -

Fr. III

- -

[	] - - - - - ιη	. [
]	]—— δ	[

- -

3]μ̆ *pap.* 7–11 θ^ω *pap.* 10–16 αρ^τ *pap.* 10 αρ^τ: *corr.*

Fr. I

„…

Paremhot:		27.	1 …
Pharmuthi	⟦6⟧ 1.	⟦…⟧ …	
	9.	4 …	
	…	4 …“	

Fr. II

„…

Thoth	…			
Thoth	9.	…		
Thoth	16.	4 …		
Thoth	24.	3	Iof	4 Artaben
Thoth	30. …	4	Viktor	3 Artaben
Paope	3.	4	Toh, Sohn des Stephen	5 Artaben
	11.	4	Kostantine	6 Artaben
	16.	4	Homise	15 Artaben
	24.	7	…	10 ½ 1/12 Artaben
Hathyr	3.	…	…	15 ½ ¼ Artaben

…“

Fr. III

„…	18.	…
…	4.	…“

12 ιωϥ: Es handelt sich wahrscheinlich um eine Variante von Iob.

13 κ[ωcτⲁ]ⲛτιⲛⲉ: Für κ[ωⲛcτⲁ]ⲛτιⲛⲉ scheint nicht genug Platz in der Lücke zu sein.

16: [ϩⲁ]ⲑ̣[(ⲩⲣ)]: Das Wort muss abgekürzt gewesen sein, da nicht genug Platz für eine volle Schreibweise vorhanden ist. Die Abkürzung ist trotzdem nur e.g. ergänzt.

473–483. Steuerquittungen aus dem früharabischen Hermopolites

473–482. Quittungen des ἔσχον διά-Typs

Die hier vorgelegten Steuerquittungen aus der früharabischen Zeit können anhand der Verwendung der charakteristischen Formel ἔσχον διά dem Hermopolites zugewiesen werden.[16] Die ersten drei Dokumente gehören zum bekannten Archiv von Menas, Sohn des Sarapammon, vgl. unten. Text **473** ist eine Quittung für die selten belegte Aufwandsteuer, das ξένιον, **474** ist wegen seines außergewöhnlichen Formates von Interesse, und **475** ist ein weiterer Beleg für die Kopfsteuer, den ἀνδρισμός. **476** ist wegen der Erwähnung des seltenen technischen Ausdrucks κλάσμα interessant. **477** enthält eine Quittung für δαπάνη und **478** wiederum für ἀνδρισμός.

Die Struktur der Quittungen (mit Ausnahme von **474**, vgl. die Einleitung zum Text) ist stark formelhaft und folgt mehr oder weniger demselben Schema: † *Monat, Tag, Indiktion.* ἔσχ(ον) δι(ά) *Name, Vatersname und/oder Beruf* ἀπό *Steuerart, Indiktion* (für die der Betrag bezahlt wurde) ἀρ(ι)θ(μίου) νο(μίσματος) *Betrag* (in Zahlbuchstaben und ausgeschrieben). † *Name* στοιχεῖ †. Gelegentlich findet man auch kurze Notizen über den Inhalt der Quittung bzw. den bezahlten Betrag am unteren Blattrand oder auf der Rückseite.

Der Betrag der gezahlten Steuern wird in ἀρίθμια νομίσματα angegeben. In den Verwaltungsdokumenten der arabischen Zeit wird grundsätzlich in ἔχοντα und ἀρίθμια νομίσματα gerechnet. Erstere Kategorie bezeichnet die abstrakte Recheneinheit der idealen Solidi. Die Summen in ἀρίθμια νομίσματα beziehen sich hingegen auf die tatsächlich gezahlten Beträge, also auf die Solidi im Umlauf.[17]

16 Nielsen–Worp, *New Papyri*, 109 (= P.NYU II, S. 97–98). Für eine rezente Zusammenfassung unserer Kenntnisse zu diesen Steuerquittungen vgl. Claudia Kreuzsaler, P.Eirene IV, S. 56–60.

17 Federico Morelli in der Einleitung zu CPR XXII 28, bes. S. 147–148 und Morelli, *Le monete*.

473–476. Aus dem Archiv von Menas, Sohn des Sarapammon

Das Dossier von Menas besteht bislang aus 18 Steuerquittungen.[18] In zwölf von diesen bezahlt Menas verschiedene Steuerarten, in vier[19] werden die von einem anderen Steuerzahler abgegebenen Steuerzahlungen, Menas, dem Soldaten (στρατιώτης), übermittelt. Ferner scheint er in zwei Quittungen von anderen eingesammelte Steuergelder zu übergeben.[20] Am Ende dieser Einleitung sind die wichtigsten Angaben der Quittungen von Menas in einer tabellarischen Übersicht zusammengefasst. Die Reihenfolge der Texte in der Tabelle spiegelt eine hypothetische Chronologie wider – es ist allerdings möglich, dass manche Quittungen in verschiedenen Indiktionszyklen ausgestellt wurden. Eine Ausnahme bilden die letzten zwei Quittungen der Tabelle, die nicht genau datiert werden können und deshalb auch nicht in die Folge der Quittungen eingereiht wurden.[21]

Menas wird auf verschiedene Weisen identifiziert,[22] so wie „Sohn des Sarapammon", „Bruder des Lukas", „Abba"[23] und „Soldat" (στρατιώτης). Obwohl in keinem der Texte alle Bezeichnungen zusammen vorkommen, lassen sich trotzdem einige Tendenzen beobachten. Wenn Menas Zahlungen für die ἀνδρισμός-Steuer leistet, wird er immer als Bruder des Lukas bezeichnet.[24] Eine Ausnahme bildet jedoch ein Text, in dem er als στρατιώτης seine eigene ἀνδρισμός-Rate als Lohn erhält – in diesem Fall wurde wohl effektiv keine Zahlung vollzogen.[25] Dazu passt auch die Beobachtung, dass Menas in allen vier Texten, in denen er die Steuerleistungen von anderen (oder im obigen Fall von sich selbst) erhält, als στρατιώτης beschrieben wird.[26] In zwei von diesen Quittungen wird er auch Abba bzw. Apa genannt.[27] Aller-

18 Als erster gab Rosario Pintaudi eine Übersicht über die zum Dossier gehörenden Dokumente: Pintaudi, *Papiri di piccolo formato*, 423–424.

19 P.Lond. V 1743; P.Lond. V 1749; P.Lond. V 1752; **476**.

20 **474**; P.Mich. inv. 1055 veröffentlicht in van Minnen, *Receipt*.

21 Die Indiktion der Steuer gibt keinen sicheren Anhaltspunkt zur Datierung, da die Zahlungen sowohl früher als auch später erfolgen konnten, wie u.a. auch Beispiele aus der Tabelle zeigen.

22 Wie allgemein in der bisherigen Literatur, gehe auch ich davon aus, dass es sich um einen einzigen Menas in diesen Quittungen handelt.

23 Für die Bedeutung des Titels vgl. Derda–Wipszycka, *L'emploi*, 45: „Nous pensons – sans pouvoir le prouver de façon sûre – que ce qui comptait surtout était l' âge."

24 SB XVIII 13737; **475**; P.Heid. X 455; P.Heid. X 456.

25 P.Lond. V 1749.

26 P.Lond. V 1743; P.Lond. V 1749; P.Lond. V 1752; **474**.

27 P.Lond. V 1743.

dings wird er manchmal auch bei seinen eigenen Steuerzahlungen bzw. einmal bei der Vermittlung einer Steuerzahlung als στρατιώτης gekennzeichnet.[28]

Es ist nicht überraschend, dass Menas als στρατιώτης vor Ort mindestens einen Teil seines Lohnes aus den Steuereinnahmen erhält.[29] Das Wort στρατιώτης bezieht sich auf bewaffnete Wächter, die oft als Kuriere oder Helfer bei Requisitionen tätig waren.[30] Es ist bemerkenswert, dass Menas Steuergelder sowohl von mehreren Personen (**474**) als auch von Einzelpersonen zu übermitteln scheint. Ferner wurde die Quittung P.Lond. V 1752 von demselben Notar (Anatolios) und an demselben Tag wie **474** ausgestellt: In diesem Dokument wird die von einem anderen Steuerzahler bezahlte Aufwandsteuer an Menas übergeben. Das weist darauf hin, dass Menas die von ihm eingesammelten bzw. transportierten Steuerzahlungen zu Anatolios (in das Verwaltungsbüro?) brachte, wo ihm dann die Abgabe quittiert und sein Lohn bezahlt wurden. In P.Mich.inv. 1055 scheint er ebenfalls eine Zahlung zu übermitteln.

Menas war also ein Wächter, dessen Aufgaben sich auch auf die Steuereintreibung erstreckten. Vermutlich war er als Begleiter der Steuereintreiber oder Vermittler der Steuergelder tätig. Allerdings gibt es auch viele andere hermopolitische Steuerquittungen mit ähnlichem Formular, worunter das Dossier von Menas nur eine kleine Gruppe formt. Einige der Texte sind lokalisierbar, wie z.B. die Quittungen aus dem Kloster von Bawit oder die aus der Stadt Hermupolis.[31] Die meisten Dokumente geben jedoch keinen Anhaltspunkt für die Bestimmung der Herkunft der Steuerzahler. In dieser Hinsicht kann uns auch die Rolle der in diesen Texten auftauchenden στρατιῶται keine sicheren Hinweise geben. In Texten aus der arabischen Zeit liefern bzw. übermitteln στρατιῶται sowohl aus Dörfern wie aus Städten.[32] Es muss also dahingestellt bleiben, ob die Texte des Dossiers von Menas Steuerzahlungen in Hermupolis selbst oder aus einem in der Nähe liegenden Dorf, oder eventuell Kloster, bezeugen.

Diese Art von Quittungen wird nach dem paläographischen Befund i.d.R. in das 7.–8. oder 8. Jh. datiert. Die übliche Minuskelschrift dieser Dokumente weist in der Tat auf diese Zeit hin, wobei eine genauere Einordnung nur anhand des Schriftbildes kaum möglich ist. Die späte

28 P.Lond. V 1738; P.Lond. V 1744; P.Lond. V 1864; P.NYU II 42; P.Mich.inv. 1055.

29 Für Beispiele für diese Praxis s. Gonis, *Reconsidering III*, 206–207.

30 Federico Morelli in CPR XXII 56, S. 267; Gonis, *Five Tax Receipts*, 156.

31 Für Bawit s. das von Alain Delattre und Nikolaos Gonis zusammengestellte Dossier in P.Clackson 36–43. Eine Steuerquittung aus der Stadt Hermupolis ist in Gonis, *Five Tax Receipts* als Nr. 4 publiziert. Vgl. auch unten **482**.

32 Für Dörfer: P.Lond. IV 1434 (Aphr., 716), 254–255. Ein στρατιώτης übermittelt die Steuern der Schneider von Hermupolis in Gonis, *Five Tax Receipts*, Nr. 4. Der Herausgeber überlegt, ob der στρατιώτης im Dienst der Berufskoporation der Schneider war. Es besteht aber die Möglichkeit, dass er nicht zur Berufskorporation gehörte, sondern ein Helfer der Steuereintreiber war.

Datierung bestätigt auch die Quittung **477**, die in die letzten Jahre des 7. bzw. in das frühe 8. Jh. datiert werden kann. Obwohl ein genauerer zeitlicher Rahmen für das 8. Jh. nicht festgestellt werden kann, stammen die meisten dieser Quittungen wohl aus der ersten Hälfte des 8. Jh., da die letzte datierbare griechische Steuerquittung, P.Clackson 46, aus dem Jahr 758 kommt.[33]

33 Man muss jedoch anmerken, dass dieses Dokument aus Bawit stammt, und somit zur internen Verwaltung des Klosters gehört, d.h. nicht unbedingt die allgemeine Verwaltungspraxis widerspiegelt.

Das Dossier von Menas

Abkürzungen: Ind. = Indiktion, S. = Solidus, S.d. = Sohn des; B.d. = Bruder des

Publikation	Indiktion	Monat	Steuerart	Ind. der Steuer	Summe	Bezeichnung	Signatar	Bemerkungen
473	5.	18. Choiak	ξένιον αμιραλμουμνιν	5.	$\frac{1}{6}$ S.	S.d.Sarapammon	Kosmas	-
476	7.	22. Thoth	κλάσμα δημοσίων	2.	$\frac{1}{3}$ S.	Apa, στρατιώτης	Senuthios	ausgegeben für Menas
P.Lond. V 1744	7.	18. Hathyr	διάγραφον	6.	1 S.	S.d. Sarapammon, στρατιώτης	Viktor	-
P.Lond. V 1738[34]	9.	22. Thoth	δημόσια καὶ διάγραφον, δαπάνη	8./7.–9.	$\frac{1}{4}$ S.	S.d. Sarapammon, στρατιώτης	Athanasios	-
P.Genova V 214[35]	9.	2. Mesore	ἀνδρισμός	7.	$\frac{1}{6}$ S.	B.d. Lukas	Kosmas	-
P.Mich. Inv. 1055[36]	10.	28. Thoth	λοιπὰς δημοσίων	6.–7.	2 S.	στρατιώτης	Athanasios	vermittelt durch Menas
P.Lond. V 1743	10.	Epeiph	δημόσια	9.	$\frac{1}{2}$ S.	Abba, στρατιώτης	-[37]	ausgegeben für Menas
P.NYU II 42[38]	10.	1. Pharmouthi	δημόσια καὶ διάγραφον	10.	$\frac{1}{6}$ S.	στρατιώτης	Klaudios	Viktor ist Schreibgehilfe.
P.Pintaudi 27	10.	4. Epagomene	ξένιον τοῦ αμιραλμουμνιν	9.	$\frac{1}{4}$ $\frac{1}{48}$ S.	Apa, S.d. Sarapammon	Senuthios	Vermittelt durch eine andere Person.
P.Lond. V 1751	11.	26. Pharmouthi	δαπάνη	11.	$\frac{1}{24}$ $\frac{1}{48}$ S.	B.d. Lukas	Ioannes νοτάριος	-
P.Monts.Roca IV 74[39]	11.	5. Mesore	δημόσια καὶ διάγραφον, δαπάνη	10./11.	$\frac{1}{3}$ S.	S.d. Sarapammon, στρατιώτης	Klaudios	unterschrieben von Phoibammon διάκονος καὶ νομικός

34 Vgl. BL X 107.

35 = SB XVIII 13737.

36 Für die Veröffentlichung vgl. oben Anm. 20.

37 Am unteren Blattrand ist jedoch ein Siegel befestigt.

38 Z. 5: δ(απανη)θ(ὲν) δ(ιὰ) Ἀββ(ᾶ) Μηνᾶ στρ(ατιώτου).

39 = P.Poethke 38. Zum Text vgl. Delattre, *Korr. Tyche*.

Publikation	Indiktion	Monat	Steuerart	Ind. der Steuer	Summe	Bezeichnung	Signatar	Bemerkungen
P.Lond. V 1864	11.–13. (?)[40]	28. Mesore	δαπάνη	12.	⅓ S.	στρατιώτης, B.d. Lukas	Dioskoros	-
P.Heid. X 456	11.–13. (?)[41]	?	ἀνδρισμός	12.	½ ⅓ S.	B.d. Lukas	Dioskoros	-
475	12.	22. Pharmouthi	ἀνδρισμός	9.	⅓ S.	B.d. Lukas	Dioskoros	-
P.Heid. X 455	13.	8. Pachon	ἀνδρισμός	11.	⅓ S.	B.d. Lukas	Dioskoros	-
474	15.	24. Choiak	τιμὴ σίτου	?	1 ½ ⅓ S.	στρατιώτης	Anatolios	Menas bezahlt für andere
P.Lond. V 1752	15.	24. Choiak	δαπάνη	1.	2 ⅓ 1/12 Art.	στρατιώτης	Anatolios	ausgegeben für Menas[42]
P.Lond. V 1749	15.–2. (?)[43]	?	ἀνδρισμός	1.	1 S.	στρατιώτης	Viktor	ausgegeben für Menas[44]

40 Die Indiktion ist im Dokument nicht angegeben.

41 Die Indiktion ist im Dokument nicht angegeben.

42 Z. 4: τὰ (καὶ) δ(ο)θ(έντα) Μηνᾷ στρα(τιώτῃ).

43 Die Indiktion ist im Dokument nicht angegeben.

44 Z. 4–5: τὸ (καὶ) λογισθ(ὲν) αὐτ(ῷ) (ὑπὲρ) μισθ(οῦ) αὐτ(οῦ) κ(α)τ(ὰ) κέλευσι(ν).

473. Steuerquittung über ξένιον

P.Heid. Inv. G 2626 — B: 7,1 cm × H: 5,1 cm — spätes 7.–8. Jh.

Hermopolites — Tafel XIV

Dieses Dokument ist eine Quittung über die ξένιον-Steuer des „Emirs der Gläubigen", d.h. des Kalifen. Die Zahlung von Menas wird von Kosmas signiert. H. Idris Bell nimmt im Komm. zu P.Lond. IV 1433, 20 an, dass die ξένιον-Steuer eine spezielle Leistung für den Kalifen war, welche für die Kosten der reisenden Beamten bestimmt war. Federico Morelli bemerkt jedoch mit Recht im Komm. zu CPR XXII 45, 8 (mit weiteren Belegen und Literatur): „La esatta natura di questa tassa è oscura."

Hellbrauner, vollständiger Papyrus, mit geschnittenen Rändern, beschrieben mit schwarzer Tinte quer zu den Fasern. Einige Löcher. Die Rückseite ist unbeschriftet.

1 † Χοι(ακ) ιη ἰνδ(ικτίωνος) ε. δ(ιὰ) τ(οῦ) Μηνᾶ
2 Σαραπάμων ἀπὸ ξενου
3 αμιρ(α)λ(μουμνιν) ε ἰνδ(ικτίων)ο(ς) ἀρ(ι)θ(μίου) νο(μίσματος) ϛ´ † Κοσμᾶς
4 *vac.* στοιχ(εῖ) †

1 χοι *pap.*, ιν^{δ} *pap.*, δχ^{τ} *pap.* 2 *l.* Σαραπάμμωνος, *l.* ξενίου 3 αμιρ^{λ} *pap.*, ινδ^{ο}αρ^{θ}ν^{ο} *pap.* 4 στοι^{χ} *pap.*

„† Am 18. Choiak der 5. Indiktion. Ich habe erhalten durch Menas, Sohn des Sarapammon von der Xenion-Steuer des Emirs der Gläubigen der 5. Indiktion von einem Zählsolidus ⅙ . † Kosmas stimmt zu. †"

1 Χοι(ακ) ιη: Der 14/15. Dezember.

δ(ιὰ) τ(οῦ): Die Verwendung des Artikels ist an dieser Stelle redundant und wohl der routinemäßigen Ausstellung dieser Steuerdokumente geschuldet. Vgl. die Einleitung zu **471** und den Komm. zu **484**, 4–5.

2–3 ἀπὸ ξένου αμιρ(α)λ(μουμνιν): Koptische Texte belegen ebenfalls die Schreibweise ϫⲈⲚⲞⲚ, vgl. Förster, *WB*, s.v. ξένιον.

3–4 Κοσμᾶς στοιχ(εῖ): In P.Genova V 214 signiert unser Kosmas demselben Menas eine ἀνδρισμός-Quittung. Das Dokument ist in derselben Hand geschrieben wie dieser Text und die

Auslassung des Wortes ἔσχον ist ebenfalls auffallend.[45] Ein Kosmas erscheint auch in P.Prag. I 79 (Herm. [?], 7. Jh.) und SB XXXVIII 17162–17163 (beide: Herm., 7.–8. Jh.). In dem fragmentarischen, vielleicht arsinoitischen SPP VIII 1181 (7. Jh.) kommt auch die Formel Κοσμᾶς στοιχ(εῖ) vor – das Dokument ist wohl schon in die arabische Zeit zu datieren. Ob die anderen Personen oder auch nur einige von ihnen mit unserem Kosmas identisch sind, soll dahingestellt bleiben.

45 Vgl. die Abbildung in Pintaudi, *Papiri di piccolo formato*, 427.

474. Steuerquittung

P.Heid. Inv. G 1587a B: 6,8 cm × H: 11,5 cm spätes 7.–8. Jh.
Hermopolites Tafel XIV

Diese fragmentarische Quittung ist wegen ihres ungewöhnlichen Formulars bemerkenswert. Die Struktur der Quittung ist m.W. ein Unikat unter den hermopolitischen Steuerquittungen (und auch überhaupt in den Steuerquittungen dieser Zeit).[46] Die erste Zeile entspricht dem üblichen Formular, nach einer Datumsangabe folgt die Wendung ἔσχον διά N.N. Der Steuerzahler ist der bereits bekannte Menas, der hier als Soldat bezeichnet wird. Die fragmentarische zweite Zeile besagt, dass Menas 1 ½ ⅓ Solidi „für den Preis von Weizen" erhielt. Es handelt sich um in Naturalien zu leistende Steuerzahlungen, die hier nach dem Prinzip der *adaeratio* in ihrem Geldwert entrichtet werden. Eine Zahlung in Weizen für die Aufwandsteuer (δαπάνη) war schon im Dossier belegt, vgl. P.Lond. V 1752 mit Gonis, *Reconsidering III*, 201. Danach folgen jedoch zwei Kolumnen, die Namen und Beträge in Solidi auflisten. Die abgegebenen Beträge sind eher niedrig und kommen regelmäßig als Einzelbeträge in anderen Steuerquittungen für einzelne Steuerzahler vor. Die Quittung wird von dem aus anderen Dokumenten bekannten Anatolios unterschrieben. Bemerkenswert ist, dass auch P.Lond. V 1752, die einzige andere Quittung aus dem Dossier, die eine Zahlung in Weizen bezeugt (vgl. oben), auch von Anatolios am gleichen Tag ausgestellt wurde (vgl. auch die Anm. zu Z. 5). In jenem Dokument wird die von einem anderen Steuerzahler in Weizen eingesammelte Aufwandsteuer an Menas übergeben: Offensichtlich handelt es sich um eine Lohnzahlung.

Hellbrauner, vollständiger Papyrus beschrieben mit schwarzer Tinte parallel zum Faserverlauf. Stark verblasst und leicht zerlöchert. Die verblassten Zeilen 2 und 3 konnten teils mit einer UV-Lampe gelesen werden. Die Rückseite ist unbeschriftet. Zur gleichen Inventarnummer gehört ein Fragment eines anderen Dokumentes (Fr. B), das jedoch in einer anderen Hand geschrieben ist und wohl zu einer Abrechnung aus dem 7.–8. Jh. gehört: 1 Ἰσ]ạὰκ *vac.* νο(μίσματος) ω′; 2] . . . *vac.* [νο(μίσματος)]; 3] . . . *vac.* [νο(μίσματος)] ς 4]ạṭẹ ṿọ(μίσματος) ς 5 Θ]ẹοδώρọụ νο(μίσματος) ς; V: 6]μ̣ε.

1 † Χοια(κ) κδ ἰ(ν)δ(ικτίωνος) ιε. ἔσχο(ν) διὰ Μηνᾶ στρα(τιώτου)
2 (ὑπὲρ) τι(μῆς) σίτ̣ου νο(μίσματα) αςγ′ μ̣[ό](να).
3 Φιλοθ(έου) κ( )θ( ) νο(μίσματος) ϛ′ Ἄρων νο(μίσματος) ς

46 SPP III 649 (Ars, 7. Jh.) könnte verglichen werden, es handelt sich in dem Fall aber nicht um eine Quittung für eine einzelne Person wie im Fall von **474.** Die Überschrift des Dokumentes lautet: † Πα(ῦνι) κθ μ[ε]ρ̣[ισμ(οῦ)] χω(ρίου) Μαγαίδ(ος).

4 Ἁλε	νο(μίσματος) ς	Φοιβά(μμων)	νο(μίσματος) γʹ
5 Ἰσ̣ὰκ	ν̣ο(μίσματος) γʹ	† Ἀ̣ν̣α̣τ̣[ό]λιος στοιχ(εῖ) †	

1 χοι$^{\alpha}$ *pap.*, ɣ$^{\delta}$ *pap.*, εσχι^{o} *pap.*, στρ$^{\alpha}$ *pap.* 2 ɣ-τ̣ισιτ̣^{ȣ} *pap.* 2–5 ν^{o} *pap.* 3 φιλο$^{\theta}$κ$^{\theta}$ *pap.* 4 φοιβ$^{\alpha}$ *pap.* 5 Ἀ̣ν̣α̣τ̣όλιος: ανα *corr. ex* . . . ; στοι$^{\chi}$ *pap.*

„† Am 24. Choiak der 15. Indiktion. Ich habe erhalten durch Menas, Soldat, für den Preis von Weizen: 1 ½ ⅓ Solidi netto.

Philotheos, …	⅙ Solidus	Aron	½ Solidus
Hale	½ Solidus	Phoibammon	⅓ Solidus
Isak	⅓ Solidus	† Anatolios stimmt zu. †“	

1 Χοια(κ) κδ: Der 20./21. Dezember.

2 (ὑπὲρ) τι(μῆς) σίτ̣ου: Vgl. P.Lond. IV 1444 (Aphr., 8. Jh.), 23: (ὑπὲρ) τιμ(ῆς) σίτ(ου) δ(ιὰ) Ἄπα Τηρ νό(μισμα) α.

3 κ( )θ( ): Es könnte sich um die Berufsbezeichnung eines Steuerzahlers handeln, in dem Fall könnte man die Abkürzung als κ(α)θ(αρουργός) (‚Feinbäcker‘) auflösen, wie es Bell in P.Lond. IV 1444 (Aphr., 8. Jh.), 25 tat: Ἀβρα(ὰμ) κ(α)θ(αρουργοῦ). Alternativ könnte man eine ebenso radikale Abkürzung für Κ(ολλού)θ(ου) überlegen.

4 Ἁλε: Hale (TM Nam 8411) ist ein typischer hermopolitischer Name der Spätantike, der hier das erste Mal in einem griechischen – und nicht koptischen – Text belegt ist.

5 Ἀ̣ν̣α̣τ̣[ό]λιος: Die ersten zwei Buchstaben des Wortes wurden über zwei Buchstaben mit langen Strichen nach unten geschrieben. Bei dem ersten Zeichen scheint noch ein Kürzungsstrich geschrieben worden zu sein: Wollte der Schreiber eventuell ἰ(ν)δ(ικτίωνος) schreiben?

475. Steuerquittung über ἀνδρισμός

P.Heid. Inv. G 1631a B: 7,5 cm × H: 5,2 cm spätes 7.–8. Jh.
Hermopolites Tafel XIV

In diesem Dokument quittiert Dioskoros dem Menas eine Zahlung für die Kopfsteuer (ἀνδρισμός). Der Terminus ἀνδρισμός wird meistens als eine Kopfsteuer für erwachsene nicht-Muslime interpretiert, die in der früharabischen Zeit eingeführt wurde. Die genaue Art der Steuer, bzw. der Unterschied dieser zur διάγραφον-Steuer, ist jedoch nicht klar.[47]

Mittelbrauner Papyrus mit beschnittenen Rändern, beschrieben mit schwarzer Tinte parallel zur Faserrichtung. Stark abgerieben und zerlöchert. Der Papyrus wurde wiederverwendet: Auf der Rückseite befinden sich Reste eines dokumentarischen Textes, der in einer geübten Minuskel, entgegen der Faserrichtung und, im Vergleich zur Steuerquittung, um 180° gedreht beschrieben wurde. Mit Sicherheit lässt sich nur der Name Ἀπακ(ῦρος) [lesen.

† μ̣(ηνὸς) Φαρμ(ου)θ(ι) κβ ἰ(ν)δ̣(ικτίωνος) ιβ. ἔσχο(ν) δ̣[(ιὰ)] Μη̣[ν]ᾶ̣
ἀ̣δελφο̣ῦ̣ Λ̣[ο]υκᾶ ἀπὸ̣ ἀνδ(ρισμοῦ) ἐν̣ά̣τ̣ης ἰ(ν)δ(ικτίωνος)
ἀρ̣(ι)θ̣(μίου) [νο̣(μίσματος) γ]´ τ̣ρίτ̣ο(ν) μ̣[ό](νον). † Δι̣ό̣σ̣κορος
vac. στοιχ(εῖ) . . †

1 μ̣́φαρμ^{θ}κβι^{δ} *pap.*, εσχ^{ο} *pap.*, μοναζ *pap.* 2 λουκ^{α} *pap.*, αν^{δ} *pap.*, ι^{δ} *pap.* 3 αρ̣^{θ} *pap.*, τρ̣ι̣τ^{ο}μ *pap.* 4 στοι^{χχ} *pap.*

„† Am 22. des Monats Pharmuthi der 12. Indiktion. Ich habe erhalten durch Menas, Bruder des Lukas, von der Kopfsteuer der neunten Indiktion von einem Zählsolidus ⅓, ein Drittel netto. † Dioskoros stimmt zu … †“

1 Φαρμ(οῦ)θ(ι) κβ: Der 17. April.

4 . . †: Sind etwa drei Kreuze zu lesen?

47 Vgl. Gonis, *Two Poll-Tax Receipts*, 150–152 und Papaconstantinou, *Administering*, 60–64.

476. Steuerquittung über κλάσμα δημοσίων

P.Heid. Inv. G 1497 | B: 10,5 cm × H: 9 cm | spätes 7.–8. Jh.
Hermopolites | Tafel XV

In dieser von einem gewissen Senuthios signierten Quittung wird eine Zahlung von ein Drittel Solidus für das κλάσμα δημοσίων (vgl. Komm. zu Z. 2) für Kometas, den Kleiderverwahrer, verzeichnet. Die abgegebene Summe wurde Menas übergeben. P.Lond. V 1744 vom 18. Hathyr derselben Indiktion belegt Menas als Bezahler der Kopfsteuer. Die Präsenz des Kleiderverwahrers, der in einem Bad tätig war, ist von einigem Interesse, da sie die Kontinuität der antiken Badekultur in der früharabischen Zeit belegt.

Dunkelbrauner Papyrus mit beschnittenen Rändern beschrieben mit schwarzer Tinte entgegen der Faserrichtung. Stark abgerieben und zerlöchert: Das Blatt wurde wahrscheinlich nach einem früheren Gebrauch wiederverwendet, wie die wenigen faden Schriftspuren auf der Rückseite zeigen. Es ist auffallend, dass unten ein geradezu rechteckiger Teil fehlt. Wurde vielleicht ein Siegel in der Neuzeit abgeschnitten (vgl. P.Pintaudi 27)?

1 † μ(ηνὸς) Θω(θ) κη ἰ(ν)δ(ικτίωνος) ζ. ἔσχο(ν) δ(ιὰ) Κωμητᾶ
2 καμψᾶ̣ ἀπὸ κλά(σματος) δημο(σίων) β ἰ(ν)δ(ικτίωνος) ἀρ(ι)θ(μίου)
νο(μίσματος) γ´ τρίτο(ν),
3 τὸ (καὶ) δ(ο)θ(ὲν) Ἄ̣π̣α Μηνᾶ̣ στρα(τιώτῃ). †̣ //
vac.
4 (2. H.) † Σενουθίῳ̣ στοιχ(εῖ). †

1 μ/ $\overset{\omega}{\theta}$ *pap.*, ἰ$^{\delta}$ *pap.*, εσ$\overset{o}{\chi}$λ *pap.* 2 καμ$\overset{\alpha}{\psi}$ *pap.*, κ$\overset{\alpha}{\lambda}$ *pap.*, δη$\overset{o}{\mu}$ *pap.*, ἰ$^{\delta}$α$\overset{\theta}{\rho}$$\overset{o}{\nu}$γ´τρι$\overset{o}{\tau}$ *pap.*, 3 ϛλ$^{\theta}$ *pap.*, στ$\overset{\alpha}{\rho}$ *pap.*
4 στο$\overset{\chi}{\iota}$ *pap.*

„† Am 28. des Monats Thoth der 7. Indiktion. Ich habe erhalten durch Kometas, Kleiderverwahrer, von dem κλάσμα der öffentlichen Steuer der 2. Indiktion von einem Zählsolidus ⅓, ein Drittel, welches auch Apa Menas, dem Soldaten, gegeben wurde. (2. H.) † Senuthios stimmt zu. †"

1 Θω(θ) κη: Der 25./26. September.
Κωμητᾶ: Dies ist eine Variante von Κομήτης (TM Nam 3693).
2 καμψᾶ: Ich interpretiere dieses Wort als eine bis jetzt nicht bezeugte kurze Form der auch in Papyri gut belegten Berufsbezeichnung καψάριος. Die Form καμψάριος ist in Fragmenten des

Preisedikts des Diokletians in Argos und Geronthrai belegt, vgl. den Apparat zu 7, 75 in Lauffer, *Diokletians Preisedikt.* Die Vereinfachung der Endung von Berufsbezeichnungen lateinischen Ursprungs, die auf *-arius* endeten, ist gut bezeugt, vgl. Drexhage, *Berufsbezeichnungen*, bes. 39 und auch Diethart, *Personennamen, passim.* Das Wort stammt aus dem lateinischen *capsarius*, welches einen Sklaven oder Diener bezeichnet, der in Bädern für die Aufbewahrung der Kleider der Badegäste zuständig war. Die Kleider wurden in eine *capsa* (Kasten, Kiste) gelegt, was die Etymologie des Namens erklärt, vgl. Alain Martin im Komm. zu P.Gascou 43, 4. Zu den papyrologischen Belegen des Wortes vgl. Harrauer–Rom, *Drei byzantinische Papyri*, 98–99. Zu ihrer Belegliste von *capsarii* in Papyri sind zu ergänzen: P.Flor. I 63 (Oxy., 274 oder 280), 4–5; P.Oxy. LX 4092 (Oxy., 355), 12 (als Ortsname); SB XX 14200 (Hk. unbek., 2. Hälfte 4. Jh.), Kol. II 2; P.Col. VIII 239 (Oxy., 4. Jh.), 6; P.Gascou 43 (Oxy. [?], 5.–6. Jh.), 4 und P.Prag. II 180 (Hk. unbek., 6. Jh.), 4. Somit ist unser Dokument bislang der späteste papyrologische Beleg dieser Berufsbezeichnung.

ἀπὸ κλά(σματος) δημο(σίων) β ἰ(ν)δ(ικτίωνος): Das Wort κλάσμα bezeichnet eine Steuer, die für das (wegen der Flucht der Anbauer) brachliegende Land bezahlt werden musste, vgl. Federico Morelli im Komm. zu CPR XXII 26, 4 und auch den Komm. zu **469**, 3. Das erklärt auch den großen zeitlichen Abstand zwischen den Zahlungen: Die Rückstände der Flüchtigen waren offenbar auch noch Jahre später eine große Last für die Steuerzahler.

3 †̣ //: Das Kreuz ist unsicher gelesen, da die linke Hälfte von seinem Querstrich nicht zu erkennen ist. Auch wenn wir annehmen, dass sie völlig verloren gegangen ist, scheint eine Kombination aus einem Kreuz und zwei Schrägstrichen ungewöhnlich zu sein. Alternativ könnte man die übliche Abkürzung für μόνον als μ̣[ό](νον) (μ̣̊// *pap.*), lesen, wobei in diesem Fall das μ rechts sehr schnell und einigermaßen verschliffen geschrieben wäre, was bei dieser Abkürzung jedoch kaum überraschen würde. Dieses Wort würde man allerdings nach der Summe erwarten und nicht an dieser Stelle, weshalb es sich in diesem Fall um ein Versehen des Schreibers handeln würde. Vgl. eine ähnliche Zeichenkombination in **480**, 4.

4 Σενουθίῳ̣: Dieselbe Unterschrift ist in P.Pintaudi 27 zu finden. Dieser Senuthios könnte mit dem von SPP VIII 1183 (Herm., wohl arabische Zeit) identisch sein, vgl. dazu Jean Gascou im Komm. zu P.Pintaudi 27, 7.

477. Steuerquittung über δαπάνη

P.Heid. Inv. G 1330 B: 9,8 cm × H: 9,5 cm spätes 7.–8. Jh.
Hermopolites Tafel XV

Ignatios bestätigt mit seiner Unterschrift, dass er von dem Mönch Elias ein Sechstel Solidus für die Aufwandsteuer (δαπάνη) erhalten hat. Diese Form von δαπάνη-Quittungen ist durch drei andere Dokumente bezeugt.[48] Die Datierung des Dokumentes ist problematisch, der Schreiber scheint entweder bei der Datierung oder der Angabe des Steuerjahres einen Fehler gemacht zu haben: Entweder wurden Zahlungen für die Steuern der 14. Indiktion im gleichen Jahr oder die der 10. in der 9. Indiktion getätigt, für Details vgl. den Komm. zu Z. 1 und 2. Es würde nicht stören, wenn die Zahlung für die nächste Indiktion quittiert worden wäre, da dies bei der δαπάνη gut belegt ist und dadurch erklärt werden kann, dass die Kosten der Beamten im Voraus verlangt wurden.[49] Dieselbe Summe für eine δαπάνη-Zahlung ist in zwei anderen Dokumenten bezeugt.[50] Der Steuerzahler ist ein Mönch: Die Steuerfreiheit der Mönche wurde im Zuge der Reformen des frühen 8. Jahrhunderts von al-Aṣbaġ abgeschafft, dem Sohn und Finanzdirektor des Statthalters ʿAbd al-ʿAzīz b. Marwān (693/694–705 tätig).[51] Dies passt zur zeitlichen Einordnung der Schrift des Papyrus: Die versierte Minuskel deutet auf das 8. Jh. hin. Der Umstand, dass der Steuerzahler ein Mönch ist, könnte darauf hinweisen, dass das Dokument aus dem Apa Apollos-Kloster in Bawit stammt – besonders da die Heidelberger Sammlung mehrere Papyri von diesem Fundort beherbergt und diese Art von Quittungen aus dem Kloster bereits bekannt ist, vgl. P.Clackson 36–39.

Hellbrauner Papyrus mit beschnittenen Rändern beschrieben mit schwarzer Tinte parallel zum Faserverlauf. Am rechten Rand verläuft eine Kollesis. Die Rückseite ist unbeschriftet.

1 † Φαμ(ενω)θ κ θ ἰ(ν)δ(ικτίωνος). ἔσχο̣(ν) δ(ι') Ἠλία μονάζ̣[(ον)τ(ος)]
2 ἀπὸ δ(α)π(άνης) ι{δ} ἰ(ν)δ(ικτίωνος) ἀρ(ι)θ(μίου) νο(μίσματος) ϛ´ ἕκτ(ον). †̣
3 † Ἰγνάτιος στοιχ(εῖ). †

48 P.Lond. V 1751 (Herm. [?], 7.–8. Jh.); P.Lond. V 1864 (Herm. [?], 7.–8. Jh.); SPP III 635 (Ars., 7. Jh.; vgl. Berkes, *Korr. Tyche*).

49 Gonis, *Reconsidering III*, 201. S. Claudia Kreuzsaler in der Einleitung zu SPP^2 III 465: „Daß die δαπάνη ein Jahr früher fällig war als andere Steuern, zeigen auch die anderen Quittungen, in denen eine δαπάνη-Zahlung gemeinsam mit einer Zahlung für einen anderen Steuertitel bestätigt wird".

50 SB XVIII 13268 (Herakl., 722), 3; SB XXIV 16079 (Theben, 727).

51 Vgl. (mit weiteren Literaturangaben) Gonis, *Two Poll-Tax Receipts*, 152.

1 Φαμ^{θ} *pap.*, ι̸^{δ} *pap.*, εσχ^{ο}λ̸ *pap.*, μοναζ̸[*pap.* 2 δ̸^{π} *pap.*, ι̸^{δ} *pap.*, αρ^{θ}υ^{ο}ϛ′εκ̸^{τ}† *pap.*, †: *corr.* ? 3 στοι^{χ} *pap.*

„† Am 20. Phamenoth der 9. Indiktion. Ich habe erhalten durch Elias, Mönch, von der Aufwandsteuer (δαπάνη) der 10. Indiktion von einem Zählsolidus ⅙, ein Sechstel. † Ignatios stimmt zu. †“

1–2: Φαμ(ενω)θ κ θ ἰ(ν)δ(ικτίωνος) … δ(α)π(άνης) ι{δ} ἰ(ν)δ(ικτίωνος): Eine Steuerzahlung für die 14. Indiktion in der 9. Indiktion ist kaum annehmbar. Es ergeben sich zwei Möglichkeiten, diesen Widerspruch aufzulösen. Einerseits könnte man annehmen, dass der Schreiber nach der Ziffer ι dachte, das ι der Abkürzung ι̸^{δ} schon geschrieben zu haben, und wiederholte danach die Abkürzung für das Indiktionszeichen. Alternativ könnte man vermuten – wie es mir Nikolaos Gonis vorschlägt –, dass in Z. 1 durch eine Haplographie das Indiktionsjahr ausgelassen wurde. Somit müssten wir in Z. 1 Φαμ(ενω)θ κθ <ιδ> ἰ(ν)δ(ικτίωνος) … δ(α)π(άνης) ιδ ἰ(ν)δ(ικτίωνος) rekonstruieren. Diese Deutung hätte auch den Vorteil, dass so die andere von Ignatios ausgefertigte Quittung, P.Lond. V 1745, die in der 12. Indiktion ausgestellt wurde, zeitlich näher zu unserem Dokument stünde. Beide Interpretationen scheinen möglich zu sein, ich bevorzuge jedoch die erste Emendation, da er nur einen geringen Eingriff in den Text erfordert. Der 20. Phamenoth würde dem 16., der 29. dem 25. März entsprechen

2 δ(α)π(άνης): „The dapane was a ‚maintenance tax‘, meant to cover the needs of staff on government service, and these included needs for foodstuffs.“ Gonis, *Reconsidering III*, 201; vgl. auch H. Idris Bell in P. Lond. IV, S. XXXI; Hickey–Worp, *The Dossier of Patermouthios*, 102.

νο(μίσματος): Das Nomisma ist mit einem Punkt dargestellt, zu dieser Abkürzung vgl. Gonis, *Abbreviated Nomismata*, bes. 121–122.

3 Ἰγνάτιος στοιχ(εῖ): P.Lond. V 1745 (Herm., 7.–8. Jh.), eine ἀνδρισμός-Quittung, ist von demselben Ignatios signiert.

478. Steuerquittung über ἀνδρισμός

P.Heid. Inv. G 5253 | B: 10,7 cm × H: 4,6 cm | spätes 7.–8. Jh.
Hermopolites | | Tafel XVI

Antonios quittiert Abba Basileios, dem Diakon, den Erhalt eines halben Solidus für die Kopfsteuer (ἀνδρισμός) der ersten Indiktion. Die koptische Unterschrift und die Tatsache, dass der Steuerzahler ein Diakon ist, könnten eventuell auf eine Provenienz aus Bawit hinweisen, vgl. auch die Einleitung zu **495–499**.

Hellbrauner Papyrus, der abgesehen von einem links oben ausgebrochenen quadratischen Stück vollständig ist. Bis ca. 0,5 cm vom oberen Blattrand entfernt laufen die Fasern entgegengesetzt zum restlichen Faserverlauf, was vielleicht dadurch zu erklären ist, dass das Stück von einem Protokollblatt ausgeschnitten wurde, vgl. die Beschreibung von **467**. Beschriftung mit schwarzer Tinte, quer zum Faserverlauf, *transversa charta*. Die Rückseite ist unbeschriftet.

1 [† Μοnat]ια ἰ(ν)δ(ικτίωνος) γ. ἔσχο(ν) δ(ι') ἀββᾶ Βασιλείου διακ(όνου)
2 ἀπὸ ἀνδ(ρισμοῦ) ἰ(ν)δ(ικτίωνος) πρώτ(ης) ἀριθμίο̣υ̣ [νο]μίσμα(τος) ἥμισυ,
3 γί(νεται) ἀρ(ι)θ(μίου) νο(μίσματος) ς μό(νον). † ⲁⲛⲟⲕ ⲁⲛⲧⲱⲛⲉ
ⲧⲓⲥⲧⲟⲓⲭⲉⲓ. ††
4 Siegel

1 ιδ *pap.*, εσχο *pap.*, διακ *pap.* 2 ανδ προτω *pap.*,]μισμα *pap.* 3 γιαρθνο ςμο *pap.*, ⲧⲓⲥⲧⲟⲓⲭⲉⲓ: ⲓ *primum corr.*, στοιχεῖν

„† Am (1)1. … der 3. Indiktion. Ich habe erhalten durch Abba Basileios, Diakon, von der Kopfsteuer der ersten Indiktion von einem Zählsolidus ein Halb, das macht von einem Zählsolidus ½. (koptisch:) † Ich, Antonios, stimme zu. ††"

1]ια: das ι könnte noch zum Ende eines Monatsnamen gehören, z.B.: Παῦν]ι α.
ἀββᾶ Βασιλείου διακ(όνου): Ein gewisser Abba Basileios tritt als Zahler in der Quittung *SPP* III[2].1 41 (Ars. oder Her. [?], 7. Jh.) auf, es handelt sich aber wohl – schon wegen der mutmaßlichen Provenienz – um eine andere Person.
3 † ⲁⲛⲟⲕ ⲁⲛⲧⲱⲛⲉ ⲧⲓⲥⲧⲟⲓⲭⲉⲓ ††: Es ist nicht eindeutig, ob der Schreiber am Ende der Zeile zwei Kreuze schreiben wollte oder nur etwas korrigiert hat. Des Weiteren ist nicht zu entschei-

den, ob die koptische Unterschrift der Quittung von demselben Schreiber stammt, der den griechischen Text schrieb, oder von einem anderen Signatar.

4 Am Ende von Steuerquittungen platzierte Siegel kommen in der arabischen Zeit mehrfach vor, vgl. z.B. Nr. 24 (S. 33–35) in Wassiliou, *Katalog*, 15–43. Die Oberfläche des Tonsiegels ist stark beschädigt: Am Original lässt sich eine figürliche Darstellung erkennen, die man als den hinteren Teil eines Pferdes oder Esels interpretieren könnte. Sichtbar wären der Umriss des Körpers, die hinteren zwei Beine und der Schwanz. Tierdarstellungen auf Siegeln sind gut belegt; für ein Siegel mit einer Darstellung eines Pferdes s. Wassiliou, *Katalog*, Nr. 10 (7. Jh.).

479. Steuerquittung über ἀνδρισμός

P.Heid. Inv. G 1631d | B: 6 cm × H: 6,4 cm | spätes 7.–8. Jh.

Hermopolites | Tafel XVI

Bemerkenswert an dieser fragmentarischen Kopfsteuerquittung ist die ungewöhnliche Unterschrift, vgl. den Komm. zu Z. 5. Ferner ist es ebenfalls bemerkenswert, dass allem Anschein nach in der 12. Indiktion Steuerrückstände von der 7. Indiktion bezahlt werden

Dunkelbrauner Papyrus beschrieben mit schwarzer Tinte entgegen dem Faserverlauf. Stark fragmentarisch und zerlöchert. Die Rückseite ist unbeschriftet.

1 [† ca.?] ̣ [̣] ̣ ιγ ιβ ἰνδ(ικτίωνος). ἔ̣σ̣χ̣(ον) [δ(ιὰ)

2 ̣ [̣] ̣ ε̣ ̣ ̣ ̣ [̣ ̣] ̣ [

3 ἀπὸ ἀ̣νδ(ρισμοῦ) ἑβδόμ[ης ἰνδ(ικτίωνος)]

4 ἀρ(ι)θ̣(μίου) [νο(μίσματος)] ⸓ ἥ̣μισυ. †̣ ̣ ̣ ̣ [

5 *vac.* στοιχ(εῖ) δι' ἐμοῦ Ταυρίν(ο)υ.

6 *vac.* †

1 ι$^{\delta}$ν *pap.*, ε̣σ^{ο}χ̣ *pap.* 3 α̣$^{\delta}$ν *pap.* 4 α$^{\theta}$ρ *pap.* 5 στο$^{\chi}$ι *pap.*, ταυριν^{υ} *pap.*

„† Am 13. … der 12. Indiktion. Ich habe erhalten durch … von der Kopfsteuer der siebten Indiktion von einem Zählsolidus ½, ein Halb. † … Einverstanden, durch mich Taurinos. †"

5 στοιχ(εῖ) δι' ἐμοῦ Ταυρίνου: Die Kombination στοιχ(εῖ) δι' ἐμοῦ + Name ist selten, das einzige andere Beispiel ist – teilweise ergänzt – SPP VIII 1275 (Hk. unbek., 7. Jh.), 2: στ]οιχ(εῖ) δι' ἐμοῦ Ἰωάννου σιτομέ(τρου) †. Eine Steuerquittung gleichen Formats, P.Lond V 1739 (Herm., 7. Jh.), wird von zwei Personen namens Taurinos und Severos signiert (Z. 3–4: † Ταυρῖνος (καὶ) Σευῆρος στοιχ(εῖ).†), aber die Kontrolle eines Fotos zeigt, dass es sich um eine andere Handschrift handelt.

480. Steuerquittung über δημόσια und διάγραφον

P.Heid. Inv. G 1745 | B: 7,5 cm × H: 9,5 cm | spätes 7.–8. Jh.
Hermopolites | Tafel XVI

Eine Steuerquittung über Land- und Kopfsteuer (δημόσια und διάγραφον), ausgestellt für einen gewissen George und signiert von Phoibammon. Die Zahlung wird einem gewissen Apa Severos übermittelt: Womöglich handelt es sich um eine Lohnzahlung für einen lokalen Agenten, vgl. die Einleitung zu **473–476** und den Komm. zu **501**, 2. Bemerkenswert ist die problematische und unübliche koptische Zusammenfassung des Inhaltes auf der Rückseite.

Dunkelbrauner, vollständiger Papyrus, beschrieben mit schwarzer Tinte, auf der Vorderseite parallel zur, auf der Vorderseite und auf der Rückseite entgegen der Faserrichtung. Stark abgerieben und leicht zerlöchert. Eine horizontale Faltung ist eindeutig zu erkennen.

1 † μ(ηνὸς) Φα̣μ̣(ενω)θ̣ . ἰ(ν)δ̣(ικτίωνος) θ. ἔσχο(ν) δ(ιὰ) Γεωργε
2 . . . . . ἀ̣π̣ὸ δημο(σίων) (καὶ) διαγρά(φου)
3 κανώ́ν(ος) ἐνάτ(ης) ἰ(ν)δ(ικτίων)ο(ς) ἀρ(ι)θ(μίου) νο(μίσματος) ⳨ ἥμισ̣υ,
4 τὸ (καὶ) δ(ο)θ(ὲν) Ἄπα Σευῆρος. †̣ //
5 † Φοιβά(μμων) στοιχ̣(εῖ). †

vac.

6 *vac.* . . .

Rückseite:

7 (H. 2.) † ⲡⲉⲛⲧⲁⲅⲓⲟⲛ ⲥⲉⲛ̣ⲟ̣ⲩ̣ⲑ̣(ⲓⲟⲥ) ⲁ̣ⲕⲁⲙ . . .

vac.

8 *vac.* . .

1 μ/φα̣μ̣^{θ} *pap.*, ɣ^{δ} *pap.*, εσχ^{ο}/ϡ *pap.* 2 δημ^{ο}/διαγρ^{α} *pap.* 3 *l.* κανόν(ος), κανονενατ̣ι̣δ^{ο}αρ^{θ}ν^{ο}⳨ *pap.* 4 /ϡ^{θ} *pap.*, *l.* Σευήρῳ 5 φοιβ^{α}στοι^{χ} *pap.* 7 ἐντάγιον, ⲥⲉⲛ̣ⲟ̣ⲩ̣^{ⲑ} *pap.*

„† Am … des Monats Phamenoth der 9. Indiktion. Ich habe erhalten durch George … von der öffentlichen Steuer und Kopfsteuer der Steuerauflage der neunten Indiktion von einem Zählsolidus ½, einen halben, welcher auch Apa Severos gegeben wurde. † Phoibammon stimmt zu. † …“

Rückseite:

† Quittung des Senuthios…“

1 Φα̣μ̣(ενω)θ̣ ̣ : Φα̣ρ̣[μου]θ̣[ι] kann ausgeschlossen werden, da die obere Spitze des Alphas noch sichtbar ist, welches im Stil des vorliegenden Textes im Falle eines nachfolgenden ρ mit diesem in einer Ligatur zusammengeschrieben sein müsste. Die Tageszahl kann sowohl als γ als auch als ein unbeholfenes η gelesen werden. Der 3. Phamenoth würde dem 27./28. Februar und der 8. dem 4. März entsprechen.

2 ̣ ̣ ̣ ̣ ̣ : Am Anfang vielleicht σ̣ε̣-, aber weder der Name Senuthios noch Severos scheinen mit den nachfolgenden Spuren kompatibel zu sein.

Γεωργε: Eine koptische Schreibweise von Georgios.

4 †̣ //: Zur gleichen problematischen Zeichenkombination vgl. **476**, 3 mit dem Komm. *ad locum.*

6, 8: Es könnte sich um Reste einer Notiz handeln, welche den Betrag angibt.

7 ⲡⲉⲛⲧⲁⲅⲓⲟⲛ ⲥⲉⲛ̣ⲟ̣ⲩ̣ⲑ̣(ⲓⲟⲥ) ⲁⲕⲁⲙ ̣ ̣ ̣ : Eventuell ⲁ̣ⲕⲁⲙ( ) νο(μίσματος) ς (ⲁⲕⲁⲙν̊ς *pap.*). Da in der Quittung kein Senuthios erwähnt wird, ist die Deutung dieses Vermerks schwierig. Das Wort ἐντάγιον scheint hier auf jeden Fall auf eine Quittung und keine Steuervorschreibung zu verweisen.

481. Steuerquittung über δημόσια

P.Heid. Inv. Kopt. 79 V B: 11,5 cm × H: 9,5 cm spätes 7.–8. Jh.

Hermopolites (Bawit?) Tafel XVII

Eine Quittung über einen Solidus für die δημόσια der 5. Indiktion, ausgestellt für Apa Senuthios und signiert von Viktor, Sohn des Kolluthos. Dieses Dokument wurde auf die Rückseite von **490** geschrieben. Wie dort erörtert könnte der Papyrus aus Bawit stammen. Das Dokument wurde in der 4. Indiktion ausgestellt, bezieht sich aber auf die Steuern der „Ernte der 5. Indiktion“: Es handelt sich um eine Vorauszahlung.

Für eine Beschreibung vgl. **490**. Die kopfstehende Zeile gehört ebenfalls zu **490**.

1 † μ(ηνὸς) Ἁθυ(ρ) α ἰ(ν)δ(ικτίωνος) δ. ἔσχο(ν) δ(ι') Ἄπα Σενουθ(ίου) ἀπὸ δημοσίω(ν)
2 καρπ(ῶν) ε ἰ(ν)δ(ικτίωνος) ἀρ(ί)θ(μιον) νό(μισμα) α λεịμο( ) μọ́(νον). †
Βίκτωρ Κολ̣λ(ού)θ(ου) στοιχ(εῖ). †

1 μ/αθ̈αι̸ᵟδεσχ̊λ̸ *pap.*, σενου^θ *pap.*, δημοσιὼ *pap.* 2 καρ^π ει̸ᵟδαρ^θ ν̊αλειμ̊μ̊ *pap.*, κολ̣λ^θ στοι^χ *pap.*

„† Am 1. Hathyr der 4. Indiktion. Ich habe erhalten durch Apa Senuthios von den öffentlichen Steuern (δημόσια) der Ernte der 5. Indiktion 1 Zählsolidus … netto. † Viktor, Sohn des Kolluthos, stimmt zu. †“

1 Ἁθυ(ρ) α = Der 28/29. Oktober.

2 λεịμο( ): Das ι könnte eventuell ein ungeschickt geschriebenes ρ oder ξ sein, wobei di ει-Ligatur viel deutlicher zu sein scheint. Die Buchstabenfolge ist an dieser Stelle unerwartet, und ich konnte keine befriedigende Lösung finden. Es liegt nahe, dass es sich um eine nähere Bestimmung der gezahlten Münzen handelt.

482. Steuerquittung über διάγραφον

P.Heid. Inv. Kopt. 16 V — B: 11,5 cm × H: 15 cm — spätes 7.–8. Jh.

Hermupolis — Tafel XVII

Dies ist die Rückseite von **461**, einer Erklärung an den *amīr* von Schmun: Es wird eine Zahlung von der Berufskorporation der Purpurfärber des Blauen Stadtviertels von Hermupolis von zwei Solidi für die Kopfsteuer der 5. Indiktion verzeichnet. Dies ist die zweite Steuerquittung dieses Formats, die eine Zahlung einer Berufskorporation belegt: SB XXVIII 17225 (Herm., 8. Jh.) ist eine Quittung für die Kopfsteuer – hier ἀνδρισμός – der Korporation der Färber. Es ist weiterhin bemerkenswert, dass jenes Dokument ebenfalls auf die Rückseite einer koptischen Urkunde geschrieben wurde, vgl. Gonis, *Five Tax Receipts*, Nr. 4 (S. 155–156). Die unpublizierte Abrechnung P.Heid. Inv. G 197+1206 (Herm. [?], 8. Jh.) betrifft ebenfalls die Kopfsteuer – hier wieder ἀνδρισμός – der κογχισταὶ Βενέτου, dort handelt es sich allerdings um eine 12. Indiktion.

Für eine Beschreibung vgl. **461**. Der Text ist parallel zu den Fasern geschrieben.

1 † ἔσχο(ν) δ(ιὰ) τ(ῶν) κογχιστῶν Βενέ(του) ἀπὸ
2 διαγρά(φου) κανώ(νος) πέμπτης ἰνδ(ικτίων)ο(ς)
3 χρυ(σοῦ) νο(μίσματα) β δύο μό̣(να). Παχων κη ἰ(ν)δ(ικτίωνος) ϛ.
vac.
4 γί(νεται) νο(μίσματα) β. Ἀπακῦρος στοιχεῖ. †

1 εσχ^{ο}δ^{τ} *pap.*, βεν^{ε} *pap.* 2 διαγρ^{α}καν^{ω} *pap.*, ινδ^{ο} 3 χρ^{υ}ν^{ο} *pap.*, μ^{ο} *pap.*, ι^{δ} *pap.* 4 γιν^{ο} *pap.*

„† Ich habe erhalten durch die Färber des Blauen (Stadtteils) von der Kopfsteuer (διάγραφον) der Steuerauflage der fünften Indiktion 2 Goldsolidi netto. Am 28. Pachon der 6. Indiktion. † Macht 3 Solidi. Apakyros stimmt zu. †"

1 τ(ῶν) κογχιστῶν Βενέ(του): Die Berufskorporation der Färber wird hier durch den Stadtteil, zu dem sie gehörte, identifiziert, was impliziert, dass in der Stadt mehrere Färberkorporationen tätig waren. Der Stadtteil wurde ursprünglich in der byzantinischen Zeit nach der beliebten Zirkusfraktion der Blauen als Καλλάινον und ab dem späten 6. Jh. als Βενέτον μέρος bezeich-

net, wobei der genaue Hintergrund des Namens unklar bleibt. Vgl. die Zusammenfassung (mit den Belegen für Blaue und Grüne Stadtteile in Hermupolis) von Gonis, *Five Tax Receipts*, 156 und Gascou, *Notes*, 226–228 und *idem*, *Rez. Roueché*, 377.

3 Παχων κη: Der 23. Mai.

4 Ἀπακῦρος στοιχεῖ †: In SB XXVI 16699 (Hk. unbek., 2. Hälfte 7. Jh.), 6 findet man ebenfalls die Signatur eines Ἄπα Κῦ(ρος) πρε(σβύτερος) – allerdings ohne στοιχεῖ. Die durch die DDbDP erreichbare Abbildung zeigt jedoch, dass diese Unterschrift in einer anderen Hand geschrieben worden ist.

483. Koptische Steuerquittung über ἀνδρισμός

P.Heid. Inv. Kopt. 43 B: 13,9 cm × H: 12 cm 7.–8. Jh.
Hermopolites Tafel XVIII

Das wiederverwendete Papyrusblatt (vgl. Beschreibung) enthält eine Steuerquittung für die Kopfsteuer (ἀνδρισμός). Der Priester des hermopolitischen Weilers Psa Nhosm und ein anderer Dorfbewohner, vielleicht ein Diakon, bestätigen einem anderen Bewohner des gleichen Weilers, dass sie einen Solidus und ein Trimesion für die Kopfsteuer der 10. Indiktion erhalten haben. Priester waren oft in Angelegenheiten der Dorfverwaltung involviert, vgl. Schmelz, *Kirchliche Amtsträger*, 309–318. Im Hermopolites scheint sich der Terminus ἐποίκιον ‚Weiler' manchmal auf selbständige Dörfer mit eigener Dorfgemeinschaft bezogen zu haben, vgl. Berkes, *Dorfverwaltung*, 7. Das simple Formular erinnert stark an CPR IV 8 (Herm., 7.–8. Jh. [7. Jh. ed. pr.][52]), in dem die Gemeinde (κοινότης) des Weilers Tanameu Nphilea vertreten durch den Dorfvorsteher (ⲁⲡⲉ) und den Assistenten (βοηθός) des Dorfes eine Steuerzahlung für die Kopfsteuer (ἀνδρισμός) quittiert. Die Verwendung von Tremata und supralinearen Strichen ist ungewöhnlich, und die unübliche Orthographie weist auf einen weniger professionellen, lokalen Schreiber hin. Der einfache, eher informelle Charakter des Textes zeigt sich u.a. durch das Fehlen einer Datierung oder Unterschrift.

Dunkelbrauner Papyrus, beschrieben mit schwarzer Tinte gegen die Fasern *transversa charta*. Der Text wurde auf einem wiederverwendeten Papyrusblatt geschrieben. Abgesehen von kleinen Brüchen, v.a. an der rechten Seite, ist das Blatt komplett. Der Schreiber überspringt Löcher (und teils auch schwer beschreibbare Flächen) im Papyrus, vgl. z.B. Z. 3, 5 und 6. Drei vertikale Faltungen sind zu erkennen. Die Rückseite ist unbeschriftet.

† ⲁⲛⲟⲛ ⲍⲁⲭⲁⲓ̈ⲟⲥ ⲡⲣⲉ(ⲥⲃⲩⲧⲉⲣⲟⲥ) ⲙⲛ ⲓⲱϩⲁⲛⲏⲥ ⲡ ̣ ̣ [ca. 4–5]
ⲛ̄ⲣⲙ ⲡⲉⲡ̣ⲏ̣ⲕⲓ̈ⲟⲛ ⲯⲁ ⲛϩⲟⲥⲙ ϩⲙ ⲡⲧⲟϣ ⲛ̄[ϣⲙⲟⲩⲛ]
ⲧⲡⲟ- *vac.* ⲗⲓ̈ⲥ ⲉⲛⲥϩⲁⲓ ⲛ̄ⲕⲟⲗⲑⲉ ⲡϣ[ⲏⲣⲉ ⲛ-]
ⲁⲛⲟⲩⲡ ⲡⲣⲉⲙ ⲡⲉⲛⲉⲡⲏⲕⲓ̈ⲟⲛ ϫⲉ ⲁ[ⲛⲡⲗⲏ-]
ⲣⲟⲩ ⲛ̄ⲡⲉ- *vac.* ⲕⲁⲛⲧⲣⲓⲥⲙⲟⲥ ϩⲁ ⲧⲉ̣ⲓ̣̈ⲙ̣[ⲟⲥⲓⲁ]
ⲧⲏⲕⲁⲧⲏⲥ ⲓⲛⲇ(ⲓⲕⲧⲓⲱⲛⲟⲥ) ⲉⲧ ⲛⲁⲓ̈ ⲛⲉ *vac.* ⲟⲩϩⲟⲗ[ⲟ]ⲕ̣[(ⲟ)ⲧ(ⲧⲓⲛⲟⲥ) ⲙⲛ ⲟⲩⲧ-]
ⲣⲉⲙ- *vac.* ⲏⲥⲛ. ⲉⲡⲉⲕⲱⲣϫ ⲟⲩⲛ ⲁⲛⲥⲙ ⲧⲉⲓ[ⲁⲡⲟⲇⲉⲓ-]
ⲝⲓ̈ⲥ ⲛⲁⲕ ⲉⲛⲥⲧⲟⲭⲉ ⲉⲣⲟⲥ. ⲁⲛⲟⲛ ⲛⲉⲧϣ̣[ⲏⲣⲡ]
ⲥϩⲁⲓ̈ ⲧⲉⲛⲥⲧⲟⲓⲭⲉ †

52 Weder Schrift noch Inhalt schließen eine Datierung in das 8. Jh. aus.

1 πρ̸ᵉ *pap.*, πρεσβύτερος 2, 4 ἐποίκιον 3 πόλις 4–5 πληροῦν 5 ἀνδρισμός, δημόσια 6 δεκάτη, ινδ̸ *pap.*, ἰνδικτίων, *l.* ετε, ὁλοκόττινος 6–7 τριμήσιον 7 οὖν, *l.* ⲁⲛⲥⲙⲛ 7–8 ἀπόδειξις 8, 9 στοιχεῖν

„† Wir, Zachaios, Priester, und Iohannes, …, aus dem Weiler Psa Nhosm im Bezirk der Stadt Schmun, schreiben an Kolthe, Sohn des Anup, aus unserem Weiler: Wir wurden zufrieden gestellt durch deine Kopfsteuer für die Steuern der zehnten Indiktion, das sind ein Holokottinos und ein Trimesion. Dir zur Sicherheit haben wir dir also diese Quittung ausgestellt und stimmen ihr zu. Wir, die schon Erwähnten, stimmen zu. †"

1 ⲡ . . [ca. 4–5]: Vielleicht ⲡⲇ̣ⲓ̣[ⲁⲕⲟⲛⲟⲥ].
3 ⲯⲁ ⲛϩⲟⲥⲙ: In dem Lieferungskauf P.Lond.Copt. I 1040 (Herm., o.D.), 3 begegnet die gleiche Lokalität: ⲙⲡⲉⲕⲧⲏⲙⲁ ⲛⲁⲡⲁ ⲁⲛⲁⲥⲧⲁⲥⲉ ϩⲙ ⲡⲥⲁ ⲛϩⲟⲥ̣ⲉ̣ⲙ̣. P.Lond.Copt. 1040 ist von zwei Bewohnern von ⲧϭⲓⲛϭⲱⲣϭ an einen Residenten von Schmun adressiert: Man könnte vermuten, dass ⲯⲁ ⲛϩⲟⲥⲙ in der Nähe von ⲧϭⲓⲛϭⲱⲣϭ lag. Keine der beiden Ortschaften ist in Drew-Bear, *Le nome Hermopolite* verzeichnet.
6 ⲟⲩϩⲟⲗ[ⲟ]ⲕ̣[(ⲟ)ⲧ(ⲧⲓⲛⲟⲥ): Die Abkürzung ist e.g. ergänzt.

484. Steuerquittung

P.Heid. Inv. G 5226 V | B: 13,8 cm × H: 12,7 cm | 8. Jh.
Herakleopolites | | Tafel XIX

Eine Quittung für ʿImrān b. Sulaym vom herakleopolitischen *chorion* Tokois über die Bezahlung der auf bestimmte Ländereien fallenden Landsteuer (*demosia*). Eine weitere Person, von der nur der Vatersname, ʿUbayd, erhalten ist, wird in einem unklaren Kontext erwähnt. Eine Zahlung von ¼ Solidus wird durch einen gewissen Kirillos, Sohn des Chael, geleistet. Die Quittung endet mit der Signatur von Abraam(ios?) und Hilāl, die allerdings von der gleichen Hand geschrieben wurde wie das restliche Dokument. Obwohl wegen der abgebrochenen Teile nicht jedes Detail eindeutig ist, erinnert das Formular an andere herakleopolitische Quittungen aus dieser Zeit, vgl. CPR XXII 16 (mit den Ausführungen von Federico Morelli auf S. 83–86) und CPR XIX 25. Der Text wurde auf die Versoseite eines arabischen Briefes geschrieben, der dem Format der Quittung entsprechend zugeschnitten wurde. Der freundlichen Auskunft von Naïm Vanthieghems nach handelt es sich wohl um einen amtlichen Brief: Abū ʿAbd al-Malik und Yūsuf b. ʿAmr werden erwähnt.

Das Dokument ist von einigem historischen Interesse, da es einen Einblick in die Islamisation der Gegend um Herakleopolis im 8. Jh. gibt, vgl. auch **471**. Der Steuerzahler und eventuell einer der Vermittler der Steuerzahlungen (vgl. Komm. zu Z. 3) tragen muslimische Namen. Abraam(ios?) und Hilāl stimmen der Zahlung zu: Es scheint, dass es sich um zwei gemeinsam agierende Steuereintreiber handelt, von denen einer ein Christ, der andere aber Muslim war. Regelmäßig zu zweit auftauchende Signatare von Steuerquittungen sind auch sonst belegt, vgl. z.B. die thebanischen Beispiele aus den Jahren 719–729, s. Alain Delattre–Jean-Luc Fournet, O.Strasb.Copt., S. 227–230. Die Aussteller dieser Quittungen waren vielleicht Dorfvorsteher: Es ist verlockend anzunehmen, dass es sich auch bei unserem Papyrus um einen christlichen und einen muslimischen Dorfvorsteher handelt – dies wäre allerdings ohne Parallele. Der muslimische Steuereintreiber ist auch an sich von besonderem Interesse; dies ist erst das zweite Mal, dass ein solcher in einer griechischen Steuerquittung belegt ist. Das andere Dokument ist die hermupolitische Quittung SPP X 222 (8. Jh.), deren Formular dem unseres Textes vergleichbar ist und die von einem gewissen Sulaymān signiert wurde, vgl. Gonis, *Reconsidering III*, 228. Es ist ebenfalls bemerkenswert, dass das Patronymikon von Christen anders ausgedrückt wird als das von Muslimen: in Z. 1 und 3 finden wir bei muslimischen Namen den Zusatz υἱός, während in Z. 4 Name und Vatersname unmittelbar nacheinander stehen.

Hellbrauner Papyrus minderer Qualität, beschrieben mit schwarzer Tinte parallel zur Faserrichtung. Abgesehen vom linken Rand, der nur auf Höhe der ersten Zeile erhalten ist, ist der Papyrus vollständig erhalten. Die Rectoseite enthält Reste eines gegen die Fasern geschriebenen arabischen Briefes (vgl. die Einleitung), aus dem das Blatt für die Quittung ausgeschnitten wurde.

1 //̣̣ . π(αρὰ) Ιμραν υἱο(ῦ) Σολειμ ἀπὸ χ(ωρίου) Τοκ̣ῴ̣εω(ς) (ὑπὲρ) δημο(σίων) γη̣δ(ίων)
2 [ca.3] . [. .] . . ε κανὸν ἰνδ(ικτίωνος) ιγ
3 [ca. 8]δ̣ υἱο( ) Οβηιδ
4 [ca. 9] δ(ιὰ) τ(οῦ) Κιρίλλο(υ) Χαὴλ ν̣ο(μίσματος) δ´ τέταρτ(ον). // . δ(ιὰ) τ(ῶν)
Ἀβρα( ) (καὶ) Ηλαλ
5 *vac.* στιχῖ μοι. †

1 π̸ *pap.*, υἱ̊ *pap.*, απὸ̓χτοκ̣ω̣εω χ̸ δημομογηδ *pap.*, 2 *l.* κανόνος, ι̸νδ *pap.* 3 υἱ̊ *pap.* 4 δ̸τ κιριλολο *pap.*, *l.* Κυρίλλου, ν̊ *pap.*, τεταρ̊τ *pap.*, δ̸τ αβρ̊α ϛ *pap.*, *l.* στοιχεῖ ἡμῖν (?)

„// (?) Von ʿImrān b. Sulaym vom *chorion* Tokois für die öffentlichen Steuern der Ländereien … des Steuersatzes der 13. Indiktion … -d b. ʿUbayd … durch Kirillos, (Sohn des) Chael, ¼, ein Viertel, Solidus. // (?) Durch Abraam(ios?) und Hilāl, es entspricht uns (?). †"

1 //̣̣ . : Das Dokument beginnt mit zwei Schrägstrichen, die über einen weiteren dickeren Tintenstrich geschrieben worden sind. Es handelt sich eventuell um das gleiche Zeichen wie in Z. 4, vgl. den Komm. *ad locum* unten. Die doppelten Schrägstriche sind in dieser Zeit v.a. in Dokumenten bzw. Unterschriften belegt, die von Muslimen geschrieben worden sind. Manchmal kommen sie in Texten von Christen vor, welche an Muslime adressiert sind, was darauf hinweist, dass – zumindest in einigen Fällen – die doppelten Schrägstriche als ein religiös neutrales Symbol aufzufassen sind, vgl. Richter, *Spätkoptische Rechtsurkunden III*, 223–230.
Σολειμ: Die ersten zwei Buchstaben des auf den Namen folgenden ἀπό sind auffallend dick geschrieben. Der Grund dafür könnte darin liegen, dass der Schreiber seinen *kalamos* wieder in die Tinte getaucht hat. Alternativ könnte man annehmen, dass es sich um eine Korrektur handelt: Vielleicht wollte der Schreiber ursprünglich Σολειμαν (Sulaymān) schreiben?
ἀπὸ χ(ωρίου) Τοκ̣ῴ̣εω(ς): Das Dorf ist vom 1. Jh. v.Chr. bis in die arabische Zeit belegt und lag in der περὶ πόλιν Toparchie, vgl. Falivene, *The Herakleopolite Nome*, 230–231.
2 [ca.3] . [. .] . . ε: Vermutlich stand hier eine nähere Spezifizierung, wohl der Name der γήδια. Das letzte ε könnte das Ende eines koptischen Personennamens sein. B]α̣ν̣ε (TM Nam 8948) ist

zwar eine attraktive Möglichkeit, zum einen ist der Name jedoch typisch für den Hermopolites, zum anderen überzeugt die Lesung paläographisch nicht.

3]δ̣ υἱὸ(ς) Οβηιδ: Das δ nach der *lacuna* weist wohl auf einen arabischen Namen hin. Die Funktion dieser Zeile ist – v.a. wegen des langen *vacat* – unklar. Vielleicht war die hier genannte Person einer der Vermittler der Zahlungen?

4 Κιρίλλο(υ): Die Lesung Κυρίλλο(υ) ist ebenfalls möglich, falls wir ein „koptisches“ υ annehmen, dessen linke Hälfte mit der rechten Hälfte des κ in Ligatur geschrieben wäre.

δ(ιὰ) τ(οῦ): Der Zusatz des überflüssigen Artikels vor Personennamen kommt in einigen Dokumenten der arabischen Zeit vor. Vgl. z.B. P.Cair.Masp. III 67359 (Aphrodito, 715–716), fol. III v, 3: δ(ιὰ) τ(οῦ) Βενιαμίν. Vgl. auch δ(ιὰ) τ(ῶν) am Ende dieser Zeile. Es handelt sich wohl einfach um eine Gewohnheit der Schreiber, da die Abkürzung δ/ ^{τ} für δ(ιά) und den Artikel auch sonst häufig in Abrechnungen verwendet wurde, vgl. die Einleitung zu **471** und den Komm. zu **473**, 1. Auf eine ähnliche, versteinerte Verwendung der Präposition weisen Ausdrücke wie διὰ νο(μισμάτων) hin, wobei δ(ιά) wohl bloß ausdrückt, dass es sich um eine Zahlung handelt, vgl. dazu Gonis, *Reconsidering IV*, 272.

// ̣ : Es ist nicht eindeutig, was hier geschrieben wurde. Es könnte sich um das gleiche Symbol handeln wie am Anfang des Dokumentes. Diese Schrägstriche sind über weitere Tintenstriche geschrieben, welche nicht eindeutig einzuordnen sind. Wollte der Schreiber vielleicht ursprünglich μό(νον) (μ// ^{o} *pap.*) schreiben, wie an dieser Stelle üblich? Oder handelt es sich um eine Kombination aus einem Kreuz und zwei Schrägstrichen – wie in P.Berol. inv. 7156 (Hk. unbek., 8.–9. Jh.), publiziert in Crum, *Coptic Documents*, 256–258 (Nr. II)? Vgl. auch den Komm. zu Z. 1.

4–5 δ(ιὰ) τ(ῶν) Ἀβρα( ) (καὶ) Ηλαλ | στιχῖ μοι †: Die erste Abkürzung ist wohl als Ἀβρα(αμίου) oder Ἀβρα(άμ) aufzulösen. Es handelt sich eher um die christliche Version des Namens als um den arabischen Namen Ibrāhīm, da letzterer in griechischen Papyri als Εβραειμ wiedergegeben wird. Es ist anzunehmen, dass die Quittung im Namen beider Personen signiert wird. So steht μοι wohl für ἡμῖν: Dieser Fehler überrascht in einer Formel allerdings kaum.

485. Quittung

P.Heid. Inv. Kopt. 1379 B: 17 cm × H: 8,4 cm 7. Jh.
Hermopolites (?) Tafel XIX

Vollständig erhalten ist eine Quittung, die bestätigt, dass ein gewisser Hadrianos von dem Schnellboten Kolthe vier Solidi für *lamjatp* (Pech, Harz oder Bitumen, vgl. die Anmerkung zu Z. 2) und einen Solidus für die Verpflegung eines gewissen Mui erhielt und die weiterhin besagt, dass Hadrianos bereit ist, Kolthe das Geld ihm auf dessen Konto zu verrechnen. Die Namen Hadrianos und v.a. Kolthe sind in der Spätantike in der Region von Hermupolis – wie es eine Suche in der DDbDP zeigt – gut belegt, was auf eine Provenienz aus dieser Gegend hinweist. Die Schrift lässt sich paläographisch in das 7. Jh. datieren – ob noch in die byzantinische oder schon in die arabische Zeit, ist nicht zu entscheiden. Der Schreiber verwendet in Z. 1 und 2 einen supralinearen Punkt über ⲛ-, supralineare Striche über manchen Konsonantenverbindungen und sporadisch Tremata auf Iotas. Sein Gebrauch der diakritischen Zeichen ist nichtdestoweniger inkonsequent.

Vollständig erhaltenes Papyrusblatt mit beschnittenen Rändern, beschrieben mit schwarzer Tinte transversa charta. Vier horizontale und vier vertikale Faltungen. Die Rückseite ist unbeschriftet.

1 † π(αρὰ) ⲁⲇⲣⲓ̣ⲁⲛⲟⲥ ⲡ̅ϥ̅ⲥϩⲁⲓ̈ ⲛ̇ⲕⲟⲗⲑ̣ⲉ ⲡⲥ̣ⲩ̣ⲙⲙⲁⲭⲟⲥ ϫⲉ ⲉⲓⲥⲥ ϥ̣ⲧⲟⲟⲩ
2 ⲛ̇ϩⲟⲗⲟⲕ(ⲟ)ⲧ(ⲧⲓⲛⲟⲥ) ⲁⲕⲧⲁⲁⲩ ϩⲁ ⲗⲁⲙϫ̣ⲁⲧ̅ⲡ̣̅ ⲧⲓⲟ ⲛϩ̣ⲉⲧ̣ⲟⲓⲙⲱⲥ
3 ⲧⲁⲟⲡⲱ̣ⲩ ⲉⲣⲟⲕ ⲉ̣ϩⲣⲁⲓ ⲉⲡⲉⲕⲗ[ⲟ]ⲅⲁⲣⲓ̣ⲛ̣ ϩⲁ ⲧⲓⲣⲟⲙⲡⲉ ⲧⲁⲓ δευτέρ(ας)
4 ἰνδ(ικτίωνος). γί(νεται) χρυ(σοῦ) ἀρ(ί)θ(μια) δ μό(να). ἐγρ(άφη) μη(νὸς)
Π(α)χ(ων) ιϛ ἰνδ(ικτίωνος) δ̣[ευ]δ̣έρα(ς). χρυσοῦ ἀριθμεν τέσσαρα. Ἁδριανὸς
5 στοιχεῖ τὸ παρὸν ἔνταγιν. ⲁⲩⲱ ⲉⲓⲥⲥ ⲕⲟ̣ⲩϩⲟⲗⲟⲕ(ⲟ)ⲧ(ⲧⲓⲛⲟⲥ) ⲁⲕⲧⲁⲁϥ
6 ⲉⲙⲟⲩⲓ̈ ϩⲁ ϩⲣⲉ ⲧⲓⲟ ⲛϩⲉⲧⲟⲓⲙⲱ̣ⲥ̣ ⲧⲁⲟⲡϥ ⲉⲣⲟⲕ. † χρυσοῦ ἀριθμεν
7 ἑνὸς. Ἁδριανὸς στοιχεῖ. † Paraphe

1 π/ *pap.*, ⲁⲇⲣⲓ̣ⲁⲛⲟⲥ: ⲁ *ex corr.*?, σύμμαχος 2, 5 ϩⲟⲗⲟⲕ/ᵀ *pap.*, ὁλοκόττινος 2, 6 ἑτοῖμος 3 λογάριον, δευτερ/ *pap.* 4 ϊνγιχραρδμεγρμπϊϛϊνδ̣[. .]δερ/ᵅ *pap.*, *l.* ἀρίθμια 6–7 *l.* ἀρίθμιον ἕν

„† (koptisch) Von Hadrianos, der an Kolthe, den Schnellboten schreibt: Hier sind vier Holokottinoi, die du für *lamjatp* gegeben hast, diese bin ich bereit für dich zu verrechnen für deine Abrechnung für dieses Jahr, (griechisch) der zweiten Indiktion. Macht 4 Zählsolidi netto.

Es wurde geschrieben am 16. des Monats Pachon der zweiten Indiktion. Vier Zählsolidi netto. Hadrianos, mir entspricht die gegenwärtige Quittung wie vorliegt. (koptisch) Und hier ist ein anderer Holokottinos, den du Mui gegeben hast für Verpflegung, ich bin bereit, ihn für dich zu verrechnen. (griechisch) † Ein Zählsolidus. Hadrianos stimmt zu. †“

1 ⲡⲥⲩⲙⲙⲁⲭⲟⲥ: Zu σύμμαχοι, bewaffneten Schnellboten in der byzantinischen und früharabischen Zeit, vgl. Jördens, *Symmachoi.* Ein σύμμαχος namens Kolluthos, später offenbar zum ἀρχισύμμαχος befördert, begegnet in zwei hermopolitischen Papyri des 7. Jh.: SPP III^2 47 und SPP III 314. Ob dieser Kolluthos mit dem aus unserem Dokument identisch ist, soll dahingestellt sein.

2 ⲗⲁⲙϫ̣ⲁⲧⲡ̣: Dieses Wort – auch unter Berücksichtigung seiner griechischen Entsprechung πίσσα – bezeichnete Pech, Bitumen oder Harz. Pech und Bitumen konnten für die Abdichtung von Schiffen und Bewässerungsmaschinen verwendet werden; Harz als Klebstoff, für medizinische Zwecke oder für die Abdichtung von Amphoren. Vgl. Crum, s.v. ⲗⲁⲙϫⲁⲧⲡ und Morelli, *Prezzi*, 173–174.

3 ⲉⲡⲉⲕⲗ[ⲟ]ⲅⲁⲣ̣ⲓⲛ̣: Das Wort war bis jetzt in koptischen Papyri nur dreimal belegt, vgl. Förster, *WB*, s.v.

4 Π(α)χ(ων) ιϛ: Der 11. Mai.

5 ⲕⲟ̣ⲩϩⲟⲗⲟⲕ(ⲟ)ⲧ(ⲧⲓⲛⲟⲥ): Man würde ⲕⲉ- oder ⲕⲉⲟⲩⲁ- erwarten.

486. Anweisung von Sarapammon an einen βοηθός

P.Heid. Inv. G 1889 — B: 30,2 cm × H: 11,4 cm — spätes 5.–frühes 6. Jh.
Herkunft unbekannt — Tafel XX + XXI

Der Brief enthält eine knappe Anweisung von einem gewissen Sarapammon an einen βοηθός. Sarapammon schickt dem Adressaten 18 Solidi und fordert ihn auf, das Geld Athanasios, dem δεκανός, dringend zu übergeben, damit er den Empfänger des Briefes nicht mehr belästigt. Man kann annehmen, dass der Brief zusammen mit den 18 Solidi an den Adressaten geschickt wurde. Abgesehen von der schwer lesbaren Rückseite ist der Brief fast vollständig erhalten. Die schwungvolle Hand verrät einen geübten Schreiber, dessen Schrift in das späte 5. bis frühe 6. Jahrhundert datiert werden kann, vgl. etwa P.Oxy. XVI 1885 (Oxy., 509)[53]. Auf dieselbe Datierung weist auch das Formular der Adresse hin, vgl. den Komm. zu Z. 5. Von Interesse ist das Vorkommen eines δεκανός: Die Bedeutung des Terminus ist hier unklar, vgl. den Komm zu Z. 2. Der Brief könnte zur Korrespondenz eines Großgrundbesitzes gehört haben.

Mittelbrauner Papyrus, beschrieben mit schwarzer Tinte, auf der Vorderseite gegen den Faserverlauf, *transversa charta*, auf der Rückseite parallel dazu. Ca. 1,5 cm von dem unteren Blattrand entfernt verläuft eine Kollesis. Der mittlere Teil des Papyrusblattes ist leicht löchrig. Sechs vertikale und vier horizontale Faltungen. In der linken unteren Ecke steht die Bleistiftnotiz „G“, was wohl für „Griechisch“ steht und während der Inventarisierung des Stückes geschrieben wurde.

† εν . . . εν ἀπέλυσα πρὸς σὲ δεκαοκτὼ εὔσταθμα. σπούδασον οὖν
ταῦτα εὐθέως πα̣ρασ̣χ̣εῖν Ἀθανα̣σ̣ί̣[ῳ] τ̣ῷ δεκαν̣ῷ̣. ἀλλὰ
πάντως ταῦτα̣ σπούδασον δοῦναι α̣ὐτῷ̣ εὐθέως, ἵνα μὴ
{μὴ} διαστροφῆ̣ς δι’ αὐτοῦ. ⳨

Rückseite:

⳨ ἐπί̣δ̣(ος) τῷ̣ θαυμα̣σ̣ίῳ̣ κυρῷ̣ . . . . β̣ . . . βοηθῷ̣ *vac.* (?) † π(αρὰ) Σαραπάμμωνο̣ς †̣

3 ϊνα *pap.* 4 *l.* διαστραφῆ̣ς 5 επιδϛ, π̸ *pap.*

53 Eine Abbildung ist durch das HGV aufrufbar.

„† Ich habe an dich … achtzehn Vollgewichtige (Solidi) verschickt. Eile also, diese sofort Athanasios, dem *dekanos*, zu geben. Aber eile unbedingt, diese ihm zu geben, damit du nicht durch ihn belästigt wirst. ⳨"

Rückseite:

„⳨ Stelle (den Brief) dem bewundernswerten Herrn … (Name), Assistent (βοηθός), zu † von Sarapammon. †"

1 εν . . . εν: Es wäre naheliegend, ἐντ̣ε̣ῦ̣θεν zu lesen, aber die Tintenreste sind mit der Buchstabenfolge τε nicht vereinbar, besonders die Oberlänge des ε wäre zu erwarten. Da in dieser Schrift π und ν eine sehr ähnliche Form haben, kann man die Lesung eines π als zweiten und letzten Buchstaben des Wortes nicht ausschließen.

ἀπέλυσα πρὸς σὲ δεκαοκτὼ εὔσταθμα: Vgl. zum Wortlaut PSI VIII 938 (Aphrod., 6. Jh.), 1: ⳨ ἓξ νομίσματα εὔσταθμα ἀπέλυσα Κολλούθῳ̣.

εὔσταθμα: Sc. νομίσματα. Vgl. dazu den Komm. zu **463**, Kol. I, 1.

1–3 σπούδασον οὖν … ἀλλὰ πάντως ταῦτα̣ σπούδασον δοῦναι α̣ὐτῷ̣ εὐθέως: Der Aorist-Imperativ von σπουδάζω wird häufig für die Betonung einer dringenden Aufforderung verwendet, vgl. Steen, *Clichés Épistolaires*, 166–168 und Tibiletti, *Lettere private*, 83. Zur Wendung ἀλλὰ πάντως vgl. Amphilochios Papathomas im Komm. zu CPR XXV 29, 5.

2 τ̣ῷ δεκαν̣ῷ: Die genaue Bedeutung des Terminus ist unklar. Das Wort ist eher vom griechischen δέκα als vom lateinischen *decem* abzuleiten. Δεκανός bezeichnete in der ptolemäischen Zeit den Anführer einer kleinen Polizeieinheit, vgl. Paul Schubert in der Einl. zu P.Paramone 10, S. 113. In der römischen Zeit begegnen die δεκανοί in der Region um Theben an der Spitze von kleinen Gruppen, sog. δεκανίαι, denen sich Männer ab ihrem 14. Lebensjahr anschließen mussten. Die δεκανίαι übernahmen wahrscheinlich auf einer rotierenden Basis lokale Polizeiaufgaben, vgl. Bagnall, *Army and Police*, 77; D. Hagedorn, Einl. zu O. Heid. 121 und auch Alston, *Soldier and Society*, 81–83.

Außerhalb des thebanischen Systems ist ihre Rolle unklar: „The evidence on dekanoi and dekaniai from elsewhere is not very helpful. It tells us principally that the terms can occur in a variety of situations, in connection with different public services and taxes. Among these are transportation, boats dikes, wheat and some not comprehensible", Bagnall, *Army and Police,* 74 (mit Belegen). Hervorzuheben ist auch, dass das System der δεκανίαι auch noch im 6. Jh. nachweisbar ist, vgl. P.Cair.Masp. III 67328 (Aphrod., 521). Dieses Dokument ist eine Sammlung von an den *riparius* adressierten Bürgschaften, in denen für Feldwächter gebürgt wird, die in nach Ortsnamen bezeichneten δεκανίαι verschiedene (teilweise auch Polizei-) Aufgaben erfüllen müssen. Vgl. auch Bagnall, *Army and Police*, 74 und Rouillard, *L'administration civile*², 166, bes. Anm. 2. Das System könnte möglicherweise auch außerhalb Ägyptens existiert haben, wie P.Ness. III 135 (Nessana, 6. Jh.), nahelegt.

Unser Papyrus scheint keine weiteren Anhaltspunkte bezüglich der genauen Rolle der δεκανοί zu geben.

4 {μή}: Der Schreiber hat das bereits am Ende der letzten Zeile geschriebene Wort am Anfang der vierten Zeile irrtümlich wiederholt.

διαστροφῆς: *L.* διαστραφῆς. Das Omikron ist auf dem Papyrus eindeutig zu lesen. Die phonetische Verwechslung α > ο in unbetonten Silben ist gut bezeugt, vgl. Gignac, *Grammar I*, 286–287. Ferner könnte zum phonetischen Fehler auch das in dieser Zeit gebräuchliche Wort διαστροφή beigetragen haben, vgl. z.B. P.Oxy. XVI 1842 (Oxy., 6. Jh.), 8: ἐπειδὴ ἐν πολλῇ ἐστιν δι[α]στροφῇ. Zur Bedeutung von διαστρέφω vgl. P.Rain.Cent. 75 (Herm., 5.–6. Jh.), 7–8: ἵν̣[α] <μὴ> μ̣είνῃ ἀφύλα[κ]τος ἡ πεδιὰς καὶ γένηται ἢ βλάβη | ἢ ἕτερόν τι κακὸν καὶ πάλιν ὀχληθῶμεν καὶ διαστ̣ραφῶμεν. Der Herausgeber, Herwig Maehler, übersetzt den Ausdruck μὴ … ὀχληθῶμεν καὶ διαστ̣ραφῶμεν folgendermaßen: [*D*]*aß wir nicht wieder belästigt und abgelenkt werden*, vgl. auch seinen Komm. *ad locum,* Amphilochios Papathomas im Komm. zu CPR XXV 26, 13 und Federico Morelli im Komm. zu CPR XXX 26, 5, der das Wort mit ‚importunare' übersetzt. In dem vorliegenden Brief scheint die Bedeutung ‚belästigen' in den Kontext zu passen.

5 ⳨ ἐπί̣δ̣(ος) τῷ θαυμ̣α̣σ̣ίῳ … † π(αρὰ) Σαραπάμμωνο̣ς †̣: Zur Formel vgl. die Adresse von P.Harr. I 159 (Hk. unbek., 5.–6. Jh.): † ἐπίδ(ος) τῷ θαυμασίῳ κυρ(ίῳ) Φιλοξένῳ, π(αρὰ) Φοιβάμμωνος. „Das formelhafte ‚ἐπίδος τῷ (Epitheton) N. N.' auf dem Verso ist besonders in Briefen aus dem 5. und 6. Jh. gebräuchlich. Ein auf bestimmte Gaue eingeschränkter Gebrauch ist nicht feststellbar", Bernhard Palme im Komm. zu CPR XXIV 22, 6.

. . . . β̣ . . . : An dieser Stelle erwartet man den Namen des Adressaten.

βοηθῷ̣: Die genaue Zuständigkeit des βοηθός ist in diesem Kontext unklar, es könnte sich um einen Gutsverwalter, aber auch um einen βοηθὸς κώμης handeln – die beiden Begriffe schließen einander jedoch nicht notwendigerweise aus. Zu βοηθοί vgl. Berkes, *Dorfverwaltung*, 157–167.

487. Brief über Steuerangelegenheiten

P.Lips. Inv. 2189 B: 22,4 cm × 14 cm 6. Jh.
Hermopolites Tafel XXII

Das Fragment stammt von der unteren rechten Hälfte eines Briefes. Vermutlich ist der Papyrus an dem rechten und unteren Blattrand beinahe vollständig. Da die durchschnittliche Breite der *transversa charta* beschriebenen spätantiken Papyrusbriefe – gemäß der Höhe der Papyrusrollen – ungefähr 30–36 cm betrug, ist anzunehmen, dass etwa ein Drittel des Briefes an der linken Seite fehlt. Wieviel Text oben fehlt, ist nicht mehr zu ermitteln.

Trotz des fragmentarischen Erhaltungszustandes lässt sich der Kontext in groben Zügen rekonstruieren. Es scheint, dass der Absender dem Adressaten einen Bericht über Steuerangelegenheiten erstattet. Der Adressat wird als „eure Herrschaft" angesprochen (5, 7), was nicht zwingend darauf hinweist, dass ein Untergeordneter einem Übergeordneten schreibt[54] – der Kontext spricht trotzdem für solch eine Situation. Den Gegenstand des Briefes bilden allem Anschein nach die Steuereintreibung in verschiedenen Dörfern und die mit ihr verbundenen Probleme. Am Anfang des erhaltenen Teiles werden ein oder mehrere Protokometen erwähnt, die vielleicht ein Schreiben schickten, vgl. Komm. zu Z. 2. Ferner wird der Adressat informiert, dass sie (die Protokometen?) etwas (Briefe, Geldzahlungen?; vgl. Komm. zu Z. 3) am 10. des Monats versenden werden.

Ab Z. 3 wechselt das Thema, der Soldat Isakos wird in Zusammenhang mit einer Goldsumme erwähnt. Wahrscheinlich wurde er zu einem Ort geschickt, um dort eine Abgabe einzufordern oder einen Transport abzuwickeln. Ferner versichert der Absender dem Adressaten, dass er sich wegen der *naula*, Frachtkosten für die Ablieferung der *embola*, der für Konstantinopel bestimmten Kornsteuer, keine Sorgen machen muss. Ab Ende von Z. 5 wechselt das Thema wieder: Der Absender plant auch die anderen Dörfer wegen der *embola* zu besuchen. Ab Z. 7 erwähnt er einen Brief und setzt den Adressaten wieder über etwas in Kenntnis. In Z. 8 folgt eine unklare Erwähnung eines Notars. In der nächsten Zeile erwähnt der Schreiber einen an ihn geschickten Brief, dessen Abender wohl der Protokomet von Sinbichis war. Der Brief endet

54 „Man sollte daher den Begriff δεσπότης und κύριος als einen für die soziale Stellung der Personen nicht ohne weiteres aussagekräftigen Höflichkeitstitel betrachten. (...) Aus diesen Belegen ergibt sich, daß die Begriffe δεσπότης, δέσποινα, κύριος und κυρία freiwillige Höflichkeitstermini sind, die durchaus von Personen verwendet werden können, die keinen Nutzen von ihren Adressaten erwarten. Daher sind sie nicht (unbedingt) als servile und unterwürfige Schmeichelei zwecks Erreichung eigener Anliegen zu verstehen", Papathomas, *Höflichkeit*, 505–506.

mit Nennung eines Betrags von 2500 Artaben: Es handelt sich wohl um die Summe der aus verschiedenen Dörfern bis zum Zeitpunkt des Berichtes eingetriebenen *embola.*

Die Herkunft des Briefes kann anhand der in ihm erwähnten Dörfer bestimmt werden. Monyris und Sinbichis werden genannt: Beide Dörfer befanden sich im südlichen Hermopolites, in der ehemaligen Leukopyrgites Ano Toparchie, vgl. Anm. zu Z. 8 und 9.

All dies deutet darauf hin, dass der Briefschreiber ein Subalterner des Pagarchen oder eines Großgrundbesitzers war, der u.a. für die Steuereintreibung in verschiedenen Dörfern im Süden des Hermopolites zuständig war. Der Brief bietet einen Einblick in den Alltag der Verwaltung: Der zwischen den Dörfern reisende Beamte korrespondiert sowohl mit seinem Chef wie auch mit den Vorstehern der zu seinem Bezirk gehörenden Dörfer. Für eine ähnliche Situation im Apionen-Archiv s. P.Oxy. XVI 1855 (Oxy., 6.–7. Jh.).

Die Schrift des Dokumentes lässt sich in das 6. Jahrhundert datieren, vgl. CPR IX 8+32 (Herm., 551).[55] Besonders auffällig ist in der sehr schwungvollen Schrift, dass drei verschiedene Formen des λ verwendet werden, vgl. die Wörter ναύλων (Z. 5), μέλλων (Z. 5) und ἐπιστολήν (Z. 8). Der Schreiber ist geneigt, Buchstaben sowohl auszuspitzen wie auch abzurunden, vgl. z.B. seine charakteristische ου-Ligatur in πέμπουσιν (Z. 3). Der schwungvolle Stil führt dazu, dass manchmal Buchstaben „zerfallen“, vgl. das zweite ν in ἀνιών (Z. 6).

Mittelbrauner Papyrus, beschrieben mit schwarzer Tinte, entgegen dem Faserverlauf, *transversa charta.* Unregelmäßige Bruchlinien, rechts und unten geringer Textverlust. Stark löchrig, besonders in der linken Hälfte, gelegentlich fehlt die obere Faserschicht. Vier horizontale und vier vertikale Faltungen. Die Rückseite ist unbeschriftet.

- -

]. . [ca. 2
]. . . καὶ [οἱ] πρωτοκῳμ̣[ῆ]τ̣[α]ι̣ [. .]. κῳ[. . .]. . . [ca. 4]α̣ντες [ca. 2]
] ὑμᾶς ὅτι π̣άντως τῇ δ̣εκὰ̣τῄ πέμπ̣ουσιν [.]. . [.]ματα̣[ca. 2]
ἀ]π̣α̣ι̣τ̣ο̣ῦ̣ντα τὸν στρ̣α̣τιώτην Ἴσακον τὸ χρυσίο̣ν̣ καὶ περὶ
]. εξ . τῶν ναύλων ἀμεριμνήσῃ ἡ ὑμῶν δεσποτεία̣. μέλλων δὲ
]λων καὶ εἰς τὰς ἄλλας κώμας διὰ τὴν ἐμβολὴν ἀνιὼν
ἐντα]ῦθα ταῦτα τὰ γράμματα καὶ πρὸς τῷ τὴν ὑμετέραν δεσποτείαν
ν]ο̣ταρ(ι) κα̣ὶ̣ αὐτὴν τὴν ἐπιστολὴν τῶν ἀπὸ Μονύ̣ρεως ἔπεμψα̣
]. ουφ[.]. . το̣ῦ πρωτοκωμή(του) Σινβίχε̣(ως) γ̣ρ̣α̣φ̣εῖσαν πρ[ὸ]ς ἐμὲ δηλ̣ο̣ῦ̣σ̣[αν]
] ἕως ἄρτι σί(του) (ἀρτάβαι) ͵Βφ . †

55 Eine Abbildung ist durch das HGV aufrufbar.

2 ὕμας *pap.* 4 ϊσακον *pap.* 5 ξ̣ ex *corr.*, ὕμων *pap.* 7 *l.* τό 8]ο̣ταρ *pap.* 9 πρωτοκωμη*ς* *pap.*, σινβιχ*ς*[ε] *pap.*
10 σι— *pap.*

„… und die Protokometen … Euch, dass sie am zehnten unbedingt die … schicken werden … eintreibend (?) den Isakos das Gold und … der Naula soll Eure Herrschaft sich keine Sorgen machen. Mit der Absicht aber … und in die anderen Dörfer wegen der *embola* hinauf reisend … hier diesen Brief und damit es Eure Herrschaft (erfährt) … Notar, ich habe den Brief der Dorfgemeinschaft von Monyris selbst … geschickt … des Protokometen von Sinbichis (den Brief) geschrieben an mich, der kund gibt … bis jetzt an Weizen 2500… Artaben. †“

2] . . . καὶ [οἱ] πρωτοκω̣μ̣[ῆ]τ̣[α]ι̣ [. .] . κω̣[. . . .] . . . [ca. 4]α̣ντες [ca. 2]: Am Ende der Zeile könnte vielleicht γράψ]α̣ντες ergänzt werden. Das Bezugswort dazu könnten die Protokometen gewesen sein. Möglicherweise könnte auch κω̣[zu einer Form von κώμη ergänzt werden, naheliegend wären [τῆ]ς̣ κώ̣[μης oder [τῶ]ν̣ κω̣[μῶν.

3] ὑμᾶς: Ein Ausdruck wie z. B. διδάσκω ὑμᾶς ist zu erwarten, vgl. z.B. P.Strasb. VIII 778 (Hk. unbek., Ende 5. Jh.), 2: διδάσκω δὲ ὑμᾶς. Auf jeden Fall informiert der Absender an dieser Stelle den Adressaten über das mit ὅτι eingeleitete Thema.

πέμ̣πουσιν [.] . . [.]ματα̣[ca. 2]: Vielleicht πέμ̣πουσι [νο]μ̣ί̣[σ]ματα̣ | [*Zahl*]?

4 ἀ]πα̣ι̣τ̣ο̣ῦ̣ντα: Diese Lesung ist nicht eindeutig, aber inhaltlich attraktiv: Es stören die extrem abgekürzte αι-Ligatur und der horizontale Strich über der linken Hälfte des τ̣. Das Partizip könnte sich auf jemanden beziehen, der das Gold von dem Soldaten Isak einzutreiben versuchte. Alternativ könnte sich das Partizip auf ihn selbst beziehen (vielleicht ὡς ἀ]πα̣ι̣τ̣ο̣ῦ̣ντα?).

τὸν στρα̣τιώτην: Für die Rolle der Soldaten in der Steuereintreibung vgl. z.B. P.Laur. II 45 (Herm., 6.–7. Jh.), 3–4: συνήντησάν μοι οἱ στρατιῶται οἱ καὶ ἀπαιτηταὶ τῆς προειρημένης | κώμης Τάλκεως.

5] . εξ . τῶν ναύλων: Die Lesung des Zeilenanfangs ist unklar. Es ist wegen der Korrektur nicht eindeutig, ob die nach dem ξ folgenden Tintenreste einen weiteren Buchstaben ergeben, oder ob sie noch zum ξ gehören. Man könnte eventuell ἐξ α̣ὐ̣τῶν lesen, in diesem Fall wäre aber die Syntax schwierig zu verstehen. Alternativ könnte man Z. 4–5 folgendermaßen ergänzen: καὶ περὶ | [τῶν νομισμάτων εἰκοσ]ι̣ὲξ τῶν ναύλων ἀμεριν̣ήσῃ ἡ ὑμῶν δεσπότεια̣.

6 διὰ τὴν ἐμβολὴν ἀνιών: Für den Wortlaut vgl. PSI VIII 939 (Aphrod., 6. Jh.), 3: διὰ μ̣ηδὲν ἄλλο ἀνελθὼν εἰ μ̣ὴ διὰ τὴν ἐμβολήν.

6]λων: Naheliegende Ergänzungen wären ἄλ]λων oder μέλ]λων.

7 πρὸς τῷ τὴν ὑμετέραν δεσποτείαν: Sc. εἰδέναι *vel sim.* Vgl. z.B. P.Cair.Masp. I 67067 (Aphrod., 6. Jh.), 2: καὶ πρὸς τῷ (*l.* τό) αὐτὴν εἰ̣δέναι καὶ ἀμεριμνῆσαι.

8 τῶν ἀπὸ Μονῡ̣ρεως: Zum Dorf (TM Geo 2956) vgl. Drew-Bear, *Le nome Hermopolite*, 175.

9]̣ ουφ[̣]̣ : Der Name des folgenden Protokometen könnte hier gestanden haben. Eine Form von Anuphis wäre naheliegend, aber die erhaltenenen Tintenreste erlauben keine eindeutige Lesung.

τ̣οῦ πρωτοκωμή(του) Σινβίχε̣(ως): Das Dorf des Protokometen ist sonst als Σεμβεῖχις bekannt, die Form unseres Papyrus kommt nur in SB XXII 15730v (Herm., 7.–8. Jh.), Kol. II, 9: ἀπὸ χωρίου Σινβίχ(εως), vor, vgl. van Minnen, *Une nouvelle liste*, 85. Zum Dorf (TM Geo 7104) vgl. Drew-Bear, *Le nome Hermopolite*, 238.

γ̣ρ̣α̣φ̣εῖσαν πρ[ὸ]ς ἐμὲ δηλ̣ο̣ῦ̣σ̣[αν: Zur Ergänzung vgl. P.Oxy. XVI 1938 (Oxy., 6. Jh.), 1–2: ἐδεξάμεθα τὰ γράμματα τοῦ ὑμετέρου μεγέθους τὰ δηλοῦντα ἡμῖν ὡς γέγονέν τις ἀφαίρεσις ξύλων καταγαίου οἰκείας.

10 ͵Βφ ̣ : Das letzte Zeichen ist aufgrund der abgeriebenen Oberfläche nicht eindeutig zu interpretieren. Es könnte sich um eine Ziffer handeln, aber die erhaltenen Tintenreste könnten auch die fehlerhafte Wiederholung des ἀρτάβαι-Zeichens in der gleichen Zeile vermuten lassen.

488. Brief betreffs Steuerzahlungen aus oxyrhynchitischen Dörfern

P.Mich. Inv. 3519 | B: 16,8 cm × H: 15,3 cm | Mitte–2. Hälfte 7. Jh. (arabische Zeit)

Oxyrhynchites | Tafel XXIII

Ein vollständiger Brief von einem gewissen Viktor an Appakyros, den *comes* und *chartularios*, ist hier überliefert. Der Absender fordert den Adressaten in einem kollegialen, aber durchaus dringlichen Ton auf, die anstehende Zahlungen für die oxyrhynchitischen Dörfer Sepho, Tampeti, Palosis, Pousempis, Lile und Seryphis am 20. des gegenwärtigen Monats zu schicken. Wenn dies nicht geschähe, droht Viktor, brächte man Appakyros nach Fusṭāṭ (Φόσσα̣τον). Die Erwähnung von Fusṭāṭ deutet auf eine Datierung in die arabische Zeit hin, was den Brief von besonderem Interesse erscheinen lässt, da aus Oxyrhynchos nach dem Ende der byzantinischen Zeit kaum Papyri erhalten sind. Ein vergleichbarer oxyrhynchitischer Brief aus dieser Zeit ist P.NYU II 22, in dem der Adressat ebenfalls ein *chartularios* ist.

Von den erwähnten Dörfern können Tampeti (*Ṭanbidī*), Palosis (*Bilhasa*) und Seryphis (*Ašrūba*) sicher mit modernen Siedlungen identifiziert werden. Tampeti und Sepho lagen nahe beieinander, beide gehörten zum ehemaligen 7. *pagus*. Sepho lag in der gleichen ehemaligen Thmoinepso Toparchie wie Palosis. Pusempis und Lile hingegen gehörten früher beide zur östlichen Toparchie bzw. zum 5. *pagus*. Ferner lag Seryphis in der westlichen Toparchie, im ehemaligen 3. *pagus*. Zu der Lage dieser Dörfer vgl. Benaissa, *Rural Settlements*, s.v. Die relative Zerstreutheit dieser Dörfer könnte man dadurch erklären, dass sie alle zum nördlichen Bezirk, σκέλος, von Oxyrhynchos gehörten. Die Existenz solcher geographischen Steuerbezirke, die vielleicht noch auf die byzantinische Zeit zurückgehen, ist für Herakleopolis, Hermupolis und auch Oxyrhynchos in den ersten Jahren nach der arabischen Eroberung nachgewiesen, vgl. zusammenfassend Azzarello, *Distretti*.

Von einigem Interesse ist auch die Drohung am Ende des Briefes, dass man den Adressaten nach Fusṭāṭ bringen könnte, wenn er die geforderten Zahlungen nicht leisten kann. Solche Drohungen, v.a. im Namen von arabischen Beamten sind nicht selten in dieser Zeit, vgl. den Komm. zu Z. 9. Genauso weisen v.a. koptische Texte darauf hin, dass eine Reise nach Fusṭāṭ für die ägyptische Bevölkerung mit Angst und Unsicherheit verbunden war, vgl. Boud'hors,

Babylone. Diese Furcht spiegelt sich auch in unserem Brief wider, der Absender hat vielleicht eine Drohung weitergegeben, die er seinerseits von einem arabischen Vorgesetzten erhalten hat.

Das Dokument ist in einer professionellen Kursive geschrieben, zu der im zeitgenössischen Senuthios-Archiv (z.B. CPR XXX) zahlreiche Parallelen zu finden sind. Der Text ist ein schönes Beispiel für den höflichen Beamtenstil dieser Zeit, wobei der Adressat sowohl in der 2. Person Singular wie auch in der 2. Person Plural angesprochen wird, wie es manchmal in Briefen dieser Zeit vorkommt.

Mittelbrauner, vollständiger Papyrus beschrieben mit schwarzer Tinte *transversa charta*. Es verläuft eine Kollesis ca. 2,5 cm vom unteren Blattrand entfernt. Mehrere Löcher v.a. im mittleren Bereich. Mindestens drei vertikale und drei horizontale Faltungen.

☧ διὰ τὸν Θεόν, κῦρι ἄδελφ̣ε̣, πάν̣τ̣ω̣ς π[άν]τ̣ω̣ς τῇ εἰκά̣[δ]ι̣ τοῦ παρόντος μηνὸς τὴν καταβολὴν τῶν χωρίων̣, τουτέστιν Σεφω καὶ Ταμπετι καὶ Παλώσεως καὶ Πουσέμπου(ς) καὶ Λιλη καὶ Ὥφεως πέμ̣ψον. ἐπειδ̣ὴ οὐκ ἐθέλησα π̣έμψαι ἐνοχλ̣ῶ̣ν αὐτῆς ἐπιστάμεν̣ος, ὅτι τὸ πρᾶγμα ὑμῶν ποιεῖτε, ἀλλ', ὡς εἶπ̣ον̣, τῇ ε̣[ἰ]κά̣δ̣ι τοῦ π̣α̣ρ̣όντος μηνὸς πέμψον εἰς π̣λ̣ῆ̣ρ̣[ε]ς επ . [1–2] . . . κ̣ . . . ο̣ν. ἐὰν μὴ πέμψῃ̣ς, δότε ν . . . . ., ἐὰν μή, ὁ Θ̣ε̣ὸ̣ς βοηθήσῃ, διδομένο̣[υ]ς ὑμᾶς ἐπέρουσιν ε̣ἰς τὸ Φόσσα̣τον. †

Rückseite:

† τῷ̣ τὰ πά(ντα) περ̣[ιβλέ(πτῳ̣) μου ἀδελ]φῷ̣ γν(ησίῳ̣) φίλ̣(ῳ̣) Ἀππακύρῳ̣ κόμε(τι) *vac.* [(καὶ)] χαρτ̣(ουλαρίῳ̣) [Β]ίκτῳ̣ρ σὺν Θ(εῷ̣) . . αρχικ̣ό(ς)

3 πουσεμπ^ϒ *pap.* 5 *l.* αὐτῇ 9 *l.* ἐπαίρουσι 10 π^α *pap.*, γν' *pap.*, φιλ *pap.* 11 χαρ^τ *pap.*, συν^θ . . αρχικ^ο *pap.*

„☧ Bei Gott, Herr Bruder, schick unbedingt – unbedingt! – die Zahlung der *choria*, d.h. von Sepho, Tampeti, Palosis, Pousempis, Lile und Seryphis am zwanzigsten des gegenwärtigen Monats. Ich wollte nämlich nicht zu Ihrer (Eurer Brüderlichkeit *vel sim.*) Belästigung (Boten *vel sim.*) schicken, da ich weiß, dass Ihr Eure Sache tut, aber, wie ich sagte, am zwanzigsten des gegenwärtigen Monats schicke vollständig … Falls Du (es/sie) nicht schickst, gibt …, falls nicht – Gott möge helfen! –, werden sie Euch nach Phossaton schicken, indem Ihr übergeben werdet. †“

Rückseite:

„† Meinem in jeder Hinsicht bewundernswerten Bruder, dem wahren Freund, Appakyros *comes* und *chartularius*, Viktor, mit Gott …"

1 ⳨ διὰ τὸν Θεόν, κῦρι ἄδελφε̣, πάν̣τ̣ως π[άν]τ̣ω̣ς̣: Die Lesung bzw. die Ergänzung des zweiten π[άν]τ̣ω̣ς basiert auf der Parallele der μικρὰ μικρὰ χωρία in *CPR* XXX 1 (Herm., ca. 643–644), 176 mit der BMCR-Buchbesprechung von Amphilochios Papathomas zu CPR XXX (http://bmcr.brynmawr.edu/2011/2011-06-05.html). Für einen vergleichbaren Briefanfang s. P.Apoll. 18 (Apoll., ca. 660–680), 1: † ὄντως Θεοῦ κελεύοντος, κῦρι Παπᾶς.

4 ἐπειδ̣ή: Das Wort leitet hier den eigentlichen Inhalt des Textes ein, wie es auch häufig in koptischen Papyri belegt ist, vgl. Förster, *WB*, s.v.; **489**, 1 und **495**, 2.

5 π̣έμψαι ἐνοχ̣λ̣ῶν αὐτῆς: Das Verb π̣έμψαι wird hier offenbar ohne die Nennung des Objekts absolut verwendet, vgl. LSJ, s.v. πέμπω I.4. Die Verwendung des Genitivs nach dem Verb ἐνοχλέω ist ungewöhnlich, da man einen Dativ erwarten würde: Ist dies ein Beleg dafür, dass der Genitiv die Funktion des Dativs annimmt, oder nur ein Versehen des Schreibers? Das Pronomen αὐτῆς bezieht sich wohl auf einen abstrakten Begriff zur Bezeichnung des Adressaten. Er wird zwar im Brief nicht mit einem Ehrenprädikat genannt, es kommt jedoch durchaus vor, dass der Adressat eines Schreibens sowohl mit einem abstrakten Begriff wie auch in der 2. Person Plural angesprochen wird, vgl. z.B. P.Oxy. XVI 1875 (Oxy., 6.–7. Jh.), 11–13: περὶ ὧν καὶ κατὰ πρόσωπο\ν/ | ὑπέσχετό μοι εἰρηκὼς τῇ ὑμετέρᾳ περιβλέπτῳ λαμπρότητι | ὡς ταῦτα ἀποκρότως ὑμῖν ἔχει δοθησόμενά μοι δι' ὑμῶν. Diese These kann auch dadurch Unterstützung gewinnen, dass der Schreiber den Adressaten sowohl in der 2. Person Singular wie auch Plural anspricht. Die Alternative, αὐτῆς auf καταβολή von Z. 2 zu beziehen, scheint inhaltlich sehr schwierig zu sein.

7 εἰς π̣λ̣ῆρ̣[ε]ς: Zum Ausdruck vgl. P.Apoll. 29 (Apoll., 2. Hälfte 7. Jh.), 6–7: ἀλλὰ εἰς | πλῆρες τούτους πέμψαι.

επ ̣[1–2] ̣ ̣ ̣ κ̣ ̣ ̣ ̣ ο̣ν: Am Anfang vielleicht ἐπε̣[ί] oder ἐπε̣[ιδ]ή? Der zweite Buchstabe nach dem mutmaßlichen κ könnte die Unterlänge eines ι oder ρ sein. Vielleicht betonte der Briefschreiber wieder die Dringlichkeit der Angelegenheit: „Da die Angelegenheit dringlich ist", *vel sim.*

8 ν ̣ ̣ ̣ ̣ ̣: Vielleicht να̣ῦ̣τ̣α̣ς? Falls dies zuträfe, sollte der Adressat die Seeleute wohl als Ersatz für die Steuerzahlung schicken.

9 διδομένο̣[υ]ς: Auch wenn die Klärung der Bedeutung des Wortes an dieser Stelle schwierig ist, scheint die Annahme eines Schreibfehlers für δεδεμένους zu gewagt zu sein, zumal der Verfasser des Briefes allgemein über eine gute Rechtschreibung verfügt.

ἐπαίρουσι: Vgl. SB XVI 12575, 10–13: καὶ μὰ τὸ ὄνομα τοῦ θ(εο)ῦ | ὥσδ' εἷς̣ ἐξ ὑμῶν μὴ πληρωσα̣ι (*l.* πληρώση) εἴ τι χρεωστεῖ, καὶ τὰ τέκνα | αὐτοῦ ἐπέρω (l. ἐπαίρω) καὶ τὴν γυναῖκαν (l. γυναῖκα) καὶ ὅλα τὰ πράγματα | αὐτοῦ; das Wort kommt im Kontext von Drohungen mehrfach in Briefen der arabischen Zeit vor, vgl. Federico Morelli im Komm. zu CPR XXX 22, 2.

11 [(καί)]: Das καί hätte vielleicht auch am Ende der letzten Zeile stehen können, wobei dort wohl nicht mehr genug Platz für die in dieser Zeit übliche sinusförmige Abkürzung (ϛ) vorhanden war.

. . αρχικ̣ό(ς): Die Lesung der ersten zwei Buchstaben ist nicht eindeutig. Man könnte an ἐ̣π̣αρχικ̣ό(ς) oder π̣α̣γ̣αρχικ̣ό(ς) denken, wobei keines der beiden Wörter paläographisch zu bevorzugen ist. Der erste Titel ἐπαρχικός ist mehrfach belegt, wobei seine Funktion – abgesehen von dem offensichtlichen Zusammenhang mit dem Titel ἔπαρχος – unklar bleibt, vgl. Gonis, *Loan*, bes. 187. Der Titel παγαρχικός ist hingegen nicht belegt und muss somit nur als eine Vermutung betrachtet werden: Es könnte eventuell ein Mitglied des Beamtenstabs des Pagarchen oder einfach seinen Agenten bezeichnen.

489. Brief bezüglich der Aussendung eines Diakons

P.Lips. Inv. 1041 V | B: 17,5 cm × H: 10,5 cm | 685–705 oder später

Hermopolites | Tafel I + XXIV

Dieser knappe Brief ist auf die Rückseite eines wiederverwendeten arabisch-griechischen Protokolls (**459**) geschrieben. Das Protokoll datiert in die Regierungszeit des Gouverneurs ʿAbd al-ʿAzīz b. Marwān und ergibt somit einen *terminus post quem* für den Brief. Der Absender informiert den unbekannten Adressaten, dass er den Diakon Phoibammon zum Ort des Ḥakīm schickte. Er (der Diakon?) fand ihn (Ḥakīm?) jedoch nicht in Schmun/Hermupolis, wo sich wohl auch der Ort des Ḥakīms – was auch immer damit genau gemeint ist – befand. Die letzten zwei Zeilen sind nur fragmentarisch erhalten, aber es scheint, dass der Adressat dem Diakon (?) einen Esel geben soll, solange Ḥakīm (?) nicht kommt. Schließlich wurde der Adressat wohl aufgefordert, dem Sender eine Antwort zu schicken. Interessant ist, dass ein Diakon zu jemandem, der einen arabischen Namen trägt, geschickt wird, wobei es unklar bleibt, wer Ḥakīm war – auch wenn die Annahme nahe liegt, dass es sich um einen muslimischen Beamten handelt. Die professionelle Schrift ist tendenziell bilinear und verwendet wenige Ligaturen, außer in griechischen Wörtern, die – wie häufig in dieser Zeit – nicht in einem koptischen Duktus, sondern in der griechischen Minuskel geschrieben wurden. Bemerkenswert ist, dass der Schreiber sowohl supralineare Striche wie auch Punkte verwendet.

Dunkelbrauner Papyrus, beschrieben mit schwarzer Tinte, in Z. 1–3 parallel zu, in Z. 4–5 entgegen dem Faserverlauf der Änderung der Faserrichtung des Protokolls auf der anderen Seite entsprechend. Abgesehen von einigen Löchern vollständig erhalten.

1 † ⲉⲡⲉⲓⲇⲏ ⲛ̅ⲧⲁⲧⲉⲭⲣⲉⲓⲁ ϣⲱⲡⲉ ⲁ̀ⲓⲧⲛⲟⲟⲩ̣
2 ⲡⲇⲓⲁⲕⲟ(ⲛⲟⲥ) ⲫⲟⲓⲃⲁⲙⲙⲱⲛ ⲉⲡⲙⲁ ⲛϩⲁⲕⲓⲙ.
3 ⲗⲟⲓⲡⲟⲛ ⲛ̇ⲡϥ̇ϭⲛⲧϥ̇ ϩⲛ ϣⲙⲟⲩⲛ. ⲧⲓ ⲡⲉⲕⲓⲟ̣
4 ⲛⲁϥ, ϣⲁⲛⲧϥⲃⲱⲕ̣ ⲛ . ϩ̣ . . . . [. .] . [.] . [. .] . [ca.7 ⲁ-]
5 ⲡⲟⲕⲣⲓⲥⲓⲥ ⲛⲁϊ. †

Rückseite:

6 *Tintenspuren* . . ε( ) [ca. 4–5] . . α . ιο̣[. .] . [.]αι̣ . [.] . [. . .]λ̣λο̣( )
7 *vac.* . . .

1 ἐπειδή, χρεία 3 διάκονος, ⲡⲇⲓⲁⲕ̸^{o} *pap.* 3 λοιπόν 4–5 ἀπόκρισις 6]λ̣λ^{o} *pap.*

„† Da es nötig war, habe ich den Diakon Phoibammon zum Ort des Ḥakīm geschickt. Des Weiteren hat er ihn nicht in Schmun gefunden. Gib ihm deinen Esel, bis er kommt… schick (?) mir eine Antwort. †“

Rückseite:

„…“

2 ⲛϩⲁⲕⲓⲙ: Der Name war m.W. bis jetzt weder in griechischen noch in koptischen Papyri belegt.

3 ⲡⲉⲕⲓⲟ̣: Oder ⲡⲉⲕⲓⲱ̣.

6–7: Die erhaltenen Buchstaben vermitteln den Eindruck, dass die Adresse – wie häufig in dieser Zeit – auf Griechisch geschrieben wurde. Eine koptische Adresse im Stil der Vorderseite, die stark an die zeitgenössische griechische Kursive erinnert, könnte auch in Frage kommen. Obwohl die Annahme nahe liegt, ist es nicht eindeutig zu entscheiden, ob die Adresse vom gleichen Schreiber geschrieben wurde wie der Text des eigentlichen Briefes.

490. Brief eines muslimischen Beamten

P.Heid. Inv. Kopt. 79 R — B: 11,5 cm × H: 9,5 cm — 1. Hälfte 8. Jh.

Hermopolites — Tafel XVII + XXIV

Überliefert ist hier die rechte obere Ecke eines Briefes von einem muslimischen Beamten namens Abū Ḍiyaʾ an einen gewissen Severos. Dieser Teil des Dokumentes wurde aus dem ursprünglichen Brief ausgeschnitten, um die griechische Steuerquittung **481** auf der Rückseite dieses Dokumentes aufzusetzen. Das Formular der Steuerquittung lässt auf eine Datierung in die erste Hälfte des 8. Jh. und eine hermopolitische Provenienz schließen. Ähnliche Dokumente sind v.a. aus Bawit bekannt, von wo auch viele Papyri der Heidelberger Papyrussammlung stammen: Dies ist jedoch *per se* kein stichhaltiges Argument, um den Papyrus dem Archiv des Apa Apollos-Klosters in Bawit zuzuweisen. Der Text stammt von einem professionellen Schreiber, wie es außer der geübten Handschrift auch die zur Interpunktion verwendeten Punkte deutlich zeigen.

Aus den überlieferten Zeilen entfaltet sich die folgende Situation: An Abū Ḍiyaʾ wurde von einem gewissen George, Sohn des Taurinos, der mit ihm allem Anschein nach – vielleicht als Funktionär – verbunden war, eine Bitte herangetragen, deren Inhalt nicht mehr überliefert ist. Offenbar infolge dieser bittet Abū Ḍiyaʾ den unbekannten Adressaten einen *logos* auszustellen. Es ist verlockend, dieses Dokument mit einem Schutzbrief, sog. ⲗⲟⲅⲟⲥ ⲙⲡⲛⲟⲩⲧⲉ, zu identifizieren. Diese Kategorie umfasst verschiedene Typen von Dokumenten: An dieser Stelle könnte der Terminus am ehesten die Zusicherung für einen Steuerflüchtling bezeichnen, dass er in sein Haus zurückkehren kann. Falls es sich in der Tat um einen Schutzbrief handelt, wäre dies das erste Beispiel dafür, dass ein muslimischer Beamter jemanden (womöglich sogar einen Christen) bittet, dieses Dokument auszustellen.[56] Zu den verschiedenen Typen der koptischen Schutzbriefe vgl. Delattre, *Les «lettres de protection»*, 173–174.

Mittelbrauner Papyrus, beschrieben mit schwarzer Tinte, auf der Vorderseite gegen den Faserverlauf, *transversa charta*, auf der Rückseite parallel dazu. Oben vollständig an den anderen Seiten gerade Schnittränder. Ca. 3,3–3,5 cm vom oberen Blattrand entfernt verläuft eine Kollesis. Das Dokument des Recto wurde für eine Zweitverwendung beschnitten. Die Rückseite enthält die Adresse des Briefes und – um 180° gedreht – ein griechisches Dokument, vgl. auch die Einleitung.

1 [ⲥ]ⲉⲩⲏⲣⲟⲥ. ⲧⲉⲓⲣⲏⲛⲏ ⲛⲁⲕ. ⲙⲛⲛⲥⲁ ⲛⲁⲓ

2 [ ]ⲉ ϩⲁϩⲧⲛ ⲟⲩⲣⲱⲙⲉ ⲉⲡⲱⲓ ⲡⲉ \ⲉⲡⲁⲧⲡⲟⲗⲓⲥ ⲡⲉ ϫⲉ ⲅⲉⲱⲣⲅⲉ ⲧⲁⲩⲣⲓⲛⲉ/

56 Eline Scheerlinck danke ich dafür, mich hierauf aufmerksam gemacht zu haben und auch für weitere wichtige Hinweise zu Schutzbriefen.

3 [т]ạϩо ерат϶· *vac.* а϶·аітеі ммоі етϭін-

4 [ ]ẹ[т]нанoγ϶ тетнесϩаі oγлoгoс на϶

5 [ ]тḥ . . [. .] . [ca.3] . [ca.6] . [.]ϫ̣ . .

- -

Rückseite:

6 // σὺν Θ(εῷ) Αβου Δεεια vac. [

1 εἰρήνη 2 πόλις 3 αἰτεῖν 5 λόγος 6 συν^{θ} *pap.*

„… an (?) Severos. Frieden mit Dir, und so weiter. … mit (?) einem Mann von mir – er ist von der Stadt: George, Sohn von (?) Taurine – … er/es wurde (auf)gestellt (?) … er hat mich gebeten … der/das (?) gut ist und schreibt ihm einen *logos* …“

Rückseite:

„// Mit Gott. Abū Ḍiyaʾ (an) …“

1: Man erwartet am Anfang der Zeile den Namen bzw. Titel des Absenders und eventuell eine Invokation, vgl. z.B. P.Ryl.Copt. 278 (Herm., 7.–8. Jh.) 1–2: † Φλ(άουιος) Μερ[κοῦρε σὺν θ(εῷ)] πάγαρχ(ος) δι᾿ ἐμοῦ Σευήρου | пе϶сϩаі [ннап]нγе. Manche Briefe von arabischen Beamten springen jedoch *in medias res*, vgl. z.B. P.Ryl.Copt. 346 (Hk. unbek. [wohl Herm.]; 8. Jh. [8.–9. Jh. ed.pr.]).

с]еγнрос: Severos könnte der Adressat oder – weniger wahrscheinlich – der Vermittler der Nachricht sein, vgl. das oben zitierte P.Ryl.Copt. 278.

теірнин нак. мннса наі: Diese Formel ist typisch in griechischen und koptischen Briefen, die von muslimischen Beamten geschickt wurden (vgl. z.B. PSI XV 1570 [Apoll., 652/667/682], 2: εἰρήνη ὑμῖν καὶ μετὰ ταῦτα) und ist eine Übersetzung der Grußformel (*salām ʿalay-ka)* und dem sog. „transitional element“ (*ammā baʿd*) der zeitgenössischen arabischen Briefe, vgl. Grob, *Arabic Letters*, 39–40. Die Übersetzungen von arabischen Formeln in griechischen und koptischen Briefen werden in Garosi, *Cross-Cultural Parameters* besprochen.

Es muss allerdings auch bemerkt werden, dass – auch wenn es sich in unserem Dokument sicherlich um eine Übersetzung aus dem Arabischen handelt – beide Formeln auch in koptischen Briefen zwischen Christen vorkommen. Die auf demotische Vorläufer zurückführbare Formel мннса наі bzw. мннсωс ist schon vor der arabischen Zeit als „Corpuseinleitung“

belegt, vgl. Biedenkopf-Ziehner, *Untersuchungen*, 32–33. Grußformeln mit εἰρήνη sind ebenfalls in großer Zahl in koptischen Briefen bezeugt, wobei es in diesem Fall nicht eindeutig ist, ob die Formel schon vor der arabischen Zeit vorkommt, vgl. Förster, *WB*, s.v. εἰρήνη. Grund dafür ist, dass zahlreiche Belege nur paläographisch in das 6.–7. Jh. datiert wurden und so die Entwicklung nicht klar nachvollziehbar ist. Weiterhin ist dazu zu bemerken, dass einerseits Grüße mit εἰρήνη in griechischen Papyri vor der arabischen Zeit m.W. nicht bezeugt sind, dieser Umstand andererseits allerdings nicht ausschließt, dass diese Grußformel in der koptischen Epistolographie doch schon in der byzantinischen Zeit verwendet wurde. Auch wenn diese wichtige Frage eine detaillierte Untersuchung erfordern würde, besitzt es schon aufgrund des jetzt verfügbaren Quellenmaterials einige Plausibilität, dass die Formel „Frieden mit Dir/Euch" entweder aufgrund des arabischen Einflusses in koptischen Briefen auftaucht oder – falls sie schon in der byzantinischen Zeit verwendet worden sein sollte – die arabische Konvention sie noch beliebter machte.

2 ϩⲁϩⲧⲛ: Die Bedeutung der Präposition ist in dem fragmentarischen Kontext unklar, Crum, *Dict.*, *s.v.* gibt 'below heart of', 'with, beside', 'from beside' an. Eventuell ist jemand mit dem genannten Mann unterwegs: Es wäre plausibel anzunehmen, dass er den Briefträger begleitete und der später genannte Schutzbrief für ihn ausgestellt werden sollte.

ⲅⲉⲱⲣⲅⲉ ⲧⲁⲩⲣⲓⲛⲉ: Wahrscheinlich handelt es sich nicht um einen Doppelnamen, sondern um die Angabe des Patronymikon ohne ein zusätzliches ⲡϣⲛ, wie es z.B. in Abrechnungen dieser Zeit üblich ist.

3 ⲧ]ⲁ̣ϩⲟ ⲉⲣⲁⲧϥ: Die Bedeutung des Verbes an dieser Stelle aufgrund des fragmentarischen Kontextes nicht zu erfassen. Es könnte sich z.B. auf eine Urkunde beziehen oder – wie Anne Boud'hors vorschlägt – auf das Erscheinen von jemandem, was in unserem Kontext plausibel wäre. Zu den Bedeutungen des Verbes vgl. Crum, *Dict.*, s.v. und Richter, *Rechtsemantik*^{2}, s.v.

3 ⲉⲧϭⲓⲛ: Die Interpretation dieses Wortes, das wohl in der nächsten Zeile endete, ist mir unklar: Es handelt sich wahrscheinlich um ein mit ϭⲓⲛ- gebildetes feminines Wort.

4]ⲉ̣[ⲧ]ⲛⲁⲛⲟⲩϥ: Vielleicht ⲁⲣⲓ ⲡ]ⲉ̣[ⲧ]ⲛⲁⲛⲟⲩϥ *vel sim.* „tue, was gut ist und…". Alternativ könnte sich der Ausdruck auf diejenige Person beziehen, für die der Schutzbrief ausgestellt werden sollte.

ⲧⲉⲧⲛⲉⲥϩⲁⲓ: Ich verstehe diese Form als eine Form des Konjunktivs (ⲧⲉⲧⲛⲉ- = ⲛⲧⲉⲧⲛⲉ- = ⲛⲧⲉⲧⲛ-) in der 2. Person Plural, vgl. Paul E. Kahle, P.Bal. I, S. 163–165 (VIII/140, bes. D und E). Eline Scheerlinck verdanke ich den Hinweis, dass für die Ausstellung eines Schutzbriefes i.d.R. das Verb ⲧⲓ verwendet wird, wobei ⲥϩⲁⲓ gelegentlich auch vorkommt, vgl. P.Laur. III 125 (Oxy. [?], 7. Jh.), 3: ⲁïⲥϩⲁï ⲡⲉⲓⲗⲟⲅⲟⲥ ⲛⲁⲕ.

6 Αβου Δεεια: Die Kunya Abū Ḍiya᾽ (أبو ضياء) war bis jetzt in Papyri nicht belegt. Für ähnliche Adressen aus der früharabischen Zeit s. P.Mich.Copt. 15 V (Bawit, 8. Jh.) mit Delattre, *Le monastère de Baouît*, 47: // σὺν θ(εῷ) ᾽Εβρα(ιμ) υἱὸ(ς) Ἀβδεραμαν Θεοδώρῳ ἀπὸ Τιτκώ(εως) oder P.Ryl.Copt. 346 V (Hk. unbek., 8. Jh.) v: // σὺν θ(εῷ) Ισζεμ υἱὸ(ς) Βηλαλ *vac.* Σευήρῳ Βάνου //.

491. Brief an einen *amīr*

P.Heid. Inv. Kopt. 707 | B: 8,2 cm × H: 7,6 cm | 8. Jh.
Hermopolites | Tafel XXV

Es handelt sich hier um den mittleren Teil eines Briefes an einen *amīr*. Der Inhalt ist nicht mehr zu rekonstruieren, doch eine Person aus dem Dorf Terot Hale wird erwähnt. Eventuell geht es darum, dass er geflüchtet ist und in „sein Haus“ (Z. 4) zurückkehren will/solle.

Dunkelbrauner Papyrus, beschrieben mit schwarzer Tinte, *transversa charta*. Oben ist der Text vollständig, aber der obere Rand ist entlang einer Faltung abgebrochen. Unten vollständig, links entlang einer Faltung gerade gebrochen, rechts jedoch unregelmäßig. Fünf horizontale und drei vertikale Faltungen. Die Rückseite enthält die Adresse.

1 [ ] ⲧⲓⲣⲏⲛⲏ ⲛⲏⲧⲛ ⲉⲃⲟⲗ ϩⲓ̣[ⲧⲛ ⲡⲛⲟⲩⲧⲉ
2 [ⲣ]ⲱⲙ ⲧⲉⲣⲱⲧ ϩⲁⲗⲉ̣ ϫⲉⲛ̣ⲁⲙⲟⲩⲛ[
3 [ ]ⲱϥ ⲛⲡⲙⲁ . [ca. 5] . . [.] . [
4 [ ] . ⲃ̣ ⲡϥⲏⲓ̈ ϩⲓⲧ[ⲛ

Rückseite:
5 [(um 180° gedreht) εὐ]κλε(εστάτῳ) ἀμιρᾷ [

1 εἰρήνη 5]κλ^{ε} αμιρ^{α} *pap.*

„… Frieden mit Euch durch Gott … ein Mann/eine Frau aus Terot Hale … der Ort … sein Haus …“

Rückseite:
„… dem hochberühmten *amīr* …“

1] ⲧⲓⲣⲏⲛⲏ ⲛⲏⲧⲛ ⲉⲃⲟⲗ ϩⲓ̣[ⲧⲛ ⲡⲛⲟⲩⲧⲉ: Zur Ergänzung vgl. P.Lond.Copt. I 1165 (Herm., wohl 7.–8. Jh.), 2: ⲧⲉⲣⲏⲛⲉ ⲛⲁⲕ ⲉⲃⲟⲗ ϩⲓⲧⲛ ⲡⲛⲟⲩⲧⲉ.

2 ⲧⲉⲣⲱⲧ ϩⲁⲗⲉ: Dieses Toponym (TM Geo 10572) war bis jetzt nur einmal in P.Ryl.Copt. 196 (Herm., 1. Hälfte 8. Jh.) belegt und könnte eventuell mit dem griechischen Τερτογκ( ) identisch sein, vgl. Drew-Bear, *Le nom Hermopolite*, 291 und Walter E. Crum, P.Ryl.Copt. 196, S. 99/bes. Anm. 8.

ϫⲉⲛ̣ⲁⲙⲟⲩⲛ[: Die Deutung dieser Stelle ist mir unklar. ϫⲉ ⲛ̣ⲁⲙⲟⲩⲛ[oder ϫⲉⲛ̣ ⲁⲙⲟⲩⲛ[?

492–494. Dokumente aus dem Logisterion von Hermupolis

492–494 können sowohl anhand der charakteristischen Schrift, einer Art von „Protominuskel", die von Jean Gascou in P.Sorb. II 69, S. 13–15 ausführlich beschrieben wurde, wie auch anhand ihres Inhalts dem λογιστήριον von Hermupolis zugeordnet werden. Roger Rémondon fasste in der Einleitung zu P.Apoll. 47 die Tätigkeit des Logisterions folgendermaßen zusammen: „Le λογιστήριον ... est le bureau des comptes de la cité, et très probablement de la pagarchie ... Ses attributions sont l'enregistrement des achats, ventes ou transferts de propriété, c'est-à-dire la surveillance et la mise à jour du cadastre ... la tenue des comptes, la centralisation locale des produits de la perception ... l'ordonnancement de dépenses locales". Der Amtsbezirk des λογιστήριον wurde in benannte μερίδες aufgeteilt. Für die einzelnen μερίδες waren die διαστολεῖς verantwortlich, wobei ein διαστολεύς auch mehrere μερίδες verwalten konnte. Die Tätigkeit dieser Beamten wurde von dem βοηθός des λογιστήριον koordiniert. Ferner sind Funktionäre mit dem Titel λογογράφος bekannt, die mit verschiedenen Verwaltungsaufgaben vertraut waren. Die genaue Unterteilung der Aufgabenbereiche dieser Funktionäre bleibt unklar, Ewa Wipszycka bemerkt zurecht: „Il est impossible d'établir avec précision quel étaient les champs d'action des fonctionnaires ... Il serait probablement vain d'insister dans cette direction. Les fonctionnaires d'un même bureau se partageaient sans doute le travail comme cela leur était commode, au jour le jour".[57] Die Organisation des δημόσιον λογιστήριον von Hermupolis wurde von Ewa Wipszycka in groben Zügen vorgestellt, aber eine detaillierte Untersuchung zu dieser, u.a. durch P.Sorb. II 69 sehr gut belegten Institution liegt noch nicht vor, vgl. Wipszycka, *Les reçus*. Die Rolle der Beamten des λογιστήριον in den Quittungen der ὑποδέκται ἐπὶ τόπων Μαύρων wurde von Bernhard Palme in CPR XXIV, S. 38–53 behandelt, und Nikolaos Gonis zeichnete ein klares Bild von der Laufbahn des bekanntesten Beamten des Büros, Flavius Magistor, vgl. Gonis, *Recent News*.

57 Wipszycka, *loc.cit.* 109–114, Zitat: 114.

492. Steuerquittung

P.Heid. Inv. G 262 B: 17,3 cm × H: 7,2 cm 7. Jh. (byzantinische Zeit)
Hermopolites Tafel XXV

In der vorliegenden Quittung bestätigt Theodoros, διαστολεύς, dem Diakon Abba Ioannes, dass er von ihm „für die Erben des Anubion aus Temseu Skordon" eine Teilzahlung für die δημόσια (Landsteuer) erhalten hat. Der Diakon bezahlt an dieser Stelle wahrscheinlich nicht für einen kirchlichen Besitz, sondern als Privatmann. Mit dem Ausdruck „die Erben des Anubion" ist gemeint, dass das Steuerkonto auf den Namen eines womöglich schon seit langem verstorbenen Anubion registriert war. Zwei Quittungen sind bekannt, die nach demselben Formular ausgestellt wurden wie unsere: P.Flor. III 351 (Herm., 6.–7. Jh.) und P.Ryl. IV 707 (Herm., 6.–7. Jh.).[58] Ein διαστολεύς namens Theodoros war bis jetzt nicht belegt.

Vollständiger, hellbrauner Papyrus, beschrieben mit schwarzer Tinte, auf der Vorderseite entgegen, auf der Rückseite parallel zur Faserrichtung. Oberer Rand leicht abgerieben. Eine vertikale Faltung ist klar zu erkennen.

1 † τῷ εὐλ(αβεστάτῳ) ἀββᾷ Ἰωάννου διακό(νῳ) Θεό̣δωρ̣ος σὺ̣ν Θ(ε)ῷ δ̣ια̣σ̣τολε̣(ύς).

2 ἔσχ(ον) ἀπὸ δημοσί(ων) ἑβδόμης ἰνδ(ικτίωνος) ἀπὸ κ(ερατίων) α ϛ χρυσοῦ κερατίου

3 ἥμισυ τέταρτ(ον), γί(νεται) κ(ερατίου) ϛ δʹ ὑπ(ὲρ) κλ(ηρονόμων) Ἀνουβί(ωνος) ἀπὸ Τεμσευ Σκορδ(ων).

4 Θεόδωρος σὺν Θ(ε)ῷ διαστολε(ὺς) συμ(φωνῶ). † *Signatur*

Rückseite:

5 (2. H.) ἀπόδειξ(ις) Θεοδώρου διαστολέ(ως). †

1 ευλ *pap.*, *l.* Ἰωάννῃ, διακ° *pap.*, σ̣υ̣ν̣θ̣†ωδ̣ια̣σ̣τολ *pap.* 2 εσχ *pap.*, δημοσι *pap.*, ϊνδ *pap.*, κ *pap.* 3 τεταρτ γιк *pap.*, ὑκλανουβι *pap.*, σκορδ *pap.* 4 συνθ†ωδιαστολ συμ† *pap.* 5 αποδειξθεοδωρ διαστολ *pap.*

„† An den gottesfürchtigsten Abba Ioannes, Diakon, Theodoros, mit Gott Steuerinspektor. Ich habe erhalten von der öffentlichen Steuer der siebten Indiktion von 1 ½ Keratien an Gold, einen

58 Die Provenienz des Dokuments wurde bis jetzt nicht bestimmt, die Parallelität des Formulars spricht jedoch eindeutig dafür, dass dieses Dokument genauso aus dem Logisterion von Hermupolis stammt.

halben und ein Viertel, macht ½ ¼ Keratien, für die Erben des Anubion von Temseu Skordon. Ich, Theodoros, mit Gott Steuerinspektor, stimme zu. † *Signatur*"

Rückseite:

„Quittung des Steuerinspektors, Theodoros. †"

1 σ̣ὺ̣ν̣ Θ̣(ε)ῷ̣: Auf dem Papyrus folgt dem Theta ein kleines über die Zeile geschriebenes Kreuz, genauso wie in Z. 4. Solche Kreuze kommen auch auf P.Berl.Cohen 20 (Herm., 612–613/627–628), 8, 21, 27 vor (vgl. Tafel 20 und die Neuedition in Gonis, *loc.cit.* 131–133, wo die Kreuze nicht kommentiert werden). Das Kreuz ist hier wohl ein Teil der Formel σὺν Θεῷ̣.
2–3 ἀπὸ κ(ερατίων) α ϛ χρυσοῦ κερατίου | ἥμισυ τέταρτ(ον): In den zwei Paralleldokumenten machen die Zahlungen drei (P.Ryl. IV 707) bzw. sechs (P.Flor. III 351) Keratia aus.
3 Τεμσευ Σκορδ(ων): Zu dem sehr gut dokumentierten Dorf vgl. Drew-Bear, *Le nome Hermopolite*, 278–279 und auch P.Lond.Herm.
† *Signatur*: Es ist nicht eindeutig, ob auch schon die von mir als Kreuz gelesene Schrift zu den tachygraphischen Zeichen gehört. Die Lesung συμφ(ωνῶ) vor dem Zeichen scheint unwahrscheinlich zu sein, da an der rechten Hälfte des μ ein Abkürzungsstrich zu sehen ist. Da das letzte Zeichen am Ende der Zeile einem θ ähnelt, könnte man auch ϘΘ (99 als bekannte isopsephische Entsprechung von ἀμήν) als Lesung nach συμ(φωνῶ) erwägen: M.E. ist es jedoch unmöglich, vor dem mutmaßlichen θ ein Ϙ zu entziffern.

493–494. Buchungsbescheinigungen

493–494 stammen aus dem Logisterion von Hermupolis, wie dem charakteristischen Schriftbild und dem Formular zu entnehmen ist. Bereits von Ewa Wipszycka, *Les reçus* wurde erkannt, dass die Dokumente mit diesem Formular Buchungsbescheinigungen und keine Quittungen sind: „Les documents du Musée de Berlin publiés dans cet article ne sont des quittances qu'en apparence. Ce sont des extraits des comptes conservés au bureau de la pagarchie. Pour des raisons qui nous resteront inconnues, des gens ont eu besoin d'avoir un document attestant qu'ils avaient payé des impôts. Ils se sont adressés, pour l'obtenir, aux fonctionnaires du δημόσιον λογιστήριον, qui (moyennant un payement, soyons-en sûrs) sont allés chercher dans les actes les données nécessaires.“ Ferner bemerkte sie zu SB XII 10904–10905 (beide: Herm., 6.–7. Jh.), die genau dasselbe Formular aufweisen wie unsere Papyri: „Dans le cas des P. Berl. inv. 11845 et 11873 nous avons affaire à des extraits de listes d'un autre type, où tout payement était classé par ὀνόματα.“ [59]

Unsere beiden Dokumente betreffen das Steuerkonto (ὄνομα) eines gewissen Lamon, Sohn des Sarapion.[60] Im ersten Papyrus werden Zahlungen für *annona* und *canonica*, im zweiten nur für *annona* erwähnt. Die bezahlten Summen sind in beiden Dokumenten 1 ¹/₂ Siliquae, die gleiche Summe ist in der unteren Buchungsbescheinigung auf CPR VII 29 (Herm., 608–609/623–624), 5–7 belegt. Die ersten zwei Bescheinigungen auf P.Berl.Cohen 20[61] (Herm., 612–613/627–628) belegen beide die vergleichbare Summe 1 ¹/₂ und ¹/₄ Siliquae (= 1 und ¾ Siliquae). Das erste Dokument wird von dem *diastoleus* Phoibammon ausgestellt, bei dem zweiten ist der Name des Beamten nicht lesbar.

Die zwei Dokumente können anhand der Schrift in das späte 6. oder frühe 7. Jh. datiert werden. Ferner ist der in **493** erwähnte διαστολεύς Phoibammon sehr wahrscheinlich mit dem Phoibammon von P.Lond. V 1758 (612–613 [?])[62] identisch. Falls dies zuträfe, können alle Texte von Phoibammon in das frühe 7. Jh. datiert werden (vgl. auch den Komm. zu **493**, 2–3). Demgemäß können die Datierungen der Dokumente (anhand der in ihnen erwähnten Indiktionen) innerhalb von drei Indiktionszyklen vermutet werden: In dem von 612–613 und dem jeweils vorigen bzw. folgenden. Die Datierung von **493** bestimmt jedoch auch die von **494**, da

59 Wipszycka, *Les reçus*, 115.

60 Zu den ὀνόματα vgl. auch Jean Gascou, P.Sorb. II 69, S. 30–32.

61 Vgl. die Neuedition in Gonis, *Recent News*, 131–133.

62 Vgl. MacCoull, *Korr. Tyche*.

beide Bescheinigungen für dieselbe Person ausgestellt wurden. Dementsprechend kämen für **493** die Jahre 600/601; 615/616; 630/631 und für **494** 604/605; 619/620 und 634/635 in Frage. Problematisch bleibt jedoch, dass man nicht unbedingt davon ausgehen muss, dass die Buchungsbescheinigungen in demselben Jahr ausgegeben wurden, in dem die in ihnen verzeichneten Steuerraten bezahlt wurden. Wegen dieser Probleme können die beiden Papyri nicht genauer als in das frühe 7. Jh. datiert werden.

Bemerkenswert ist noch, dass die Dokumente aufeinanderfolgende Inventarnummern in der Heidelberger Papyrussammlung tragen. Dem Inventar der Sammlung nach wurden beide Papyri von Reinhardt 1897 erworben.

493. Buchungsbescheinigung

P.Heid. Inv. G 281 | B: 30 cm × H: 5 cm | Frühes 7. Jh.
Hermopolites | Tafel XXVI

Mittelbrauner Papyrus beschrieben mit schwarzer Tinte, auf der Vorderseite entgegen dem Faserverlauf, *transversa charta*, auf der Rückseite parallel dazu. Das Papyrusblatt ist leicht zerlöchert und abgerieben, besonders an der rechten Seite. Die Tintenreste am oberen Blattrand gehören zu einer früheren Beschriftung: Dies zeigt besonders der vom oberen Blattrand kommende Strich zwischen den Wörtern δ̣ημο̣σ̣ί(ων) ἀννωṿῶṿ.

1 † δέδωκεν ὀν(όματος) Λάμων Σαραπ̣ί̣[ω]ṿος δ(ιὰ) ̣ [ca. 2] ̣ ̣ εἰς λόγοṿ δ̣ημο̣σ̣ί(ων)
ἀννωṿῶṿ
2 καὶ κανονικ(ῶν) τετάρτης ἰνδ(ικτίωνος) χρυσοῦ κε̣ρ̣(άτια) ἓν ἥμ̣ισυ γί̣(νεται) κ̣ε̣ρ̣(άτια) α̣ ϛ.
† Φ̣οιβά̣μ̣μ̣ω̣ν
3 διαστολεὺς συμφ(ωνῶ). *Signatur*

Rückseite:
4 (2. H. ?) † Λάμων Σαραπ̣ί̣ων *vac.* κ(εράτια) α ϛ

1 ον̅ *pap.*, δ̸ *pap.*, δ̣ημο̣σ̣ι̸ *pap.*, 2 κανονικ̸ *pap.*, ινδ̸ *pap.*, κε̣ρ̸̣ *pap.*, γ̣ι̣κε̣ρ̸̣ *pap.* 3 συμφ̸ *pap.* 4 *l.* Σαραπίωνος, κ̸ *pap.*

„† Es wurden für das Steuerkonto ‚Lamon, Sohn des Sarapion', durch … auf das Konto der öffentlichen Steuer der *annona* und *canonica* der vierten Indiktion eineinhalb Goldkeratia abgeliefert, macht 1 ½ Goldkeratia † Ich, Phoibammon, *diastoleus*, stimme zu. *Signatur.*"

Rückseite:
„† Lamon, Sohn des Sarapion, 1 ½ Keratia."

1 δέδωκεν ὀν(όματος): Diese aus grammatikalischer Sicht problematische Formel habe ich an dieser Stelle passivisch übersetzt. Zum Ausdruck vgl. Brinley R. Rees im Komm. zu P.Herm. 41, 1 und Herwig Maehler im Komm. zu BGU XVII 2710, 1.
2–3 Φ̣οιβά̣μ̣μ̣ω̣ν διαστολεύς: Vier weitere Buchungsbescheinigungen werden von einem Φοιβάμμων διαστολεύς ausgestellt: P.Lond. III 1310 (Herm., 7. Jh.); P.Lond. V 1740 (Herm.,

7. Jh.); P.Lond. V 1758 (Herm., 612–613 [?]); SB XX 14458 (Herm., 7. Jh.).[63] Das einschlägige Formular der Texte macht die Annahme plausibel, dass in allen Dokumenten derselbe Beamte erwähnt wird. Im Steuerkodex P.Lond.Copt. 1077 (Herm., 611–613 [?]), der ebenfalls aus dem Logisterion von Hermupolis stammt, schrieb unser Phoibammon die Überschriften und die Summen, wie die publizierten Abbildungen zeigen.[64] Falls die Datierung von P.Lond.Copt. 1077 auf 611–613 zutrifft, könnte man die Dokumente von Phoibammon auch auf den Indiktionszyklus dieser – oder der vorigen oder nachfolgenden – Jahre datieren. Ferner teilt mir Jean Gascou dankenswerterweise mit, dass mehrere Dokumente aus der British Library, deren Publikation von ihm und Nikolaos Gonis vorbereitet wird, ebenfalls einen διαστολεύς namens Phoibammon belegen.

63 Die Provenienz des Dokuments wurde bis jetzt nicht bestimmt, m.E. ist jedoch die Parallelität des Formulars ausreichend, um zu behaupten, dass dieser Text genauso aus dem Umfeld des Logisterions von Hermupolis kommt.

64 Vgl. die vollständige Publikation in MacCoull, *Taxes*, zu Phoibammon vgl. S. 388 und vgl. z.B. die Tafel von Fol. 6→.

494. Buchungsbescheinigung

P.Heid. Inv. G 282 B: 31 cm × H: 4,5 cm Frühes 7. Jh.

Hermopolites Tafel XXVII

Mittelbrauner Papyrus beschrieben mit schwarzer Tinte, *transversa charta*, auf der Vorderseite entgegen, auf der Rückseite parallel zum Faserverlauf. Das Papyrusblatt ist leicht zerlöchert und abgerieben, besonders an dem linken unteren Blattrand. Eine vertikale Faltung ist in der Mitte des Papyrusblattes klar zu erkennen.

1 ☧

2 δέδωκεν ὀν(όματος) Λάμων Σαραπίωνος δ(ιὰ) Καλλινίκου εἰς λό̣γ̣ο(ν) δημοσί(ων)
ἀννων(ῶν) ὀγδόης ἰνδ(ικτίωνος) χρυσοῦ κεράτιον ἓν ἥμισυ

3 γ̣ί̣(νεται) κ̣[(εράτια) α ς.] †̣ . . [.] . . [.] . . [διαστο]λ̣ε̣ὺ̣ς̣ συμφ(ωνῶ).

Rückseite:

4 (2. H.?) Λ̣ά̣μ̣ω̣ν̣ Σ̣[αραπίωνος ca. ?] †̣

2 ον̄ *pap.*, δ̸ *pap.*, λο̣γ̣̊δημοσ̸ιαννων̄ *pap.*, ϊνδ̸ *pap.*, κερατιον *corr. ex* κερατιου, *l.* κεράτια 3 γ̣ι̣ *pap.*, συμφ̸ *pap.*

„☧ Es wurden für das Steuerkonto ‚Lamon, Sohn des Sarapion', durch Kallinikos auf das Konto der öffentlichen Steuer der *annona* der achten Indiktion eineinhalb Goldkeratia abgeliefert, macht 1 $^1/_2$ Goldkeratia. † Ich … Steuerinspektor (*diastoleus*), stimme zu."

Rückseite:

„Lamon, Sohn des Sarapion … †"

2 δέδωκεν ὀν(όματος): Zu diesem Ausdruck vgl. den Komm. zu **493**, 1.

3 Die Tintenreste in der Mitte der Zeile sind unklar: Sie erlauben keine Lesung eines Namens, Phoibammon würde aufgrund seiner Länge jedoch ungefähr passen.

4 Die Oberfläche des Papyrusblattes ist sehr abgerieben, die tentative Lesung stützt sich auf die Rückseite von **493**. Man könnte z.B. Λ̣ά̣μ̣ω̣ν̣ Σ̣[αραπίωνος *vac.* κ(εράτια) α ς] †̣ ergänzen.

495–499. Dokumente aus dem Apa Apollos-Kloster in Bawit

Die hier vorgelegten Papyri stammen aus dem Apa Apollos-Kloster in Bawit, einem der wichtigsten monastischen Zentren des spätantiken Ägypten. Seiner Dokumentation wurde in den letzten ca. 20 Jahren große Aufmerksamkeit in der Papyrologie zuteil: Die zahlreichen publizierten und noch zahlreicheren unpublizierten Dokumente beleuchten zusammen mit dem reichen archäologischen, epigraphischen und literarischen Material v.a. die Wirtschaft und Verwaltung des Klosters im 6.–8. Jh. Für eine einführende Zusammenfassung vgl. die Einleitung von Alain Delattre in P.Brux.Bawit; für einen rezenten Überblick über das bis jetzt veröffentlichte Material aus dem Kloster vgl. den Anhang vom gleichen Autor in P.Louvre Bawit. Von den hier vorgelegten Dokumenten ist es nur bei bei **496** – trotz hoher Wahrscheinlichkeit – nicht ganz sicher, dass es aus Bawit stammt, vgl. die Einleitung zum Dokument. Die ebenfalls in diesem Band veröffentlichten Papyri **477–478, 481** und **490** könnten vielleicht auch aus dem Kloster stammen, vgl. die Einleitungen dieser Dokumente.

495. Schuldurkunde

B14479 B: 15,3 cm × H: 22,2 cm 8. Jh.
Bawit Tafel XXVIII + XXIX

Die rechte Hälfte einer Schuldurkunde, welche im Text als ἀσφάλεια bezeichnet wird, ist hier überliefert. Kalimachos, ein Mönch aus dem Apa Apollos-Kloster in Bawit, erkennt gegenüber einem Mitmönch an, dass er von ihm einen Solidus für seine Steuerzahlung erhalten habe und dass er bereit sei, ihn zurückzugeben. Zwei ähnliche Dokumente – unter Laien – sind aus dem Fayyum des 8. Jh. bekannt: CPR IV 62 und CPR IV 64. Das Formular des letzteren ist die engste Parallele zu unserem Text, vgl. den Zeilenkommentar. Urkunden aus Bawit weisen des Öfteren Ähnlichkeiten mit Dokumenten aus dem Fayyum auf, vgl. dazu Delattre 2004, 389, bes. Anm. 16. Für die Formulare von koptischen Schuldurkunden vgl. allgemein Satzinger, *ⲕⲁⲑⲁⲣⲱⲥ ⲕⲁⲓ ⲁⲡⲟⲕⲣⲟⲧⲱⲥ*, für Bawit Delattre, *Un contrat*, 388–389 und *idem*, P.Brux.Bawit, S. 243–249.

Unser Dokument ist der erste eindeutige Nachweis aus Bawit, dass der Grund mancher Darlehen unter Mönchen – wie von der Forschung vermutet – die Bezahlung der Steuer war. Die Summe von einem Solidus passt sehr gut zu den üblichen Summen der Steuerzahlungen, vgl. P.Brux.Bawit, S. 252. Die geübte, quadrilineare Hand, welche viele Elemente der zeitgenössischen griechischen Minuskel aufgreift, kann in das 8. Jahrhundert datiert werden. Der Text wurde durchgehend – einschließlich der Zeugenunterschriften – von einem einzigen Schreiber geschrieben. Die Rekonstruktion der Zeilenlängen basiert auf Z. 7, welche eindeutig zu ergänzen ist, vgl. den Komm. *ad locum*. Die Zahl der in einer Zeile geschriebenen Buchstaben variiert allerdings je nach Größe der Buchstaben, was auch in dem erhaltenen Teil zu beobachten ist. Demgemäß sind die Ergänzungen zwar oft wahrscheinlich, aber nicht immer eindeutig.

Es handelt sich um eine moderne Kollage, vgl. oben S. 15–16. Ediert wird hier die klar erkennbare rechte Seite des Papyrus. Die linke Seite ist aus Fragmenten anderer, ungefähr zeitgenössischer griechischer und koptischer Dokumente zusammengebastelt. Aus restauratorischen Gründen wurde die Kollage nicht auseinandergenommen. Die Fragmente auf der linken Seite des Papyrus wurden auf der Rückseite mit kleinen Streifen an den hier veröffentlichten Teil geklebt. Die Ergänzungen der linken Hälfte der Zeilen (vgl. unten Komm. zu Z. 6–8) lassen vermuten, dass ungefähr die Hälfte des Dokumentes erhalten ist. Da dieser Teil der Schuldurkunde 8,6 cm breit ist, kann vermutet werden, dass das Dokument ursprünglich ca. 17–18 cm breit war. Erhalten ist die rechte Hälfte eines hellbraunen Papyrusblattes beschrieben mit schwarzer Tinte, *transversa charta*. Oben, rechts und unten ist der Text vollständig. Auf der Rückseite befindet sich der Dorsalvermerk.

1 [† ⲁⲛⲟⲕ ⲡⲁⲥⲟⲛ ⲕⲁⲗⲓⲙⲁⲭ]ⲉ ⲡⲙⲟⲛⲁⲭ(ⲟⲥ) ⲛⲡⲙⲟⲛ(ⲁⲥ)ⲧ(ⲏⲣⲓⲟⲛ) ⲛⲫⲁⲅⲓⲟⲥ ⲁⲡⲁ ⲁⲡⲟⲗⲗⲱ̣
2 [ⲉⲓⲥϩⲁⲓ ⲙⲡⲁⲥⲟⲛ *Name* ⲡⲙⲟⲛⲁ]ⲭ̣(ⲟⲥ) ⲛⲡⲉⲓⲙⲟⲛ(ⲁⲥ)ⲧ(ⲏⲣⲓⲟⲛ) ⲛⲟⲩⲱⲧ ϫⲉ ⲉⲡⲉⲓⲇⲏ

3 [ ] ⲁⲕϫⲓ ⲟⲩϩⲟⲗⲟⲕ(ⲟ)ⲧ(ⲧⲓⲛⲟⲥ) ⲛⲁϊ ⲁϊ-

4 [ⲧⲁⲁϥ ⲉⲡϣⲱⲙ ⲛ]ⲧⲓⲣⲟⲙⲡⲉ ⲧⲁⲓ ἑνδηκ(ά)τ(ης) ἰνδ(ικτίωνος) ϊ.

5 [ⲧⲉⲛⲟⲩ ⲟⲩⲛ ϩⲙ ⲡⲟⲩⲱ]ϣ ⲛⲡⲛⲟⲩⲧⲉ ϯϣⲟⲟⲡ ⲛ-

6 [ϩⲉⲧⲟⲓⲙⲟⲥ ⲧⲁⲧⲁⲁϥ ⲡⲉⲛⲧ]ⲁϥⲉⲓ ⲉϩⲏⲧ ⲉⲡϣⲱⲙ ⲉⲓⲱⲣ-

7 [ⲕ ⲙⲡⲛⲟⲩⲧⲉ ⲡⲡⲁⲛⲧⲟⲕⲣⲁ]ⲧⲱⲣ ⲧⲁⲣⲓⲣⲟⲉⲓⲥ ⲧⲁϩⲁⲣⲉϩ

8 [(ⲛⲁⲕ) ⲡⲣⲟⲥ ⲧϭⲟⲙ ⲛⲧⲓⲁⲥⲫⲁⲗⲉⲓ]ⲁ̣ ⲛ̣ⲑⲏ ⲉⲥⲥⲏϩ ⲙⲟⲥ. †

9 [ ] †

10 [† ⲁⲛⲟⲕ ϯⲟ ⲛ]ⲙⲉⲧⲣⲉ. †

11 [† ⲁⲛⲟⲕ ϯⲟ ⲛ]ⲙⲉⲧⲣⲉ. †

Rückseite:

12 → † ⲧⲁⲥⲫⲁⲗⲉⲓⲁ ⲛⲕⲁⲗⲓⲙ[ⲁⲭⲉ

1, 2 μοναχός, μοναστήριον 1 ἅγιος, ⲙⲟⲛⲁ^ⲭ ⲡⲙⲟⲛ ⲋ^ⲧ *pap.* 2 ἐπειδή,]^ⲭ ⲛⲡⲉⲓⲙⲟⲛ ⲋ^ⲧ *pap.* 3 ὁλοκόττινος, ⲟⲩϩⲟⲗⲟⲕ̸^ⲧ *pap.* 4 *l.* ἐνδεκάτης, ενδηκ̸^τ ιν^δ ϊ *pap.* 5 οὖν 6 ἕτοιμος 7 παντοκράτωρ 12 ἀσφάλεια

„† Ich, der Bruder Kalimache, Mönch des heiligen Klosters des Apa Apollos, schreibe an den Bruder N.N., Mönch des gleichen Klosters: … du hast mir einen Holokottinos gebracht, ich habe ihn gegeben … (für die Steuer?) dieses elften Jahres der elften Indiktion, der 10.[65] Nun also bin ich bereit – so Gott will –, das dir zu geben, was ich erhalten habe für die Steuer, und ich schwöre bei Gott, dem Allmächtigen, dass ich (die Vereinbarung) bewahre und einhalte entsprechend der Geltungskraft dieser Sicherheitsurkunde wie sie geschrieben ist. † … † † Ich … bin Zeuge. † † Ich … bin Zeuge. †"

Rückseite:

„† Sicherheitsurkunde des Kalimache … "

1 ⲕⲁⲗⲓⲙⲁⲭ]ⲉ: Der Name ist anhand des Dorsalvermerks rekonstruiert: Es handelt sich um eine koptische Variante des griechischen Kallimachos. Der Name Kallimachos (TM Nam 3523) ist zwar selten, aber dennoch im spätantiken Ägypten belegt, vgl. z.B. SB XVIII 13758 (Herm., Anfang 7. Jh.), 17.

2–4 ϫⲉ ⲉⲡⲉⲓⲇⲏ ‖[…] ⲁⲕϫⲓ ⲟⲩϩⲟⲗⲟⲕ(ⲟ)ⲧ(ⲧⲓⲛⲟⲥ) ⲛⲁϊ ⲁϊ‖[ⲧⲁⲁϥ ⲉⲡϣⲱⲙ … ⲛ]ⲧⲓⲣⲟⲙⲡⲉ ⲧⲁⲓ ἑνδηκ(ά)τ(ης) ἰνδ(ικτίωνος) ϊ: Vgl. CPR IV 64, 4–5: ϫⲉ ϩⲉⲓⲧ ⲁⲛⲭⲣ̣ⲓ̣ⲁ̣ ⲙ̣ⲁⲕ ⲁⲕ̣ⲡ[̣]ⲧ ϩⲁ ⲧⲁⲡ̣ⲓ̣[

65 Es ist wohl das 11. Jahr gemeint, vgl. Komm. zu Z. 4.

.]ϥ̣.ιⲁ̣ ⲉⲧⲉ ⲙⲡⲉϥ|ⲧⲟⲩ ⲛϩⲟⲩⲧⲉⲛ ⲁⲕϫⲓ (νόμισμα) α κδ´ⲁⲕ[ϫⲓ]ⲧⲥ ⲁⲕⲧⲉⲓⲥ̣ ⲛⲉⲛ ⲁⲛⲧⲉⲓⲧⲟⲩ ⲡⲉⲛⲧⲉⲙⲟ̣[66]. Demnach könnte man den Anfang von Z. 2 folgendermaßen ergänzen: ⲁⲓⲣ ⲭⲣⲉⲓⲁ ⲙⲙⲟⲕ. Zu den einleitenden Formeln dieser Urkunden vgl. Delattre, *Un contrat*, 389. Die Ergänzung von ⲉⲡϣⲱⲙ in Z. 4 basiert auf Z. 6.

4 [ⲉⲡϣⲱⲙ ... ⲛ]ⲧⲓⲣⲟⲙⲉ ⲧⲁⲓ: Dem Wort ⲉⲡϣⲱⲙ folgte vielleicht eine Spezifizierung der Steuerart. Eine Form von δημόσιον oder διάγραφον würde z.B. passen.

ἐνδηκ(ά)τ(ης) ἰνδ(ικτίωνος) ϊ: Der Schreiber hat wohl vergessen ein α zur Ziffer hinzuzufügen. Für eine ähnliche Doppelangabe des Indiktionsjahres vgl. CPR IV 211 (7. Jh.), 3: ⲛⲧⲓⲣⲟⲙⲡ̣ⲉ̣ ⲧⲁⲓ ϩⲉⲛⲁⲧⲏ̣ⲥ ⲓⲛⲇ(ⲓⲕⲧⲓⲟⲛⲟⲥ) ⲑ [.

5 [ⲧⲉⲛⲟⲩ ⲟⲩⲛ ϩⲙ ⲙⲡⲟⲩⲱ]ϣ ⲡⲟⲩⲱ]ϣ ⲧⲓϣⲟⲟⲡ ⲛ|[ϩⲉⲧⲟⲓⲙⲟⲥ ⲧⲁⲧⲁⲁϥ ⲡⲉⲛⲧ]ⲁϥⲉⲓ: Zur Ergänzung vgl. die Formulare in Alain Delattre, P.Brux.Bawit, S. 246.

6–8: ⲉⲓⲱⲣ|[ⲕ ... ⲙⲟⲥ †: Nur diejenigen Schuldurkunden aus Bawit enthalten Eide, die Geschäfte von Mönchen untereinander dokumentieren. Die Formel ⲉⲓⲱⲣⲕ ⲙⲡⲛⲟⲩⲧⲉ ⲡⲡⲁⲛⲧⲟⲕⲣⲁⲧⲱⲣ ⲙⲛ ⲡⲉⲩϫⲁⲓ ⲛⲛⲉⲧⲁⲣⲭⲉⲓ ⲉϫⲱⲛ ist im Kloster üblicher, vgl. Alain Delattre, P.Brux.Bawit, S. 247. In Z. 7 könnte man auch ⲉⲡⲣⲁⲛ vor ⲙⲡⲛⲟⲩⲧⲉ ergänzen, aber diese Formel ist wesentlich seltener, als das bloße ⲙⲡⲛⲟⲩⲧⲉ ⲡⲡⲁⲛⲧⲟⲕⲣⲁⲧⲱⲣ. Anhand dieser Ergänzung ist zu vermuten, dass an der linken Seite ungefähr 18–23 Buchstaben fehlen. Zur Ergänzung von Z. 8 vgl. P.Mon.Apollo 42 (Bawit, 7. oder 8. Jh.), 10–12: ⲉⲓ̈ⲱⲣⲕ ⲡⲉⲣⲁⲛ ⲡⲛⲟⲩⲧ[ⲉ ⲡⲡⲁⲛ]|ⲧⲱⲕⲣⲁⲧ[ⲱⲣ ⲧⲁⲣ]ⲉ[ⲓ ...][67] | ⲉⲙⲟⲕ ⲡⲟⲥ ⲑⲉ ⲉⲥⲏϩ ⲛ[ⲙⲟⲥ], CPR IV 30 (Hk. unbek., 8. Jh.), 10–11: ⲉⲓⲱⲣⲕ ⲛⲡⲛⲟⲩⲧⲉ ⲡⲁⲛⲧⲟⲕⲣⲁⲧⲱⲣ ⲧⲁϩⲁⲣϩ | ⲡⲣⲟⲥ ⲧϭⲟⲙ ⲉⲧⲓⲡⲣⲁⲥⲓⲥ † und CPR IV 76 (Herm., 7. Jh.), 9–10: [ⲉⲓⲱⲣⲕ ⲙⲡⲛⲟⲩⲧⲉ ⲧⲁϩⲁⲣⲉϩ] | ⲡⲣⲟⲥ ⲧϭⲟⲙ ⲛⲧⲉⲓⲁⲥⲫⲁⲗⲉⲓⲁ. Die Ergänzung von ⲛⲁⲕ ist nicht notwendig, passt aber zur vermuteten Länge der Lücke.

9: Diese Zeile enthielt wahrscheinlich die Zustimmung des Kalimachos oder die Datierung der Urkunde, vgl. Alain Delattre, P.Brux.Bawit, 247–248.

10–11: In den Schuldurkunden aus Bawit sind meistens zwei Zeugen zu finden. Da es sich um ein Dokument unter Mönchen des Klosters handelt, waren die Zeugen wahrscheinlich ebenfalls aus dem Kloster, vgl. Alain Delattre, P.Brux.Bawit, S. 247.

66 Gemeint ist eine Form von δημόσιον, vgl. Walter C. Tills Kommentar *ad locum* in der *ed. pr.*

67 Möglich sind ⲣⲟⲉⲓⲥ, ⲫⲩⲗⲁⲥⲥⲉ und ϩⲁⲣⲉϩ, vgl. Sarah Clacksons Komm. *ad locum*.

496. Brief von Athanasios an den Archimandriten Apa Petros

P.Mich. Inv. 3566 — B: 18 cm × H: 7,8 cm — 7.–8. Jh.
Bawit (?) — Tafel XXX

Es handelt sich um die linke Hälfte eines Briefes von einem gewissen Athanasios an den Archimandriten Apa Petros. Der Sender beklagt sich darüber, dass der Adressat irgendetwas (Pl.) nicht geschickt hat, obwohl er schon das dritte Mal schreibt. Der Soldat des *dux* (Statthalter der Provinz) ist involviert: Offenbar drängt er auf die Erfüllung einer Leistung, die Apa Petros schuldet. Sowohl der Kontext wie auch parallele Dokumente (z.B. P.Mich.Kopt. 14, vgl. Anm. zu Z. 3) weisen auf ein klösterliches Milieu hin. Ferner sind in dem Umfeld der Inventarnummer von **496** zahlreiche (meist unpublizierte) Dokumente aus Bawit zu finden, was auf eine Provenienz aus dem dortigen Apa Apollos-Kloster deutet. Der Text wurde von einem professionellen Schreiber in einer quadrilinearen kursiven Schrift geschrieben.

Hellbrauner Papyrus beschrieben mit schwarzer Tinte *transversa charta*. Rechts unvollständig: Der Papyrus ist wohl entlang der vertikalen Faltung, die den Papyrus halbierte, gebrochen. Links oben fehlt ein kleines Viereck von 1,7 × 2,8 cm. Zwei vertikale und fünf horizontale Faltungen. Spärliche Reste einer früheren, weggewaschenen, ebenfalls koptischen Beschriftung sind an mehreren Stellen zu erkennen, am deutlichsten unter den Wörtern ⲛⲡⲉⲛϫⲟⲉⲓⲥ ⲡⲉⲩⲕⲗⲉ(ⲉⲥⲧⲁⲧⲟⲥ) in Z. 3.

1 [†] ⲁⲓⲉⲣ ϣⲡⲏⲣⲉ ⲛ̇ⲧⲕⲙⲉⲧⲙⲁⲓⲛⲟⲩⲧⲉ ⲛ̇ⲉⲓⲱⲧ ⲛ̇ⲡⲉⲕⲧⲛⲟⲟⲩ ⲡ ̣ ̣[
2 ⲛ̇ⲙⲁⲓⲛⲟⲩⲧⲉ ϯⲁϩ ⲙⲏⲙⲁ ⲙⲛ ϯⲁϩ ⲁⲡⲟⲗⲗⲱ ⲉⲧⲧⲓⲡⲑⲉⲣⲓⲛ̣ [
3 ϫⲉ ⲡⲙⲁⲧⲟⲓ ⲛⲡⲉⲛϫⲟⲉⲓⲥ ⲡⲉⲩⲕⲗⲉ(ⲉⲥⲧⲁⲧⲟⲥ) ⲛⲇⲟⲩⲝ ϩⲁϩⲧⲏⲓ̈ ⲧⲉⲛⲟⲩ̣ [
4 ⲛ̇ⲥⲟⲟⲩⲧⲛ̄ ⲁⲩⲱ̇ ⲉⲓⲥ ⲡⲙⲉϩϣⲟⲙⲉⲧ ⲛ̇ⲥⲟⲡ ⲉⲓⲁⲥϩⲁⲓ ⲛⲏⲧⲛ̇ [
5 ⲛ̇ⲡⲉⲕⲧⲛⲟⲟⲩⲥⲟⲩ ⲗⲟⲓⲡⲟⲛ ⲉϣⲱⲡⲉ ⲡϩⲱϥ ⲙⲟⲧⲛ̄ ϩⲓⲧⲛⲟⲟ̣[

6] *vac.* ⲁⲡⲁ ⲡⲉⲧⲣⲟⲥ ⲡⲁⲣⲭ(ⲓ)ⲙⲁⲛⲇ(ⲣⲓⲧⲏⲥ) † ⲁⲑⲁⲛⲁⲥⲓⲟⲥ [
vac.
7 *Tachygraphie*

2 διφθέριν (?) 3 ⲡⲉⲩⲕⲗ̸^{ⲉ} *pap.*, εὐκλεέστατος δούξ 5 λοιπόν 6 ⲡⲁⲣ^{ⲭ}ⲙⲁⲛ^{ⲇ} *pap.*, ἀρχιμανδρίτης

„† Ich habe mich gewundert über Eure gottliebende Vaterheit, dass du die … nicht geschickt hast … den gottliebenden Herrn Menas (?) und den Herrn Apollo zum (?) Pergamentregister (?) … da der Soldat unseres ruhmreichsten Herren, des Dux, bei mir ist. Jetzt … sofort, und siehe, dass ist das dritte Mal, dass ich euch schreibe … du hast sie nicht geschickt. Also wenn die Sache ruht/einfach ist …“

Rückseite:
„… Apa Petros, dem Archimandriten † Athanasios …“

1 ⲡ̣ ̣ [: Man könnte eventuell – wie Esther Garel mich dankenswerterweise darauf Aufmerksam gemacht hat – die Abkürzung für νομίσμα (ein ν mit einem hochgestellten ο) und darauf folgend eine Ziffer (vielleicht ι?) lesen. In diesem Fall hätte der Adressat eine Geldsumme nicht geschickt.
2 ⲉⲧⲧⲓⲡⲑⲉⲣⲓⲛ: Das Wort διφθέριν weist hier wohl auf eine Art von Register hin, vgl. John R. Reas Komm. zu P.Oxy. LV 3804, 239 und Panagiota Sarischouli im Komm. zu P.Berl.Sarisch. 18, 6.
ⲙⲏⲙⲁ: Die Lesung ist eindeutig, der Schreiber hat aber wohl den Namen Menas gemeint.
3 ⲡⲉⲩⲕⲗⲉ(ⲉⲥⲧⲁⲧⲟⲥ) ⲛⲇⲟⲩⲝ: Ein *dux* wird in einem anderen zeitgenössischen koptischen Brief aus Bawit erwähnt, vgl. P.Mich.Copt. 14 mit Delattre, *Une lettre,* 87–95. Delattre las in der Neuedition von P.Mich.Copt.14 ⲡⲉⲕⲗ^{o}/ als das Ehrenprädikat des Dux in Z. 2. Im Kommentar (S. 93) macht er jedoch selbst darauf aufmerksam, dass dies eine ungewöhnliche Abkürzung für εὐκλεέστατος ist. In der Tat kann man auf der publizierten Abbildung ⲡⲉⲕⲗ^{ⲧ} lesen, was den Abkürzungsprinzipien dieser Zeit entspricht, vgl. die gleiche Abkürzung in SB I 4635 (Ars., 7. Jh.), 3.
5 ϩⲓⲧⲛⲟⲟ̣[: Die Interpretation dieser Stelle ist schwierig. Das zweite ⲟ könnte man auch als den linken Teil eines ⲁ interpretieren. Auf jeden Fall ergeben die letzten zwei Buchstaben mit der Präposition ϩⲓⲧⲛ eine problematische Folge. Anne Boud’hors erwägt ϩⲓ ⲧⲛⲟⲟ̣[ⲩ zu lesen, wobei – wie sie betont – das apodotische ϩⲓ v.a. im fayyumischen Dialekt belegt ist.
6: In der nicht mehr erhaltenen linken Hälfte der Adresse waren wohl nach einer kurzen Angabe – wie ‚gib (diesen Brief)‘ (ⲧⲁⲁⲥ) – die Ehrentitel des Apa Petros geschrieben. Ein Archimandrit namens Petros war, soweit ich es sehen kann, in der Dokumentation von Bawit nicht belegt, vgl. auch die Liste von Sarah Clackson in P.Mon.Apollo, S. 28. P.Bawit Clackson 22, 1 belegt einen προεστώς namens Petre: Es könnte sich um die gleiche Person handeln, wobei der genaue Unterschied zwischen den beiden Funktionen unklar bleibt, vgl. Alain Delattre in P.Brux.Bawit, S. 66–67.

497. Steuerquittung

P.Heid. Inv. G 1034 B: 15,7 cm × H: 5 cm Mitte 7. Jh. (arabische Zeit)

Bawit (Hermopolites) Tafel XXXI

Im Dokument wird die Zahlung von 69 Siliquae quittiert, welche durch den Mönch Petros für die zweite Steuerzahlung geleistet wurde. Diese wurde für „das Wasserschöpfwerk der Antonia“, das im Dorf Demetriu lag und offenbar zu den Besitzen des Apa Apollos-Klosters gehörte, getätigt. Petros war wahrscheinlich für die Verwaltung des Wasserschöpfwerkes und der benachbarten, in der Nähe des Dorfes Demetriu liegenden Ländereien verantwortlich. Er musste wohl deshalb die auf das Land anfallenden Steuern für das Kloster bezahlen. Der Aussteller der Quittung, „der geringste Pinutios/on“, war wahrscheinlich ein für die Eintreibung der dem Klosterland auferlegten Landsteuer zuständiger Mönch.

Die geübte Hand deutet auf die Mitte des 7. Jh. hin und weist eine große Ähnlichkeit mit der Schrift des Dokumentes SB XVI 12266 auf, welches eine vergleichbare Struktur zeigt und ebenfalls aus dem Apa Apollos-Kloster stammt. Da die letztere Quittung den Parallelen nach sehr wahrscheinlich schon aus der arabischen Zeit stammt, datiert wohl auch unser Dokument in diese Periode, vgl. die Ausführungen von Gascou, *Documents grecs*, 222–223. Zwei weitere Urkunden zeigen eine vergleichbare Struktur: P.Lond. III 1095 A und B (beide: Herm., 7. Jh. [arabische Zeit]).

Vollständiger, mittelbrauner Papyrus mit geraden Schnitträndern, beschrieben mit schwarzer Tinte, gegen die Faserrichtung, *transversa charta*. Das Dokument ist abgesehen von neun kleinen Löchern vollständig erhalten. Die Position und Form der Löcher deuten auf drei horizontale und zwei vertikale Faltungen hin. Die Rückseite ist unbeschriftet. Am unteren Blattrand, sowie am rechten Rand und auf der Rückseite sind Tintenspuren zu sehen, die vielleicht von einer früheren Beschriftung stammen.

1 † κώμ(ης) Δημετρί[ο]υ πέμτης ἰνδ(ικτίωνος) β καταβο̣λ(ῆς) (ὑπὲρ) μο(ναστηρίου)
Ἀββ<ᾶ> Ἀπολλῶτ(ος)·

2 δ(ιὰ) ὀ̣ργά(νου) Ἀντωνίας δ(ιὰ) Πέτρου μονάζ(οντος) κερ(άτια) ἑξήκοντα ἐνέα,

3 γί(νεται) κ(εράτια) ξθ. ἐγρ(άφη) Μεχιρ η ἰνδ(ικτίωνος) ε. † δι’ ἐμοῦ Π̣ινουτί( )
ἐλ(α)χ(ίστου) ἐγρ(άφη) στοιχ(εῖ). †

1 κωμ̀ *pap.*, *l.* Δημητρί[ο]υ, *l.* πέμπτης, ινδ *pap.*, καταβο̣λ *pap.*, ϒ μ°αββαπολλ^τω *pap.* 2 δ *pap.*, ο̣ρ^α γ *pap.*, δ *pap.*, δ: δ *corr. ex* α̣, μοναζκερ *pap.*, *l.* ἐννέα 3 γικ *pap.*, ξθ: θ *corr.*, εγρ *pap.*, *l.* Μεχειρ, ινδ *pap.*, π̣ινουτιελ^χεγρστοιχ *pap.*

„† (Bezüglich) des Dorfes Demetriou, der fünften Indiktion und der 2. Steuerzahlung, für das Kloster des Abba Apollos: Durch das Wasserschöpfwerk der Antonia, durch Petros, den Mönch, neunundsechzig Siliquae, macht 69 Siliquae. Es wurde geschrieben am 8. Mecheir der 5. Indiktion. † Durch mich, Pinuti-, den geringsten, wurde es geschrieben, und ich bin einverstanden. †“

1 Δημετρί[ο]υ: Das im südlichen Teil des hermopolitischen Gaues liegende Dorf – ursprünglich wohl ἐποίκιον, Weiler, eines gewissen Demetrios – ist im 1.–2. und 6.–7. Jh. belegt, vgl. Drew-Bear, *Le nome Hermopolite*, 90. Das Dorf taucht auch in zwei anderen Dokumenten im Zusammenhang mit dem Apa Apollos-Kloster in Bawit auf: P.Sta.Xyla 6 (Herm., 6. Jh.) und P.Sta.Xyla 10 (Herm., 543).
Ἀββ<ᾶ> Ἀπολλῶτ(ος): Das Auslassen des zweiten α ist durch eine Haplographie zu erklären. Über dem hochgestellten τ ist noch ein runder Tintenfleck zu sehen. Es handelt sich wahrscheinlich um Reste der früheren Beschriftung, vgl. die Beschreibung. Alternativ könnte man einen unbeabsichtigten Tintenfleck oder vielleicht ein o vermuten. Im letzteren – eher unwahrscheinlichen – Fall könnte man Ἀπολλῶτο(ς) lesen.
2 δι(ὰ) ο̣ργά(νου) Ἀντωνίας: Von dem Omikron ist nur noch ein kleiner Fleck zu sehen. Die m.E. einzige inhaltlich akzeptable alternative Lesung, ε̣ργα(τῶν), entfällt aus paläographischen Gründen: Von der oberen Hälfte des Epsilons sollte in diesem Fall noch etwas zu sehen sein. Dieses Wasserschöpfwerk war bis jetzt nicht belegt. Die Präposition διά ist unerwartet, aber ihre Verwendung könnte wohl mit der Perspektive des Steuereintreibers erklärt werden: Die Zahlung erfolgte durch „Antonias Wasserschöpfwerk“, das wohl zusammen mit den Ländereien, die in seiner Nähe lagen, eine Steuereinheit bildete. Vgl. auch das an das Apa Apollos-Kloster adressierte *entagion*, SB VI 9144 (Herm., 7.–8. Jh.), 4 mit Berkes, *Dorfverwaltung*, 254, wo in einem unklaren Kontext ἀπὸ ὀργά(νου) Ἑλένη[ς] erwähnt wird.
3 Μεχιρ η: Der 2./3. Februar.
Π̣ινουτί( ): Die linke Hälfte des oberen Teils des Minuskel-π fehlt, was an die alternative Lesung Σινουτί(ου) denken ließe. Der vorangehende Kringel nach dem υ und vor dem mutmaßlichen σ wäre in diesem Fall jedoch nicht zu erklären, und die Schreibweise Σινουτί(ου) wäre ebenfalls ungewöhnlich. So kommen für den Namen zwei Auflösungen in Frage: Π̣ινουτί(ου) und Π̣ινουτί(ωνος). Im 6.–7. Jh. ist der Name Pinution viel häufiger. Da aber Pinutios auch noch in Texten des späten 6. Jh. belegt ist (vgl. BGU XVII 2685 [Herm., 585], 7), kann der Name nicht eindeutig bestimmt werden. Dokumente der ersten Hälfte des 8. Jh. aus dem Apa Apollos-Kloster belegen einen Schreiber namens Pinution, der aber aus chronologischen Gründen nicht mit dem Schreiber dieses Dokumentes identisch sein kann. Zu diesem Pinution vgl. Nikolaos Gonis im Komm. zu P.Clackson 36, 3.

498. Brief an einen Klostervorsteher (?)

P.Mich. Inv. 3980f R B: 19 cm × H: 6,8 cm 7. Jh.

Bawit Tafel XXXI

Erhalten ist die linke untere Hälfte eines wohl an einen Klostervorsteher des Apa Apollos-Klosters in Bawit gerichteten Briefes. Dieser Teil wurde aus dem ursprünglichen Brief herausgeschnitten, um auf der Rückseite eine Anweisung (**499**) im Namen eines/des Klostervorstehers auszustellen, die sich eindeutig der Dokumentation der Klosterverwaltung in Bawit zuordnen lässt. Der Absender scheint einerseits nicht zwangsläufig zum Kloster zu gehören, da er „Eure Mönche" erwähnt, andererseits weist der Wortlaut darauf hin, dass er mit dem Klostervorsteher nicht auf Augenhöhe kommuniziert, was auf einen Untergebenen schließen lassen könnte. Die Handschrift weist auf das nicht zu späte 7. Jh. hin, vergleichbare Hände lassen sich im Senuthios-Archiv (z.B. CPR XXX) finden.

Dunkelbrauner, vollständiger Papyrus, beschrieben mit schwarzer Tinte *transversa charta*. Links und unten vollständig, oben und rechts mehr oder weniger gerade Schnittränder. Zur Wiederverwendung vgl. die Einleitung.

\- -

1 *Buchstabenreste* [

2 ἔλαβον δὲ κἀγὼ ἐκ τῶν ὑμ[ε]τέρων μοναζόντων ̣ [

3 παρακ[α]λῶ ἀόκνως κελεῦσέ μοι διὰ τιμίω̣ν αὐτῆ̣ς [γραμμάτων

4 † [

2 *l.* κελεῦσαι

„... ich erhielt aber von euren Mönchen ebenfalls ... ich bitte (Eure Herrschaft o.ä.), mir ohne Zögern durch Ihren werten Brief zu befehlen ...†"

2: Zum Wortlaut vgl. SB VI 9395 (Ars., 6. Jh.), 4: τίνος χρία (*l.* χρεία), ἀόκνως κελε[ύ]ιν (*l.* κελεύειν) ἡμῖν καταξιώσατα (l. καταξιώσατε).

3 αὐτῆ̣ς: Das Pronomen bezieht sich auf einen abstrakten Begriff (z.B. „Eure Heiligkeit/Herrschaft"), der für den Adressaten verwendet wird. Dieser folgt – inkongruent – auf die Ansprache in der 2. Person Plural in Z. 2, vgl. den Komm. zu **488**, 5.

499. Anweisung des Klostervorstehers

P.Mich. Inv. 3980f V — B: 19 cm × H: 6,8 cm — 7. Jh.

Bawit — Tafel XXXI

Erhalten ist eine sog. ⲡⲉⲛⲉⲓⲱⲧ ⲡⲉⲧⲥϩⲁⲓ-Anweisung von dem Klostervorsteher des Apa Apollos-Klosters in Bawit an Apa Petre, den *oikonomos*, Verwalter des Klosters. Dieser sollte sechs *lakote* Wein und zwei *laka* Fischsoße an die Bewohner von Pouan Neschoos „gemäß der Gewohnheit“ aushändigen. Der Text wurde auf die Rückseite eines Papyrusblattes geschrieben, das aus einem wohl an einen Klostervorsteher gerichteten griechischen Brief (**498**) ausgeschnitten wurde. Man kann vermuten, dass dieser Brief im gleichen Büro, in dem er eingegangen ist, wiederverwendet wurde. Ein weiteres ⲡⲉⲛⲉⲓⲱⲧ ⲡⲉⲧⲥϩⲁⲓ-Dokument, P.Bawit Clackson 24, ist ebenfalls an Apa Petre, den *oikonomos*, gerichtet: Er soll einen gewissen Ammonios, der die *aparche* eintreiben soll, mit Kleidung versehen. Jenes Dokument ist in einer anderen Hand geschrieben als **499** und auch von Theodoros signiert. Da es in die zwölfte Indiktion datiert, wurde es wohl drei Jahre vor unserer Anweisung ausgestellt. Es fällt auf, dass weder eine Unterschrift noch ein Siegel das Dokument authentifizieren. War eventuell ein Siegel rechts unten am Papyrus befestigt, wo jetzt nur ein rundes Loch zu sehen ist? Zu den ⲡⲉⲛⲉⲓⲱⲧ ⲡⲉⲧⲥϩⲁⲓ–Anweisungen vgl. die rezente Zusammenfassung von Gesa Schenke in P.Köln ägypt. II, S. 7–14.

Dunkelbrauner, vollständiger Papyrus, beschrieben mit schwarzer Tinte parallel zu den Fasern. Zur Wiederverwendung vgl. die Einleitung.

1 ⳨

2 † ⲡⲉⲛⲉϊⲱⲧ ⲡⲉⲧⲥϩⲁϊ ⲙⲡϥϣⲏⲣⲉ ⲁⲡⲁ ⲡⲉⲧⲣⲉ

3 ⲡⲟⲓⲕ(ⲟⲛⲟⲙⲟⲥ) ϫⲉ ⲧⲓ ⲥⲟ ⲛⲗⲁⲕⲟⲧⲉ ⲛⲏⲣⲡ ⲙⲛ ⲗⲁⲕⲟⲛ

4 ⲥⲛⲁⲩ ⲛϫϊⲣ ⲛⲉⲣⲱⲙ ⲡⲟⲩⲁⲛ ⲛⲉϣⲟⲟⲥ

5 ⲡⲣⲟⲥ ⲧⲥ̣ⲩ̣ⲛⲏⲑ̣ⲓⲁ. μ(ηνὸς) Φ(α)ω(φι) κδ ἰνδ(ικτίωνος) ιε. †

3 ⲡⲟⲓⲕ/ *pap.*, οἰκονόμος 5 συνήθεια, μʹΦ̸κδιν^{δ}ϊε *pap.*

„† (koptisch:) Der Vater ist es, der an seinen Sohn, Apa Petre, den *oikonomos*, schreibt: Gib sechs *lakote* Wein und zwei *laka* Fischsoße an die Männer von Pouanneschoos gemäß der Gewohnheit. (griechisch:) Am 24. des Monats Phaophi der 15. Indiktion. †“

3 ⲛⲗⲁⲕⲟⲧⲉ … ⲗⲁⲕⲟⲛ: Die Fragen nach der Größe der durch diese zwei Termini beschriebenen Maße und nach einer eventuellen etymologischen Verwandtschaft der beiden Begriffe sind problematisch. Unser Text zeigt jedoch klar, dass es sich bei den beiden Termini trotz des ähnlichen Klanges um verschiedene Flüssigmaße handelt. Ein *lakote* entspricht in verschiedenen Papyri 1 oder 4 κνίδια. Ein κνίδιον entsprach ca. 3–5 ξέσται (1 ξέστης bzw. *sextarius* = 0,546 l): Somit kann man die Größe des *lakote* auf ca. 1,638 (1 Lakote = 1 κνίδιον = 3 ξέσται) – 10,92 (1 Lakote = 4 κνίδιον = 20 ξέσται) Liter schätzen. Die Größe des *lakon* ist noch problematischer: Belege aus der ptolemäischen Zeit könnten auf einen Umfang von 2 ξέσται hindeuten (= 1,092 l). Zu diesen zwei Maßeinheiten vgl. Herwig Maehler im Komm. zu BGU XII 2179, 7 und bes. Worp, *Coptic Containers*, 553–564.

4 ⲛϫⲓ̈ⲣ: Es handelt sich um die beliebte Fischsoße der Antike, das *garum*, welches auch in Bawit mehrfach belegt ist, vgl. Berkes, *Neue Papyri*, 400–401.

ⲡⲟⲩⲁⲛⲛⲉϣⲟⲟⲥ: Dies ist der koptische Name des auf Griechisch als Ποαμπιμῆνις bekannten Dorfes ("Bleibe der Hirten"; TM Geo 2949), das von 153 bis in die arabische Zeit belegt ist. Die Siedlung lag im Norden des Hermopolites in der Patre Ano Toparchie, vgl. Drew-Bear, *Le nome Hermopolite*, s.v. Ποαμπιμῆνις. Es muss relativ weit, ca. 30–35 km von Bawit, entfernt gelegen sein. Vgl. auch den Komm. zu **466**, 18.

5 ⲡⲣⲟⲥ ⲧⲥ̣ⲩⲛⲏⲑ̣ⲓⲁ: Dieser Ausdruck ist mehrfach in koptischen Dokumenten belegt, vgl. Förster, *WB*, s.v. συνήθεια.

5 Φ(α)ω(φι) κδ: Der 24 Phaophi ist der 21. oder 22. Oktober.

500–501. Beamte namens ʿAbd Allāh b. Saʿd/Asʿad im Fayyum des 8. Jh.[68]

500–501 erwähnen muslimische Beamte mit einem ähnlichen, wohl identischen, Namen, die im Fayyum des 8. Jh. tätig waren. Die koptische Quittung **500**, die womöglich aus Narmuthis stammt (s. unten), wird von einer Dorfgemeinschaft an den *lehmeb* ʿAbd Allāh b. Saʿd (hier ⲁ̣ⲃⲇⲉⲗⲗⲁ υἱὸ̣(ς) ⲥⲁⲇ)[69] adressiert, der für die Kopfsteuer von gewissen Arbeitern verantwortlich zu sein scheint. Da die genaue Bedeutung des Titels *lehmeb* bei der heutigen Quellenlage unklar bleibt,[70] ist auch nicht zu sagen, auf welcher Ebene dieser ʿAbd Allāh b. Saʿd tätig war. **501** listet die Steuerzahlungen aus dem Steuerbezirk eines gewissen ʿAbd Allāh b. Saʿd (μέρου(ς) Αβδελλα υἱο(ῦ) Σααδ) auf. Alle Dörfer, die in der Liste erhalten sind, befinden sich im südwestlichen Teil des Fayyums, im ehemaligen *Themistu meris*.

Ferner kennen wir das Archiv eines gewissen ʿAbd Allāh b. Asʿad, das von Petra Sijpesteijn publiziert und monographisch behandelt wurde (P.MuslimState). Da es sich hier nur um einen phonetischen Unterschied eines Alifs handelt, könnte man sich fragen, ob dies nur eine Konsequenz der Transkription ins Griechische ist und es sich bei Saʿd und Asʿad um den gleichen Namen handelt.[71] Das Archiv hat ʿAbd Allāh b. Asʿads Verwaltungskorrespondenz erhalten, der zu entnehmen ist, dass er ungefähr 730–750 für einen Steuerbezirk (*ḥayyiz*=μέρος)[72] im Südwesten des Fayyums verantwortlich war, der Teile der ehemaligen Polemonos und Themistou *merides* umfasste, wobei sein Hauptquartier wohl in Narmuthis lag.[73] Eine weitere griechische Abrechnung, P.CtYBR inv. 379,[74] berichtet über Steuerzahlungen eines muslimischen Beamten, der eventuell mit einem der vorher genannten Personen identisch sein könnte. In der Überschrift liest man: μ̣έ̣ρ̣ο̣υ̣ς Αβδελλα̣ . . . σ . δ. Man erwartet nach Αβδελλα̣ auf jeden Fall υἱο(ῦ) und den Vatersnamen: Da die Oberfläche des Papyrus an dieser Stelle stark abgerieben ist, kann hier aber kaum Klarheit gewonnen werden. Wie im Komm. *ad locum* der

68 Eine vorläufige Version dieses Exkurses wurde am 3. 8. 2016 auf dem 28th International Congress of Papyrology in Barcelona mit dem Titel *Which Abd Allāh? Prosopographic Problems across Greek, Coptic and Arabic Papyri from the Fayum* vorgestellt. Die Problematik wurde kurz auch schon in Berkes–Haug, *Villages*, 200 angerissen.

69 Ich gehe davon aus, dass ⲥⲁⲇ eine verkürzte Version der Transkription Σααδ ist.

70 Vgl. Garel, *Titres*, 208–210.

71 Ich danke Lucian Reinfandt, dass er mich darauf aufmerksam gemacht hat.

72 Vgl. die Einleitung von **501**.

73 Sijpesteijn, *Shaping a Muslim State*, 131–151.

74 Publiziert in Berkes–Haug, *Villages*, Nr. I.

Edition besprochen, könnten die Spuren sowohl Αβδελλα̣ υ̣ἱ̣ο̣(ῦ) Α̣σα̣δ als auch Αβδελλα̣ υ̣ἱ̣ο̣(ῦ) Σα̣δ erlauben.

Es ist auffällig, dass die drei Dokumente, die Bezirke auflisten, alle Toponyme aus dem südwestlichen Fayyum zeigen, wobei es keine Übereinstimmungen gibt. **501** erwähnt Ampeliu, Andreu, Magaeid, Muei, Perkethaut, Naleu und Psetera, während P.CtYBR inv. 379 Aphaniu, Armature, Eter, Theagenis, Theaxenis Kome, Theaxenis Usia, Ibion, Kerkesiphis, Kerkesucha Orus, Kerkethoeris, Narmuthis, Tali und Teptynis nennt. Wie schon erwähnt, lag das Hauptquartier des aus P.MuslimState bekannten ʿAbd Allāh bin Asʿad wohl in Narmuthis, was darauf hinweisen könnte, dass es sich in P.CtYBR inv. 379 in der Tat um seinen Bezirk und seine Person handelt.

Im Fall von **500** kann aus dem Text nicht auf die Provenienz des Dokumentes geschlossen werden, doch die Erwerbungsgeschichte, kombiniert mit anderen Faktoren, könnte auf eine Herkunft aus Narmuthis hindeuten. Dieses Dokument (P.Mich.inv. 5577a) gehört zu einer Gruppe von Papyri (P.Mich.inv. 5555–5578), die 1928–1929 durch die University of Michigan erworben wurden und welche u.a. mehrere Dokumente aus dem arabischen Archiv von ʿAbd Allāh b. Asʿad enthalten.[75] Ferner sind in dieser Gruppe mehrere unpublizierte koptische Abrechnungen des 7.–8. Jh. zu finden,[76] welche in der gleichen charakteristischen Hand geschrieben wurden, wie das Ostrakon P.Poethke 26, das nachweislich aus den Grabungen von Narmuthis (Medinet Madi) 1909–1910 stammt. Dies verstärkt die Hypothese weiter, dass ⲁ̣ⲃⲇⲉⲗⲗⲁ υἱὸ̣(ς) ⲥⲁⲇ von **500** und ʿAbd Allāh bin Asʿad von P.MuslimState identisch sind.

Man könnte also erwägen, dass es sich in allen Dokumenten um die gleiche Person handelt, wobei Asʿad und Saʿad in der Tat denselben Namen darstellen würden. In diesem Fall wäre es irritierend, dass die Bezirke von **501** und P.CtYBR inv. 379 geographisch nicht übereinstimmen, was aber dadurch erklärt werden könnte, dass ʿAbd Allāh b. Asʿad während seiner Karriere für verschiedene Bezirke im Fayyum zuständig war.

Eine andere, sehr minimalistische Interpretation wäre, dass man nicht mit Sicherheit sagen könne, welche oder ob überhaupt einige von diesen Personen identisch wären. Asʿad und Saʿad könnte man auch als verschiedene Namen betrachten, und Gleichnamigkeit ist ohnehin ein

75 Sijpestein, *Shaping a Muslim State*, 7–8, bes. 8/Fn. 25.

76 Z.B. P.Mich.inv. 5564–5566. Auch in die Heidelberger und Wiener Papyrussammlungen haben Papyri dieses Archivs ihren Weg gefunden, zu denen ich eine Studie plane.

immer wiederkehrendes Problem der Prosopographie. Ferner ist der Vatersname in P.CtYBR inv. 379, auch wenn die Lesung sehr verlockend ist, nicht eindeutig zu entziffern.

Zwischen diesen maxi- und minimalistischen Deutungen kann man zahlreiche Mittelwege finden, die ich hier aufgrund ihrer spekulativen Natur nicht aufzähle. Die m.E. plausibelste Lösung ist es, P.CtYBR inv. 379 wegen der unsicheren Lesung zu ignorieren und wegen der Hinweise der Erwerbungsgeschichte davon auszugehen, dass **500** wohl in der Tat den gleichen arabischen Beamten belegt wie P.MuslimState. Was seine Funktion in diesem Dokument als *lehmeb* war, bleibt allerdings unklar; genauso wie die Frage, ob **501** ebenfalls denselben Beamten in einer anderen Phase seiner Karriere belegt, in der er für einen anderen Bezirk verantwortlich war.

500. Quittung an einen *lehmeb*

P.Mich. Inv. 5577a B: 10,7 cm × H: 15 cm 8. Jh.
Arsinoites (Narmuthis?) Tafel XXXII

Es handelt sich um die rechte obere Ecke einer Urkunde, geschrieben im fayyumischen Koptisch. Das Dokument ist von Bauern eines Dorfes an den *lehmeb* ʿAbd Allāh b. Sa'd adressiert, zu dessen Person vgl. oben die Einleitung zu **500–501**. Es könnte sich um eine Quittung für die Kopfsteuer der Arbeiter von ʿAbd Allāh handeln. Falls die Ergänzung von Z. 1 zutrifft, könnte man annehmen, dass in Z. 3–6 jeweils ein Name + Vatersname in die Lücke passte. Am Anfang von Z. 2 ist der Name des Dorfes zu erwarten, aus dem die Bauern kommen; der Priester war wohl (einer) der erste(n), der – als bedeutender Dorfbewohner – erwähnt wurde. So wären namentlich 9 Dorfbewohner genannt, die Formel ⲡⲕⲟⲩⲓ ⲁϩⲁ ⲡⲛⲁϭ weist jedoch darauf hin, dass die Urkunde im Namen der ganzen Dorfgemeinschaft ausgestellt wurde. Die geübte Hand schreibt eine sehr regelmäßige, quadrilineare Schrift, wobei vor allem die häufige Interpunktion auffällt. Die Erwerbungsgeschichte des Dokumentes weist darauf hin, dass es aus Narmuthis stammt, vgl. die Einleitung zu **500–501**.

Dunkelbrauner Papyrus beschrieben mit schwarzer Tinte, *transversa charta*. Rechts und oben vollständig, links und unten gerade Bruchränder. Der Papyrus ist wohl entlang der vertikalen Faltung gebrochen, die das Blatt halbierte. Mindestens fünf horizontale Faltungen sind zu erkennen. Die Rückseite ist unbeschriftet.

[† ϩⲉⲛ ⲡⲗⲉⲛ ⲉⲡⲛⲟⲩⲧⲓ ⲛϣ]ⲁ̣ⲣ̣˙ⲡ ˙ ⲁⲛ̇ⲁⲛ· ⲛ˙ⲉ ⲛⲉⲟⲩⲁⲉⲓ
[ ] . ⲏ̣ ⲡ̣ⲣⲉ(ⲥⲃⲩⲧⲉⲣⲟⲥ) ⲅⲉⲱⲣⲅⲓ˙ ⲁϩⲁ· ⲉⲛⲱⲭ̣
[ ]ⲥⲧⲉ ⲁϩⲁ˙ ⲙ˙ⲏⲛⲁ ⲡⲓϭⲱϣ
[ⲁϩⲁ˙] ϣⲓⲛⲟⲩⲧ(ⲓ) ⲁⲅⲉⲛ̇ⲓ ⲁϩⲁ ϩⲟⲩⲣⲓⲟⲩ
[ ]ⲛⲁ˙ ⲁϩⲁ˙ ⲡⲉⲧⲣⲟⲥ ⲕⲟⲥⲙⲁ
[ ] ⲁϩⲁ˙ ⲡⲕⲟⲩⲓ ⲁϩⲁ˙ ⲡⲛⲁϭ
[ⲉⲛⲥϩⲉⲓ] ⲁ̣ⲃⲇⲉⲗⲗⲁ υἱὸ̣(ς) ⲥⲁⲇ ⲡⲗⲉϩⲙⲓ̣ⲃ
[ϫⲉ] ⲡ̣ⲇⲓⲁⲅⲣⲁⲫⲟⲛ˙ ⲛⲉ̣ⲕⲉⲣⲅⲁⲧⲏⲥ
[ⲁϥⲉⲓ (?)] ⲧⲁⲁⲛ ⲉⲃⲙⲉϩ [. .] . . ⲁⲗⲕⲁ
[ ]ⲭ̣[

- -

2 ⲡⲣ^{ⲉ} *pap.*, πρεσβύτερος 4 ϣⲓⲛⲟⲩ^{ⲧ} *pap.* 7 υι^{ο} *pap.* 8 διάγραφον, ἐργάτης

„† Im Namen Gottes. Zuerst, wir, die Bauern von … Priester, Sohn des Georgi, und Enoch … (Sohn des) -ste und Mena, Sohn des Pičosch … Schinuti, Sohn des Ageni, und Huriu … (Sohn des) Menas (?), und Petros, Sohn des Kosma, … und Groß und Klein … wir schreiben an ʿAbd Allāh b. Sa'd, den *lehmeb*, die Kopfsteuer deiner Arbeiter … voll in unsere Hand …"

1 † ϩⲉⲛ ⲡⲗⲉⲛ ⲉⲡⲛⲟⲩⲧⲓ ϣ]ⲁ̣ⲣⲡ: Für die Ergänzung vgl. CPR IV 185, (Ars., 8. Jh.), 1 und P.Köln ägypt. II 56 (Hk. unbek., 8. Jh.), 1.

3]ⲥⲧⲉ: Wohl ⲓⲟⲩ]ⲥⲧⲉ.

5]ⲛⲁ: Wohl ⲙⲏ]ⲛⲁ.

6 ⲡⲕⲟⲩⲓ ⲁϩⲁ˙ ⲡⲛⲁϭ: Vgl. P.KRU 81 (Theb.-W., 771), 37–41: ⲁⲩⲱ ⲟⲩⲕ ⲏⲝⲓⲥ ⲛⲁⲓ ⲟⲩⲇⲉ ⲛⲁⲗⲁⲁⲩ ⲛⲣⲱⲙⲉ ⲉⲡⲟⲓ ⲡⲉ ⲉⲓⲧⲉ ⲛⲟϭ | ⲉⲓⲧⲉⲓ ⲕⲟⲩⲓ ⲉⲓⲧⲉ ⲛⲉⲧⲁⲣⲭⲉ ⲉⲓⲧⲉ ⲛⲉⲧⲟⲩⲁⲣⲭⲉⲓ ⲉϫⲟⲟⲩ | ⲉϣ ⲉⲓ ⲉⲃⲟⲗ ⲉⲡⲉⲙⲱⲛⲟⲥⲧⲉⲣⲓⲟⲛ ⲉⲧⲟⲩⲁⲁⲃ ϩⲁ ⲡⲉϣⲏⲣⲉ ϣⲏⲙ ⲛϯⲙⲓⲛⲉ | ⲛⲥⲉⲥⲙⲛ ⲗⲁⲁⲩ ⲛⲡⲣⲟⲁⲓⲗⲉⲥⲓⲥ ⲕⲁⲧⲁ ⲣⲟϥ ϩⲁϩⲧⲏⲛ ⲁⲣⲭⲏ ϩⲓ ⲉⲝⲟⲩⲥⲓⲁ | [ⲟⲩⲇ]ⲉ ⲕⲟⲩⲓ ⲟⲩⲇⲉ ⲛⲟϭ.

7 ⲡⲗⲉϩⲙⲓ̣ⲃ̣: Die Bedeutung dieses für den Fayyum charakteristischen Titels bleibt unklar, vielleicht handelt es sich um eine generelle Bezeichnung, vgl. Garel, *Titres,* 208–210. Es ist bemerkenswert, dass diesen Titel auch Frauen trugen, vgl. CPR IV 88 (Fayyum, 8. Jh.), 2–3: ⲛ|ⲛⲁⲙⲁⲓⲥⲓⲧ ⲧⲗⲉϩⲙⲉⲃ ⲛⲡⲉⲛⲧⲓⲙⲓ.

9 ⲁϥⲉⲓ(?)] ⲧⲁⲁⲛ ⲉⲃⲙⲉϩ: Vgl. P.MoscowCopt. 2, 6: ⲧⲉⲥⲧⲓⲙⲏⲛ ⲁⲥⲓ ⲧⲁⲁⲧ ⲉⲥⲙⲉϩ ⲉⲃⲁⲗ zitiert in Richter, *Rechtsemantik*^{2}, 229 und CPR IV 185, 5: ϩⲉⲓⲧ ⲁⲩⲓ ⲧⲁⲛ ⲉⲩⲙⲉϩ ⲉⲃⲁⲗ.

[. .] . . ⲁⲗ: Eventuell könnte ⲉ̣ⲃ̣ⲁⲗ gelesen werden.

501. Steuerliste

P.Heid. Inv. G 1030 B: 11,6 cm × H: 15,2 cm 8. Jh.
Arsinoites Tafel XXXIII

Der vorliegende Papyrus ist eine Steuerliste, geschrieben von einer professionellen und schwungvollen Hand des nicht allzu späten 8. Jahrhunderts. Charakteristisch sind das δ mit einem langen, nach rechts unten gerichteten Strich und das hochgestellte υ. Vergleichbar ist die Schrift von CPR XXII 31 (Hk. unbek., 8. Jh.).

Die Überschrift informiert über den Zweck des Dokuments: Die zweite Steuerzahlung des Bezirkes eines gewissen ʿAbd Allāh b. Saʿd wird aufgelistet. Zu seiner Person vgl. die Einleitung zu **500–501**. Die auf die Überschrift folgende Liste enthält die Namen der einzelnen Dörfer und die von ihnen bezahlten Beträge. In einer weiteren Kolumne folgen die Summen, die „für das Eigene gebucht" (λογισθ(έντα) ἰδίου) wurden. Dieser Ausdruck deutet wahrscheinlich daraufhin, dass ein Teil der Steuergelder vor Ort ausgezahlt wurde, vgl. den Komm. zu Z. 2. Der überlieferte Teil der Liste scheint alphabetisch angeordnet zu sein. Zwar sollte das Dorf Naleu (Z. 7) vor Perkethaut (Z. 6) stehen, doch man kann annehmen, dass der Schreiber sich in der Reihenfolge geirrt hat. Die alphabetische Anordnung der χωρία war eine normale Praxis in früharabischen Verwaltungsdokumenten des Fayyum, vgl. Morelli, *I χωρία*. Um ein vergleichbares Dokument, das auch Steuerzahlungen von Dörfern des μέρος eines muslimischen Beamten (womöglich desselben wie in unserem Text) bezeugt, handelt es sich bei P.CtYBR inv. 379, publiziert in Berkes–Haug, *Villages*, 193–206 (Nr. 1).

Der Begriff μέρος erinnert einerseits an die Steuerbezirke der byzantinischen Großgrundbesitzer, ist andererseits aber auch aus der arabischen Zeit (teils auch in der Form μερίς) bekannt, wohl als Entsprechung des arabischen Terminus *ḥayyiz*, vgl. Berkes–Haug, *Villages*, 190. Es ist allerdings auf den ersten Blick nicht eindeutig, ob diese μέρη geographische Einheiten sind oder einen „Anteil" der Steuerzahlungen bezeichnen, wie die „fiscal shares" der byzantinischen Großgrundbesitzer, vgl. Gascou, *Les grands domaines*, 160–175. Allerdings scheint es, dass die im Dokument erwähnten Dörfer alle in derselben Gegend lagen (s. unten), so dass in diesem Fall eine geographische Deutung naheliegt.

Das System der Steuereintreibung im Fayyum des frühen 8. Jh. beschreibt Petra Sijpesteijn in P.Clackson 45, S. 108/Anm. 47 folgendermaßen: „Between the pagarch and the individual tax-payers stood a Muslim administrator whose responsibility extended over an area in the southern Fayyūm encompassing several villages. This official informed individual tax-payers of their dues, arranged for members of the local élite to stand guarantor and be responsible for the tax collection, and supervised Muslim tax-collectors who recorded the delivery of taxes at the central collection posts". Demgemäß ist anzunehmen, dass ʿAbd Allāh für die Steuereintreibung in den genannten Dörfern verantwortlich war. Wie viele Dörfer seinen Bezirk ausmachten, kann jedoch wegen des Bruches nicht mehr ermittelt werden – es dürften auf das letzte auf dem Papyrus erhaltene Dorf, Psetera, der alphabetischen Ordnung entsprechend allerdings nicht mehr viele Steuereinheiten gefolgt sein.

Die aufgelisteten χωρία liegen im Fayyum. Von den aufgelisteten Dörfern können nur Magais und Perkethaut näher im Fayyum lokalisiert werden: Beide Dörfer lagen in der Nähe von Euhemeria (Qasr el-Banat), vgl. die relevanten Einträge des Fayum Projects (https://www.trismegistos.org/fayum/). Die anderen Dörfer lagen wohl auch in derselben Region, d.h. im Südwesten des Fayyums, in der ehemaligen *Themistu meris*. Die Dörfer kommen auch in anderen Dokumenten in unmittelbarer Nähe voneinander vor: Ampeliu und Magais: SPP X 278 (7. Jh.), 4–5; Andreu, Naleu und Magais: SB I 5339 (7. Jh. [BL XII, 182]), 1–2, 5, 7; Andreu, Magais und Muei: SB VI 9583 (2. Hälfte des 8. Jh.), Fr. III, 18, Fr. V, 1–3; Andreu, Muei und Psetera: SPP X 60 (8. Jh.), 5, 10–11; Magais und Philagris (= Perkethaut): P.Lond III 1107 (3. Jh.), 19–24; SB III 7200 (2. Jh.), 20–24; SB XX 14084 (181–180/157–156/146–145 v. Chr.), 17–18; Magais, Naleu und Psetera: SPP X 43 (7.–8. Jh.); Magais und Naleu: SPP X 79 (7.–8. Jh.), 6 und 8; Muei und Psetera: P.Ross.Georg. V 66 (7. Jh.), Fr. I, 1 und Fr. II, 1. Bemerkenswert ist auch, dass Andreu und Magais in SPP X 138 (frühes 7. Jh.), Fr. I, 14–16 den Bezirk eines einzigen διοικητής bilden, während Ampeliu dort (Fr. II, 9) zu dem Bezirk eines anderen Beamten gehört; zu den möglichen Interpretationen des Dokumentes vgl. Gonis, *Notes*, 208–209. Von Interesse ist auch, dass in SPP VIII 846 (645/660), 1–2 die Bewohner von Magais durch den Dorfschreiber von Muei eine Steuerzahlung abzuliefern scheinen.

Perkethaut und Ampeliu bezahlen das Meiste, 200 und 180 Solidi. Etwa die Hälfte dieser Summen wird von den Bewohnern von Magaeid (90 Solidi) und Psetera (80 Solidi) geleistet. Ungefähr ein Drittel der Zahlungen von Perkethaut und Ampeliu machen die von Andreu und Muei aus. Der kleinste Betrag wird von den Einwohnern von Naleu (40 Solidi) geleistet. Angenommen, dass die Steuerraten mehr oder weniger auch die Größenverhältnisse der Dörfer widerspiegeln und dass diese Zahlungen auch die ganze „zweite Zahlung" der Dörfer abdecken, können die Größen der χωρία in Relation zueinander gestellt werden. So wären Perkethaut und Ampeliu etwa von gleicher Größe, Magaeid und Psetera etwa halb so groß wie die ersten beiden Dörfer, Andreu und Muei ein Drittel, und Naleu ein Fünftel.

Hellbrauner Papyrus, beschrieben mit schwarzer Tinte, gegen den Faserverlauf. Unten und rechts, wahrscheinlich entlang von Faltungen abgebrochen. Links und oben Originalrand, abgesehen von einigen Brüchen. Auf der Rückseite sind vielleicht blasse Reste einer früheren Beschriftung zu sehen.

1 † σὺν Θ(εῷ) β′ θέμα μέρου(ς) Αβδελλα υἱο(ῦ) Σααδ

vac.

2 χωρί(ον) Ἀμπελίου	νο(μίσματα) ρπ	λογισθ(έντα) ἰδίου	[νο(μίσματα)
3 χωρί(ον) Ἀνδρέου	νο(μίσματα) ξγ		νο(μίσματα) γ̣ [
4 χωρί(ον) Μαγαειδ	νο(μίσματα) ϙ		νο(μίσματα) [
5 χωρί(ον) Μουει	νο(μίσματα) ξ		νο(μίσματα) [
6 χωρί(ον) Περκ(ε)θ(αυτ)	νο(μίσματα) σ		νο(μίσματα) ι[
7 χωρί(ον) Ναλήου	νο(μίσματα) μ		νο(μίσματα) [
8 χωρί(ον) Ψετ̣ε̣ρ̣α	ν̣ο̣(μίσματα) π		νο(μίσματα) [

- -

1 συν^{θ} *pap.*, μερ^{ϛ} *pap.*, υι^{o} *pap.* 2–8. χωρ^{ι} *pap.*, $\overset{o}{ν}$ *pap.* 2 $λογι\overset{θ}{σ}$ *pap.*

„† Die mit Gott 2. Zahlung des Bezirks von ʿAbd Allāh b. Saʿd:

chorion Ampeliu	180 Solidi	für das Eigene verbucht:	… Solidi
chorion Andreu	63 Solidi		… Solidi
chorion Magaeid	90 Solidi		3 Solidi
chorion Muei	60 Solidi		… Solidi
chorion Perkethaut	200 Solidi		10 (?) Solidi
chorion Naleu	40 Solidi		… Solidi
chorion Psetera	80 Solidi		… Solidi

…"

2–8 νο(μίσματα): Für die Abkürzung vgl. den Komm. zu **477**, 2.

2 λογισθ(έντα) ἰδίου: Nämlich χάριν o.ä., „verbucht für das Eigene (*chorion*)". Der Ausdruck deutet darauf hin, dass ein Teil der eingetriebenen Steuer vor Ort für verschiedene Zahlungen ausgegeben worden war. Zu dieser Bedeutung des Verbes λογίζομαι vgl. P.Lond. V 1749

(Herm., 7.–8. Jh.), 1–4: † ἔσχ(ον) δ(ιὰ) {τ(οῦ)} Ἄπα Μηνᾶ στρ(ατιώτου) ἀ̣π̣ὸ̣ [ἀν]δρισμοῦ πρώτης ἰνδ(ικτί)ο(νος) ἀρ(ί)θ(μιον) νό(μισμα) α ἓν τὸ (καὶ) λογισθ(ὲν) αὐτ(ῷ) (ὑπὲρ) μισθ(οῦ) αὐτ(οῦ) κ(α)τ(ὰ) κέλευσι(ν). Für andere Beispiele für diese Praxis s. Gonis, *Reconsidering III*, 206–207, die Einleitung zu **473–476** und **480**.

Indices

Vorbemerkungen zu den Indices

Der griechische Artikel, die Konjunktion καί, Zahlenziffern, Kreuze, Staurogramme, doppelte Schrägstriche und weitere Interpunktionszeichen wurden nicht indiziert. Unvollständige Wörter sowie im Kommentar vorgeschlagene Ergänzungen wurden nur in der Auswahl aufgenommen. Personen- und Ortsnamen wurden wie in den Papyri angeführt; Personennnamen wurden i.d.R. nicht prosopographisch indiziert. Die Grundform der koptischen Wörter wurde nach Crum, *Dictionary* angegeben; anders als bei den griechischen Wörtern wurden hier auch orthographische Varianten angeführt. Auf Unterpunkte und Klammern aller Art wurde im Index i.d.R. verzichtet; zu Ergänzungen oder unsicher gelesenen Stellen s. unten. Der Übersichtlichkeit halber wurden Doppelungen von Einträgen gegenüber Querverweisen häufig bevorzugt. Das Wort Ἄπα wurde als Bestandteil des Namens interpretiert und demgemäß – im Gegensatz zu ἀββᾶς – nicht separat aufgenommen. Angaben wie „26–27“ zeigen an, dass das Wort über zwei Zeilen geschrieben wurde: Falls jedoch mehr als zwei Zeilen (z.B. 1–5) so verbunden wurden, kommt das Wort in allen diesen Zeilen vor. In den Indices wurden die folgenden Abkürzungen und Zeichen verwendet:

S.d.	Sohn des
V.d.	Vater des
[x]	Die Stelle ist zum größten Teil oder vollständig ergänzt
(?)	unsichere Lesung oder Interpretation
*	addendum lexicis/onomasticis
→ Ind. **X.**	Verweis auf Abschnitt **X** im Index
→ XYZ	Verweis auf den Eintrag XYZ im gleichen Abschnitt

Index

3. Personennamen

4. Geographische Namen

5. Religion

6. Ämter, nicht-religiöse Ehrentitel

7. Berufsbezeichnungen

8. Maße, Gewichte, Geldeinheiten

9. Steuerwesen

10. Allgemeiner Index griechischer Wörter

11. Index griechischer Wörter in koptischen Texten

12. Allgemeiner Index koptischer Wörter

13. Index arabischer Namen und Wörter

13.1 Arabische Namen

13.2 Arabische Wörter

13.3 Arabische Wörter in griechischer und koptischer Umschrift

[77] Vgl. den Komm. zu **470**, 1.

Tafeln

Nr. 459

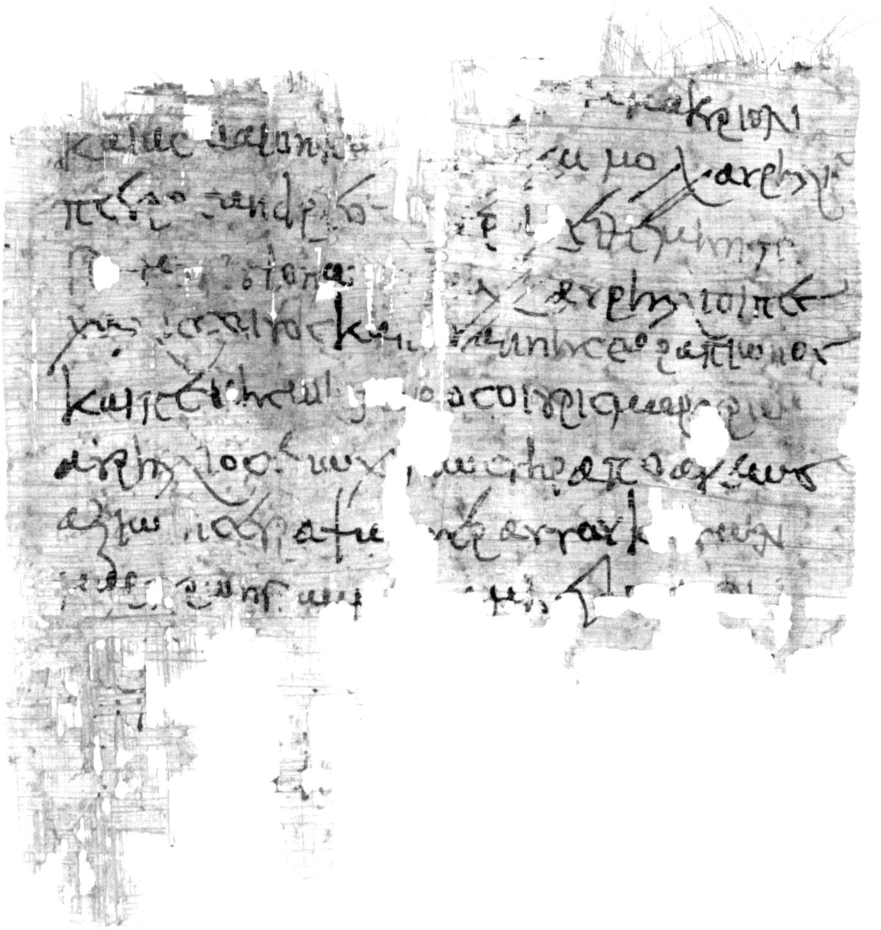

Nr. 460 Recto

Nr. 460 Verso (Ausschnitt)

Nr. 461

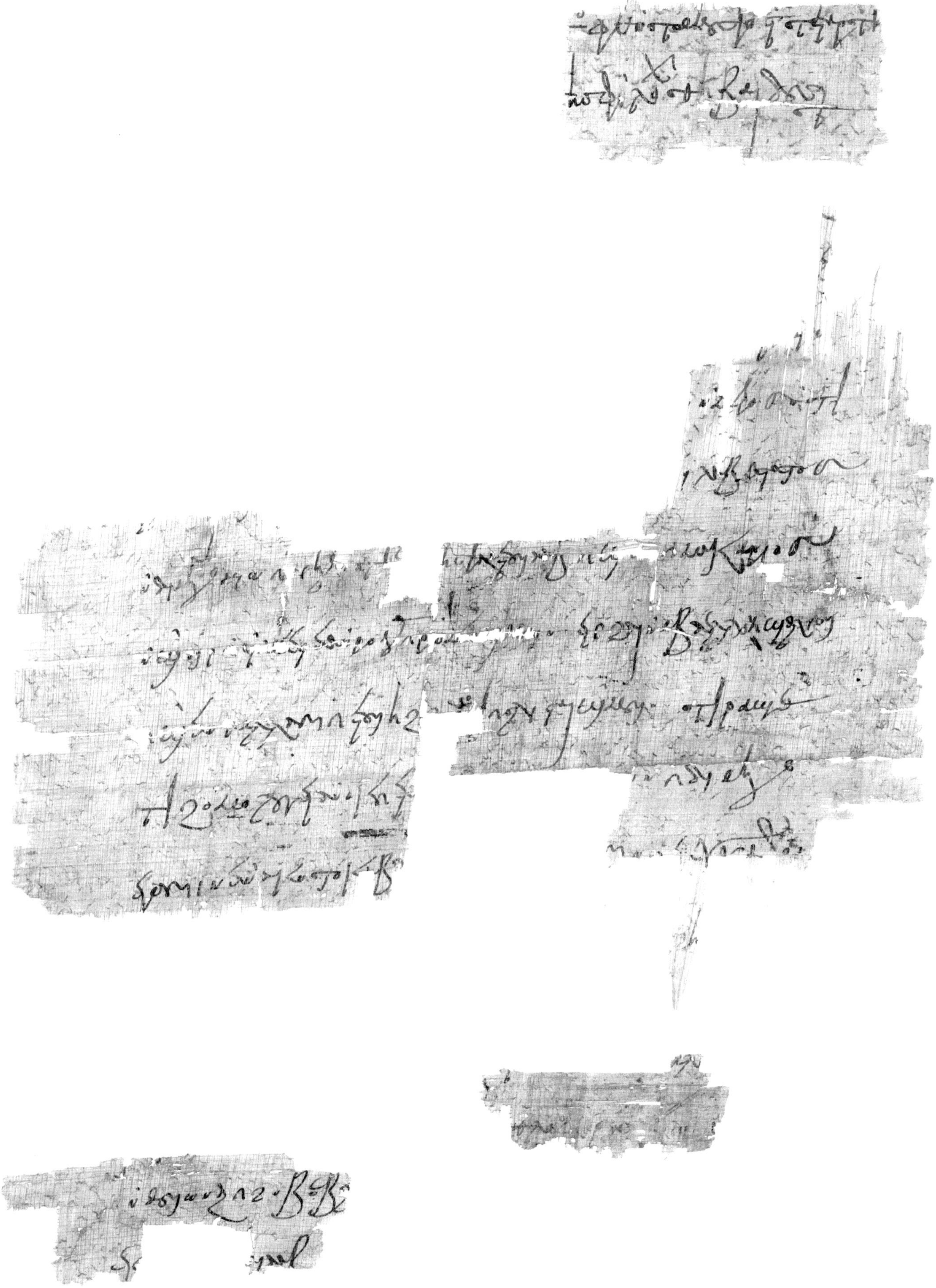

Nr. 462

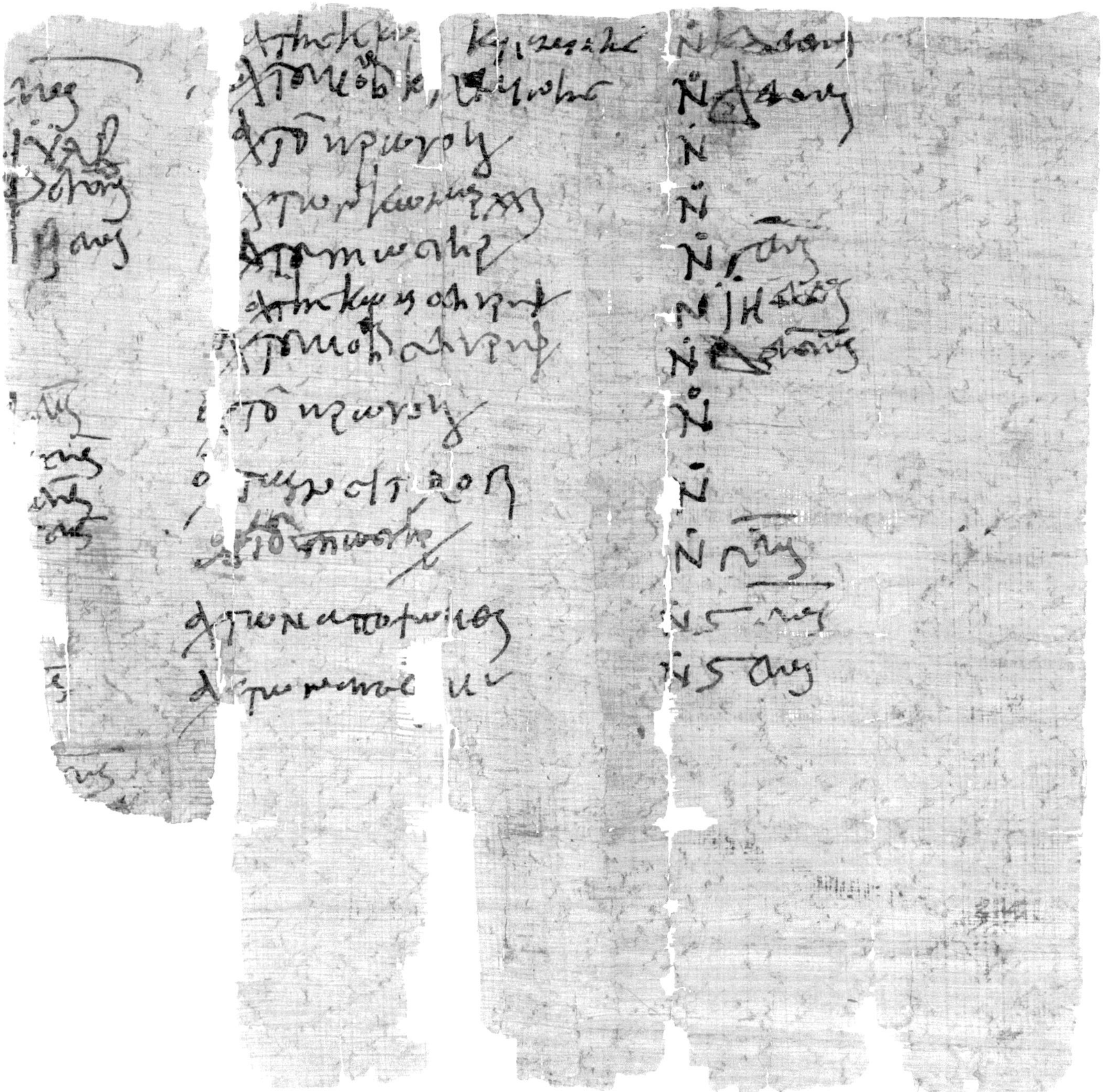

Nr. 463

Tafel VI

Nr. 464

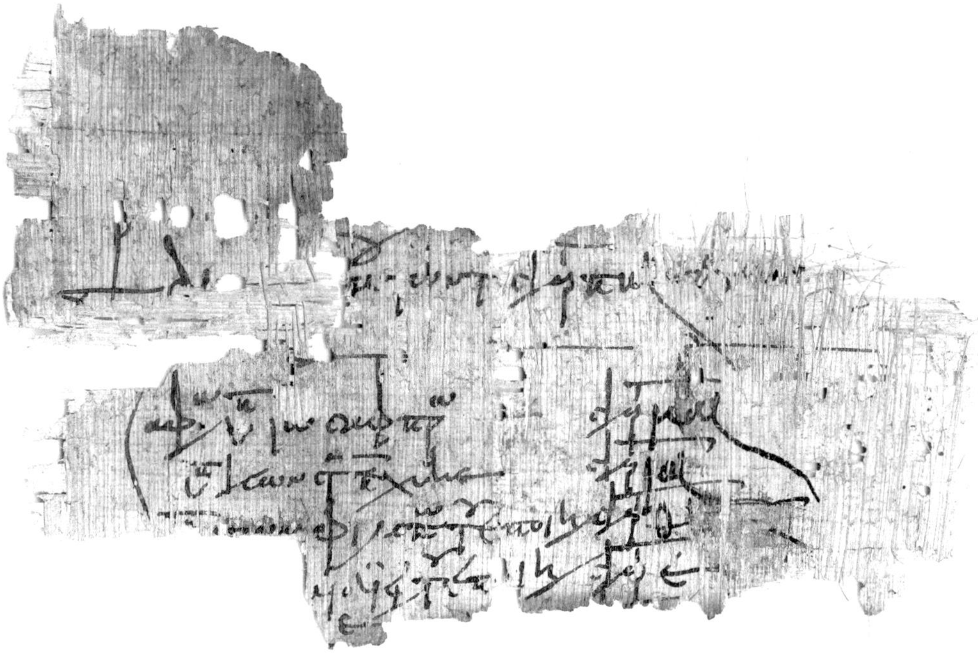

Nr. 465

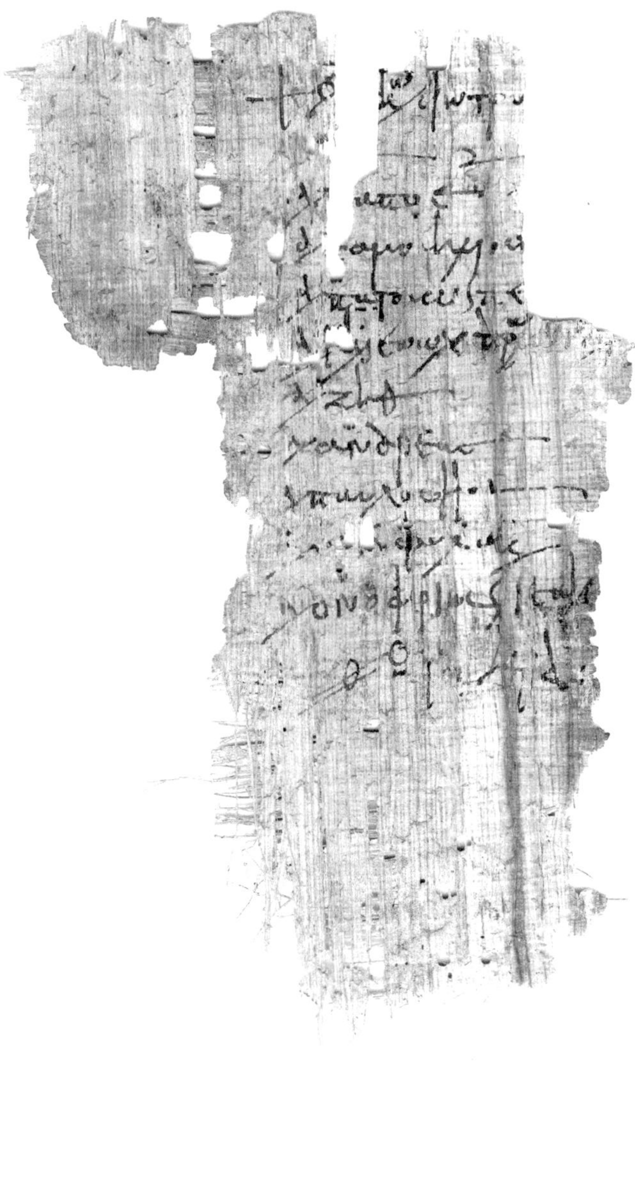

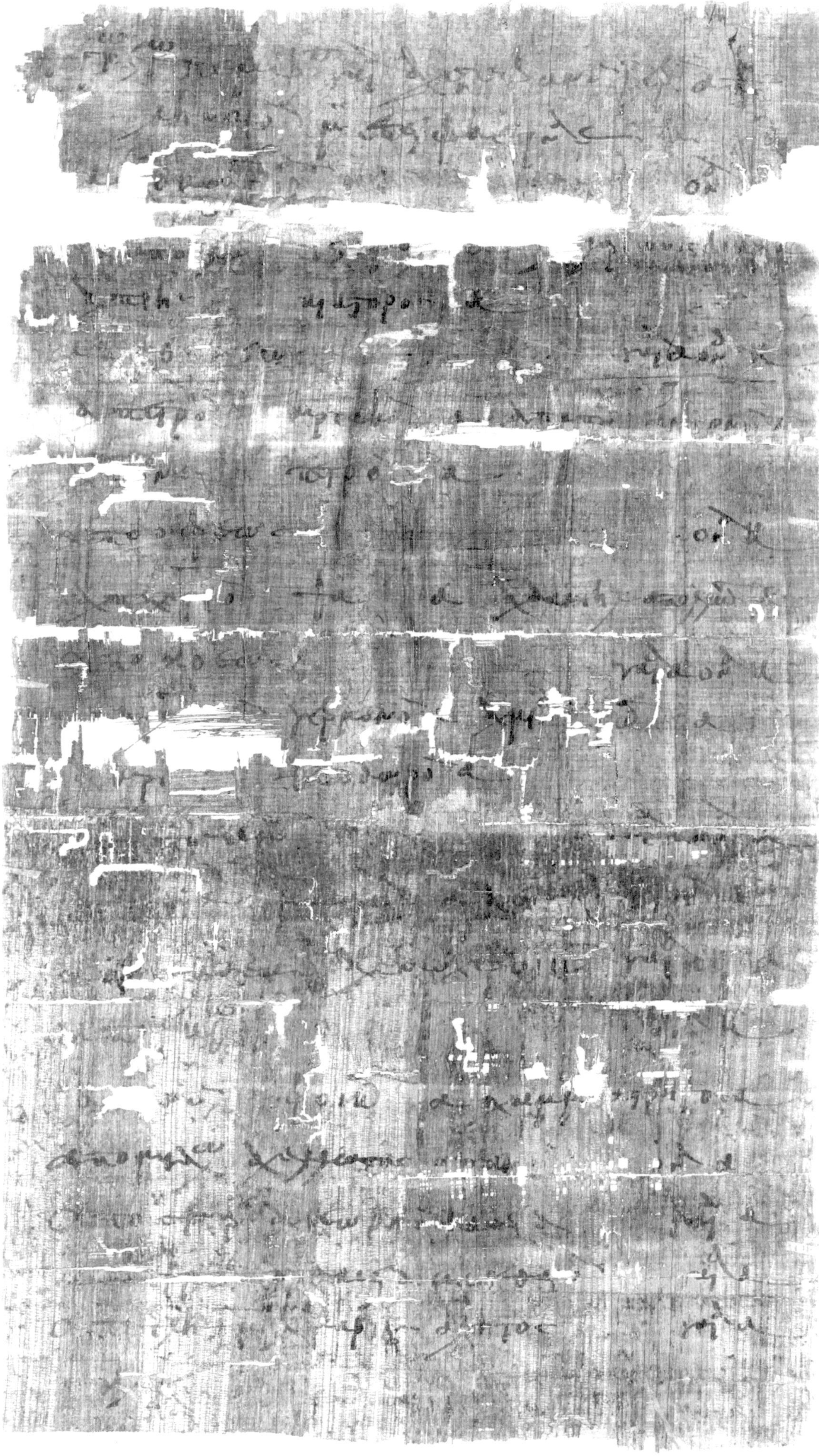

Nr. 466 Recto

Nr. 466 Verso (Ausschnitt)

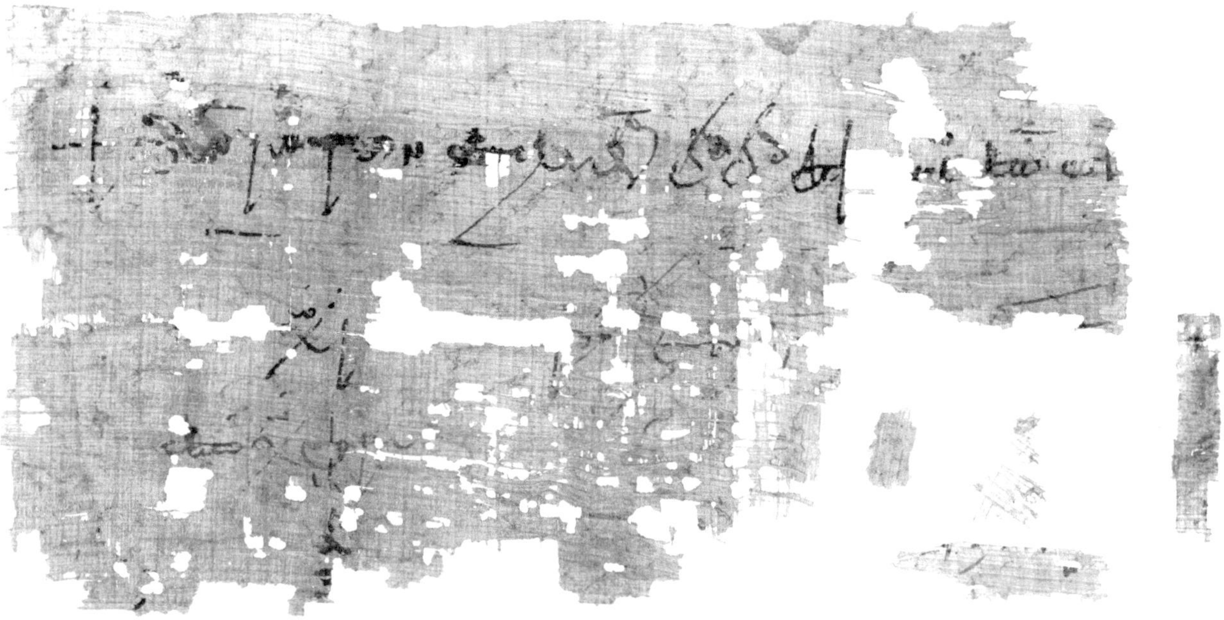

Nr. 467 Recto

Nr. 467 Verso

Tafel X

Nr. 468

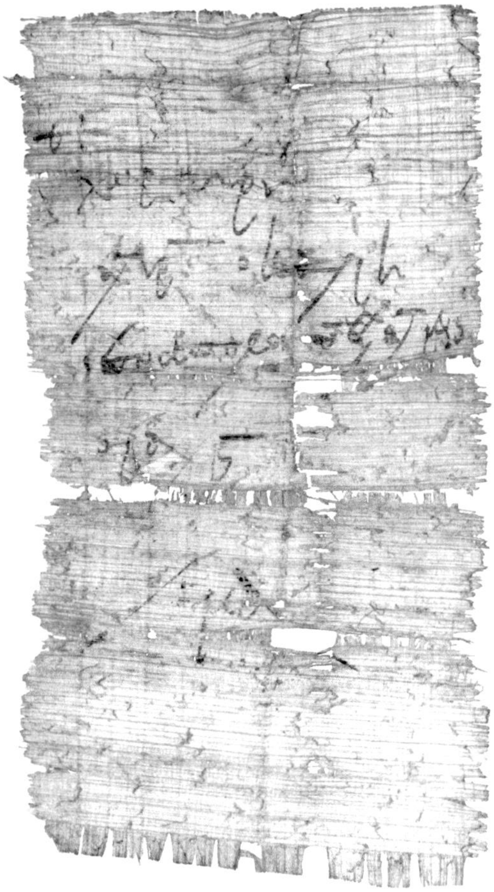

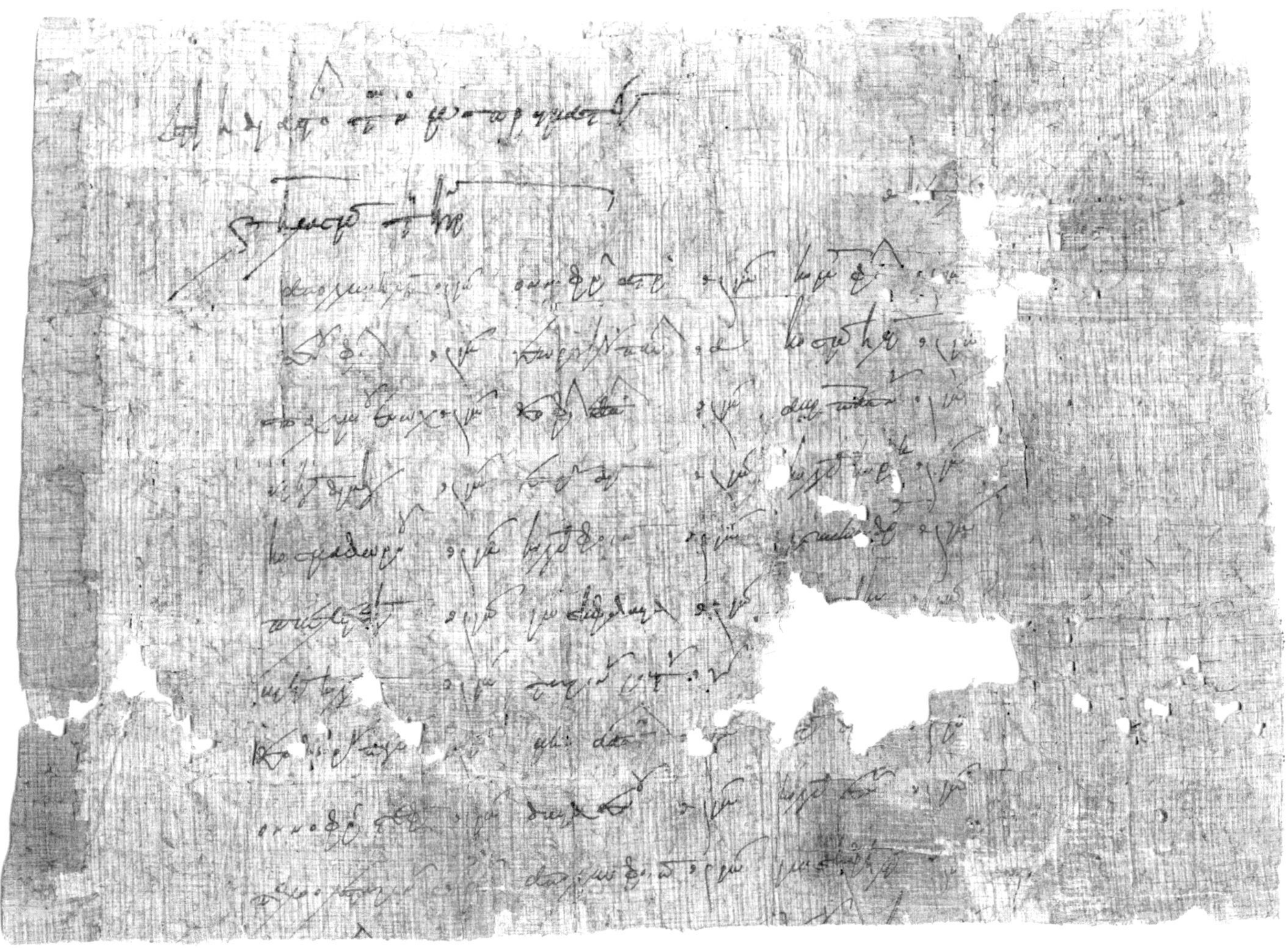

Nr. 469

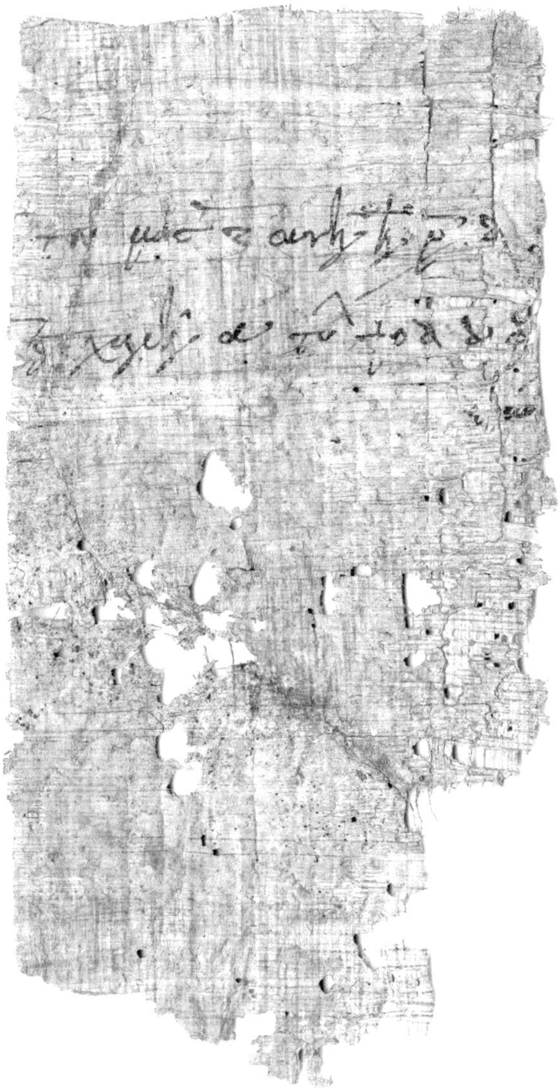

Nr. 470 Recto

Nr. 470 Verso

Nr. 471

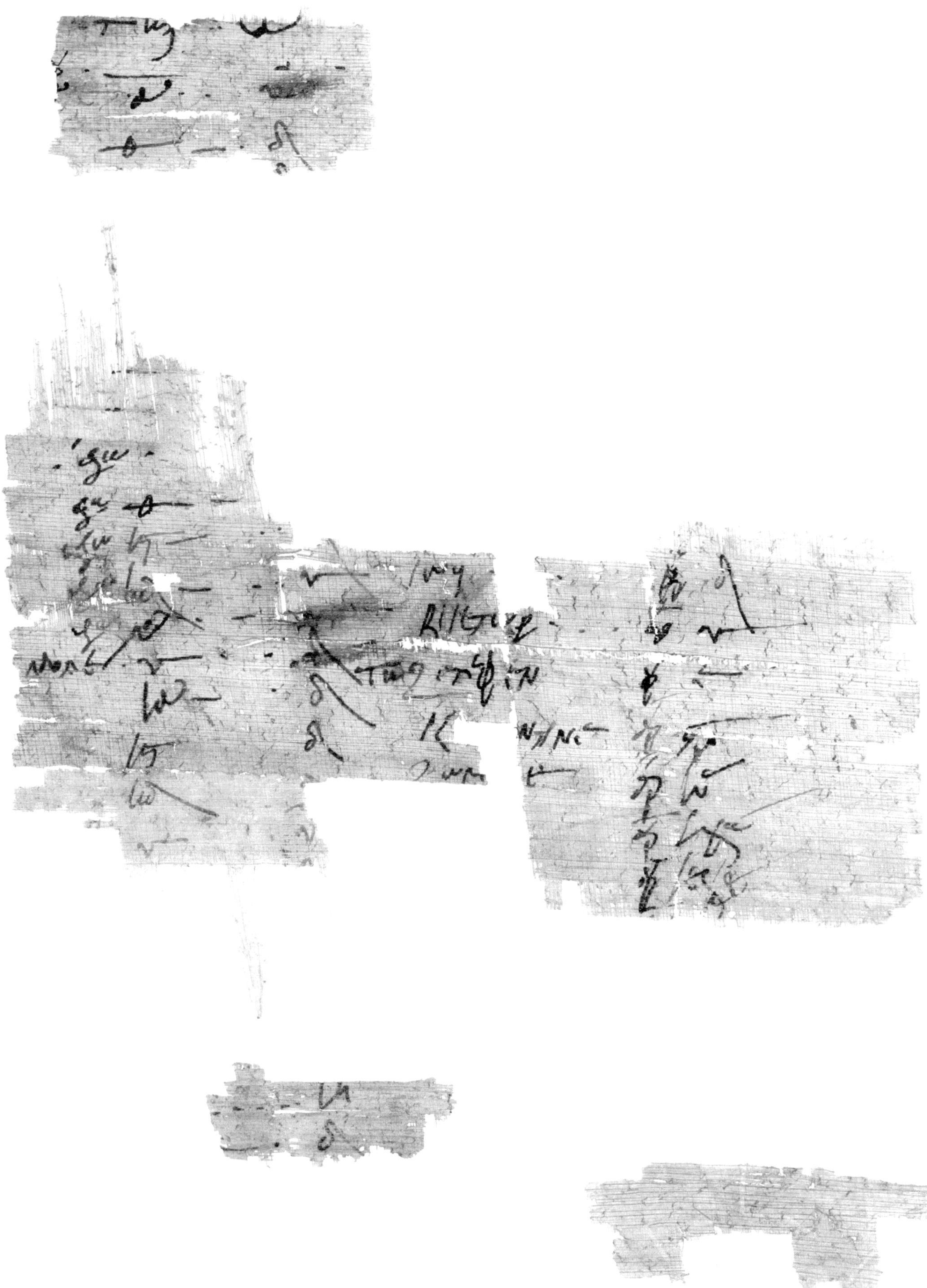

Nr. 472

Nr. 473

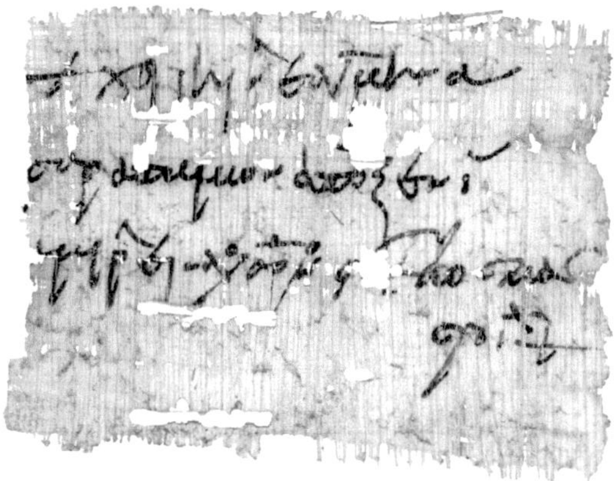

Nr. 474

Nr. 475

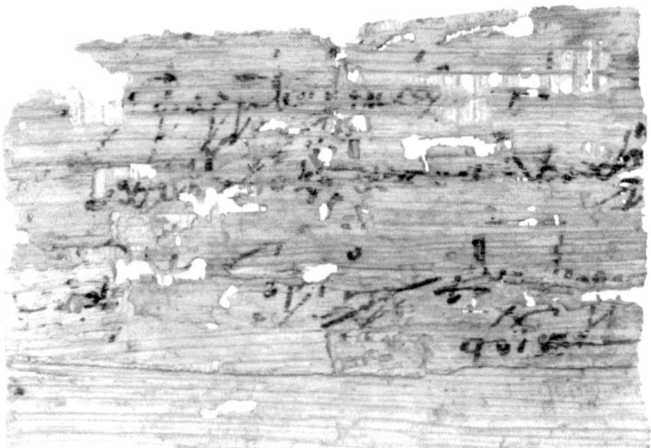

Nr. 476

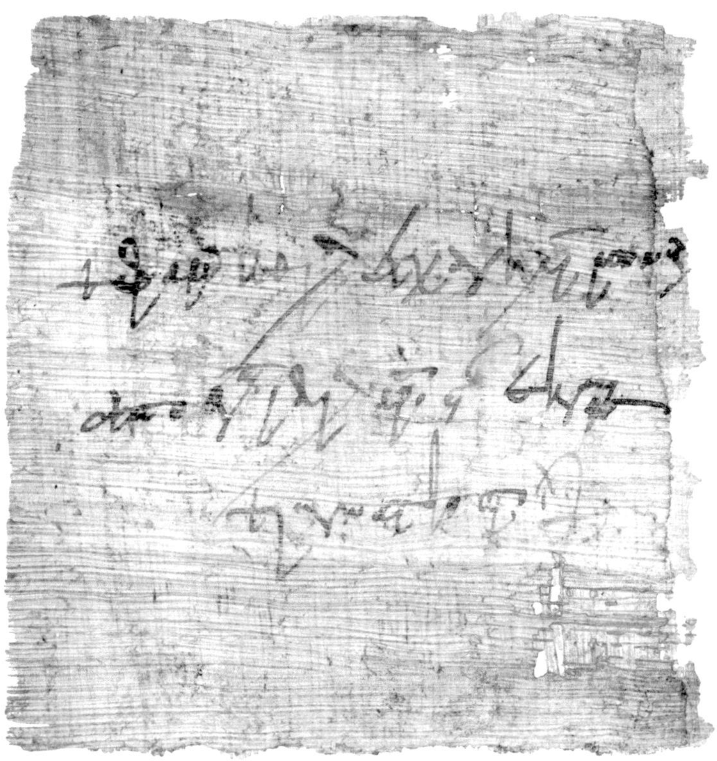

Nr. 477

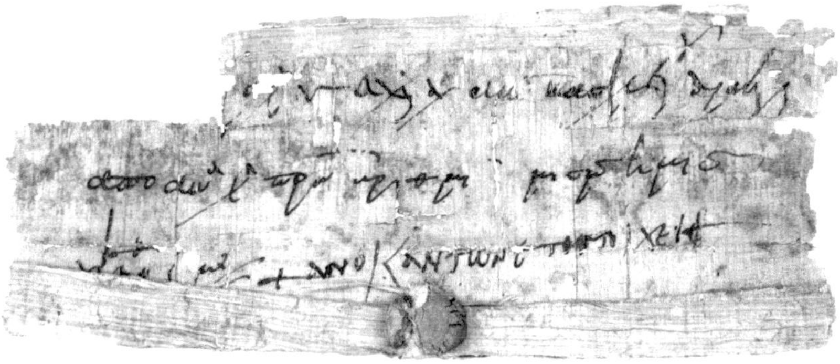

Nr. 478

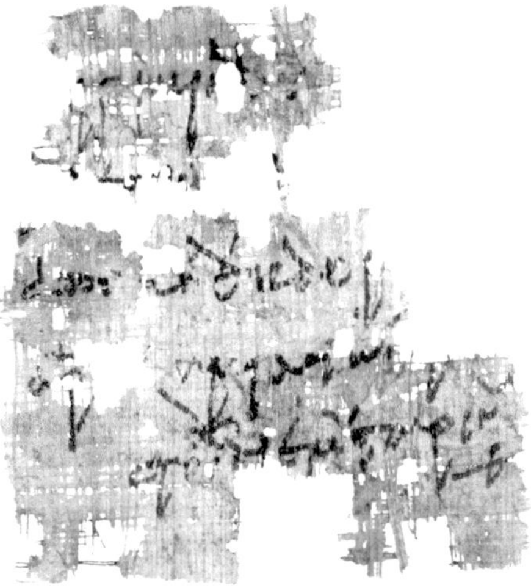

Nr. 479

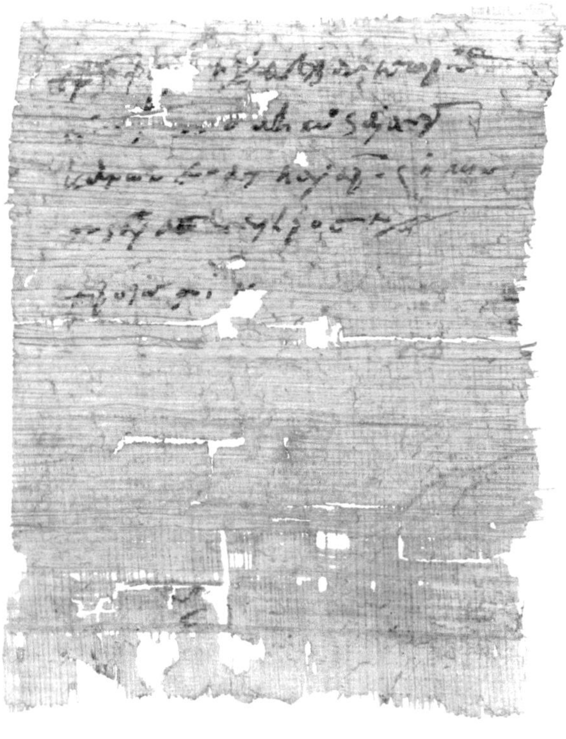

Nr. 480 Recto

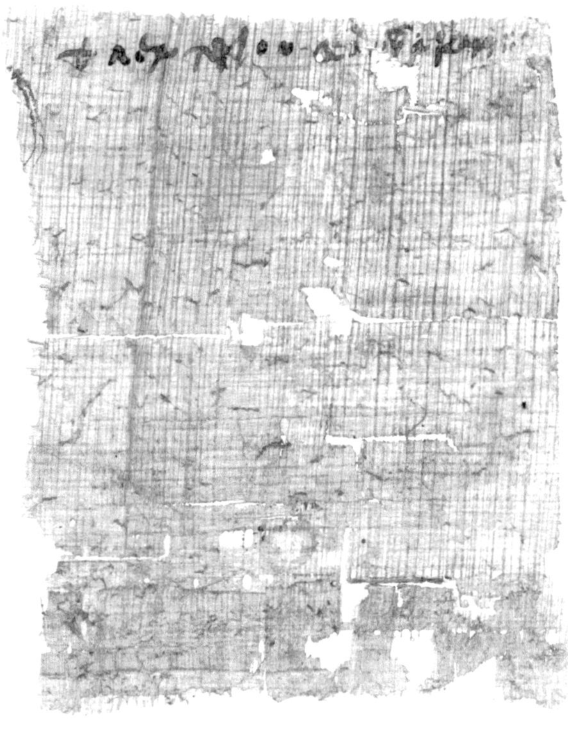

Nr. 480 Verso

Nr. 481

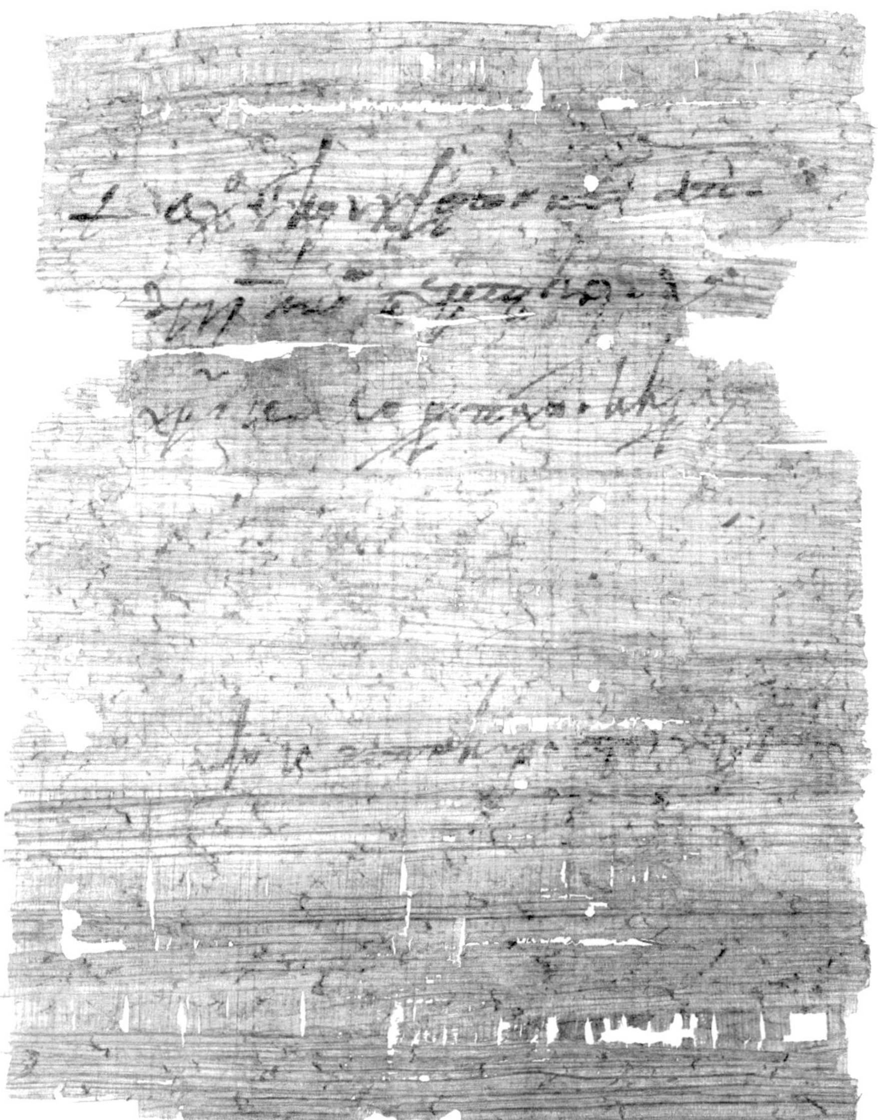

Nr. 482

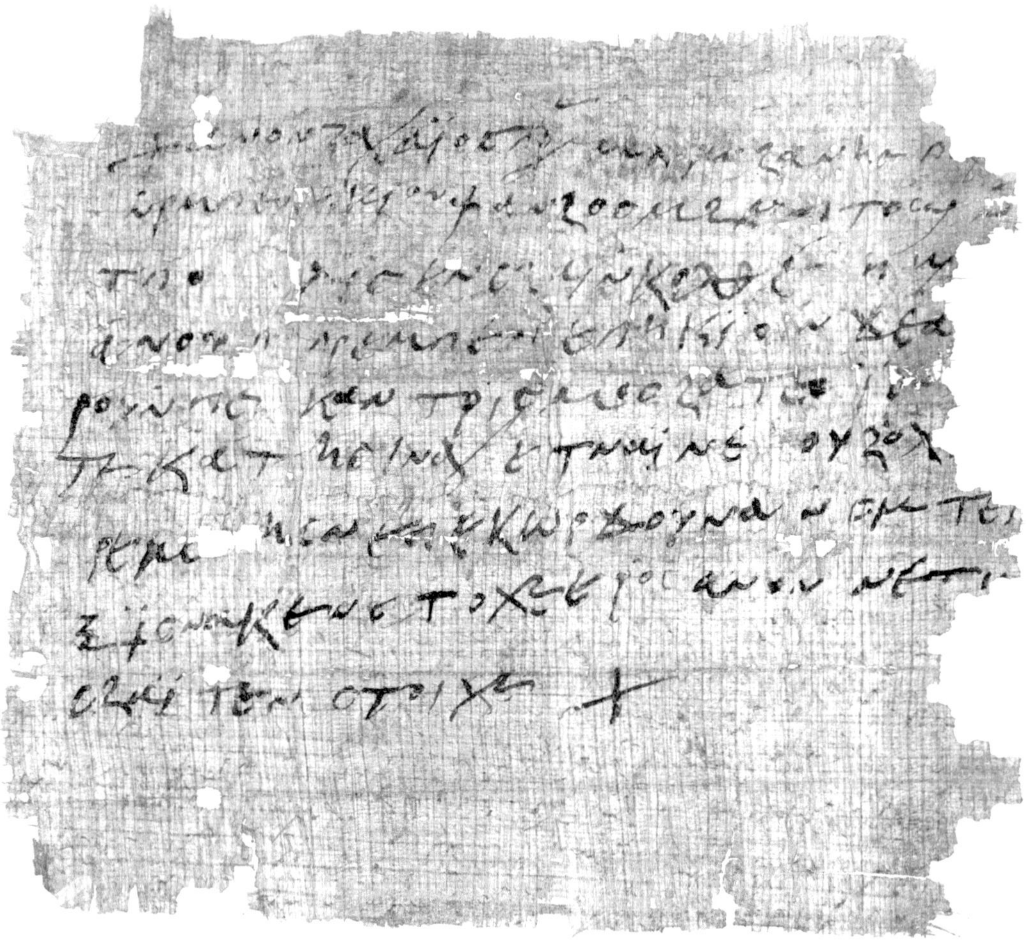

Nr. 483

Nr. 484

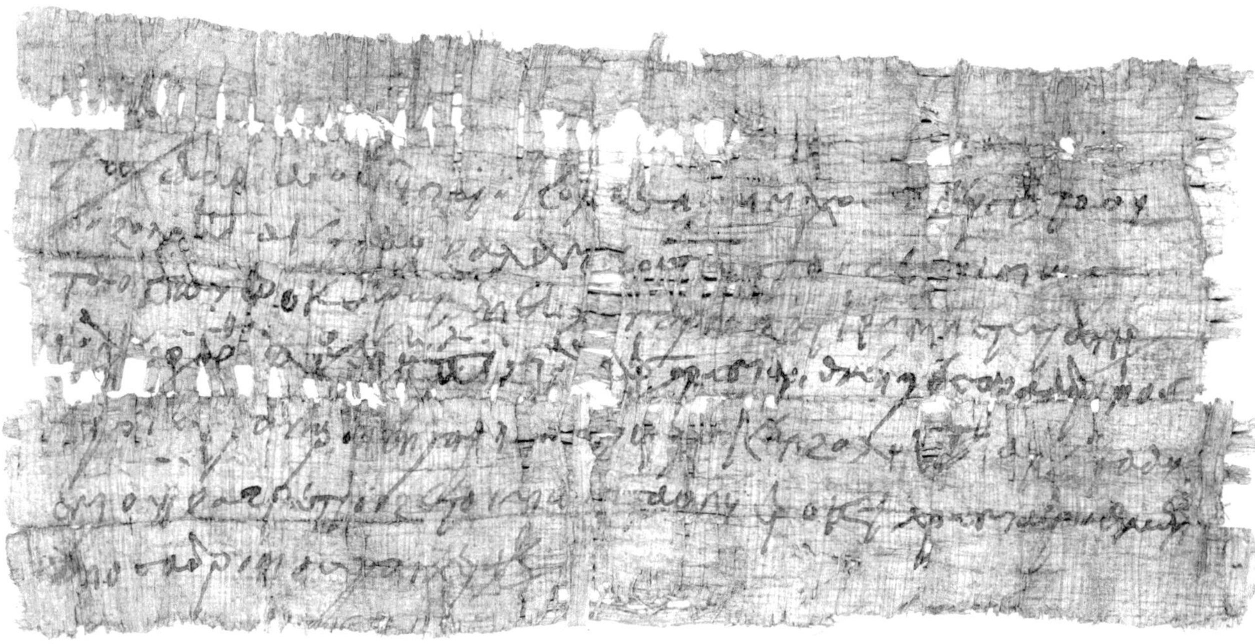

Nr. 485

Nr. 486 Recto

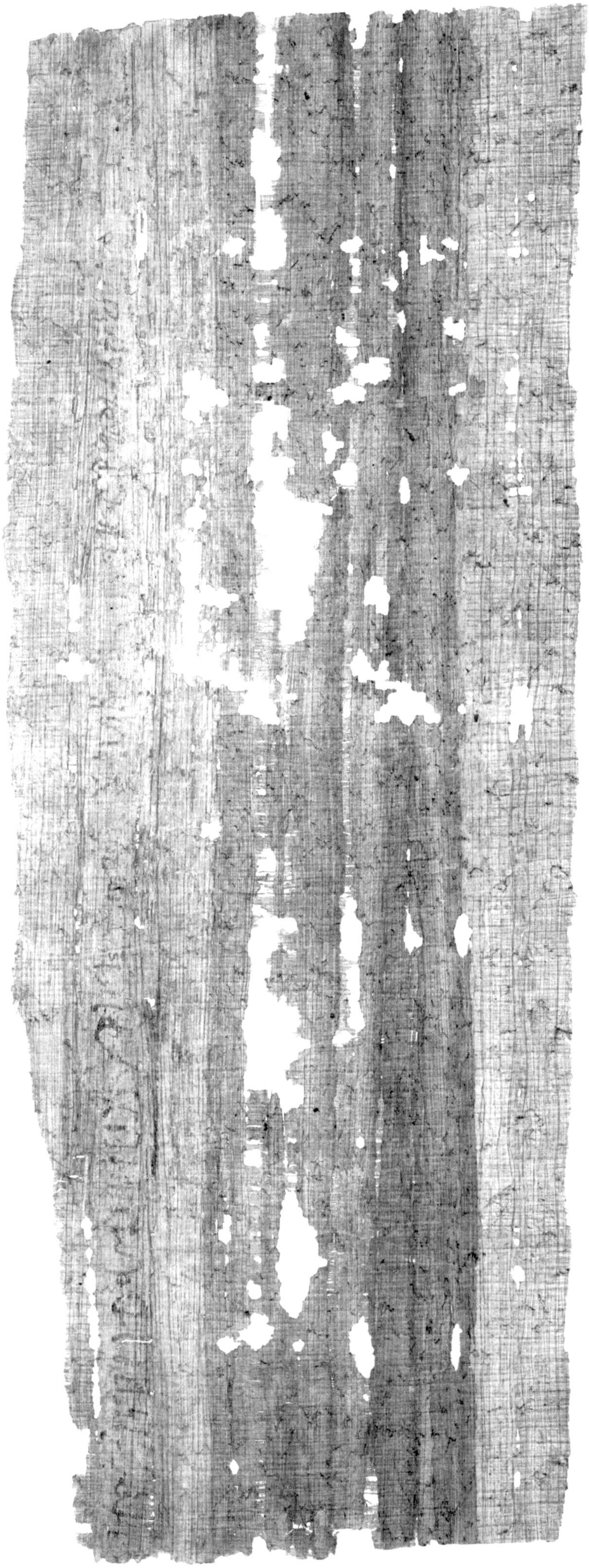

Nr. 486 Verso

Nr. 487

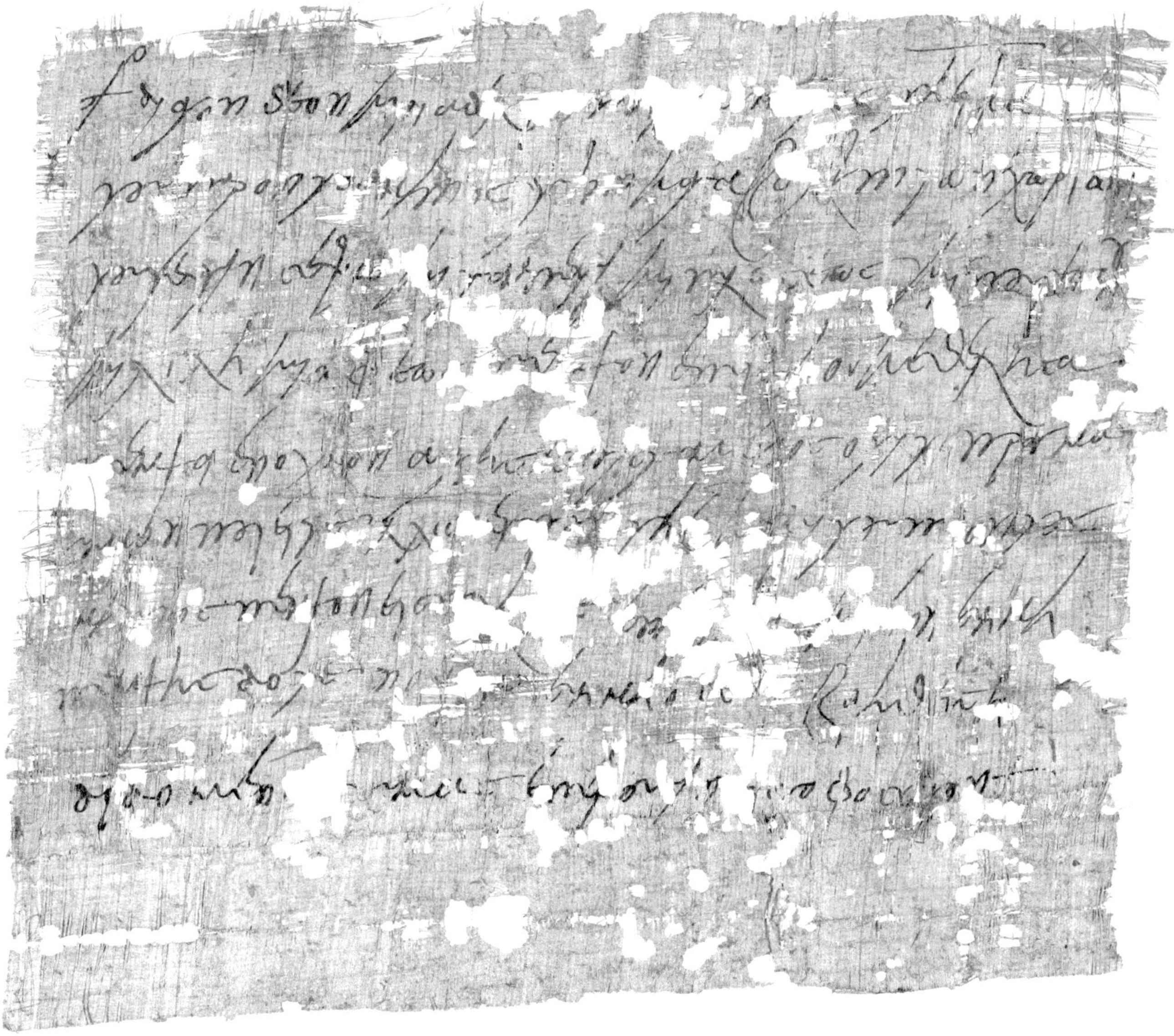

Nr. 488 Recto

Nr. 488 Verso (Ausschnitt)

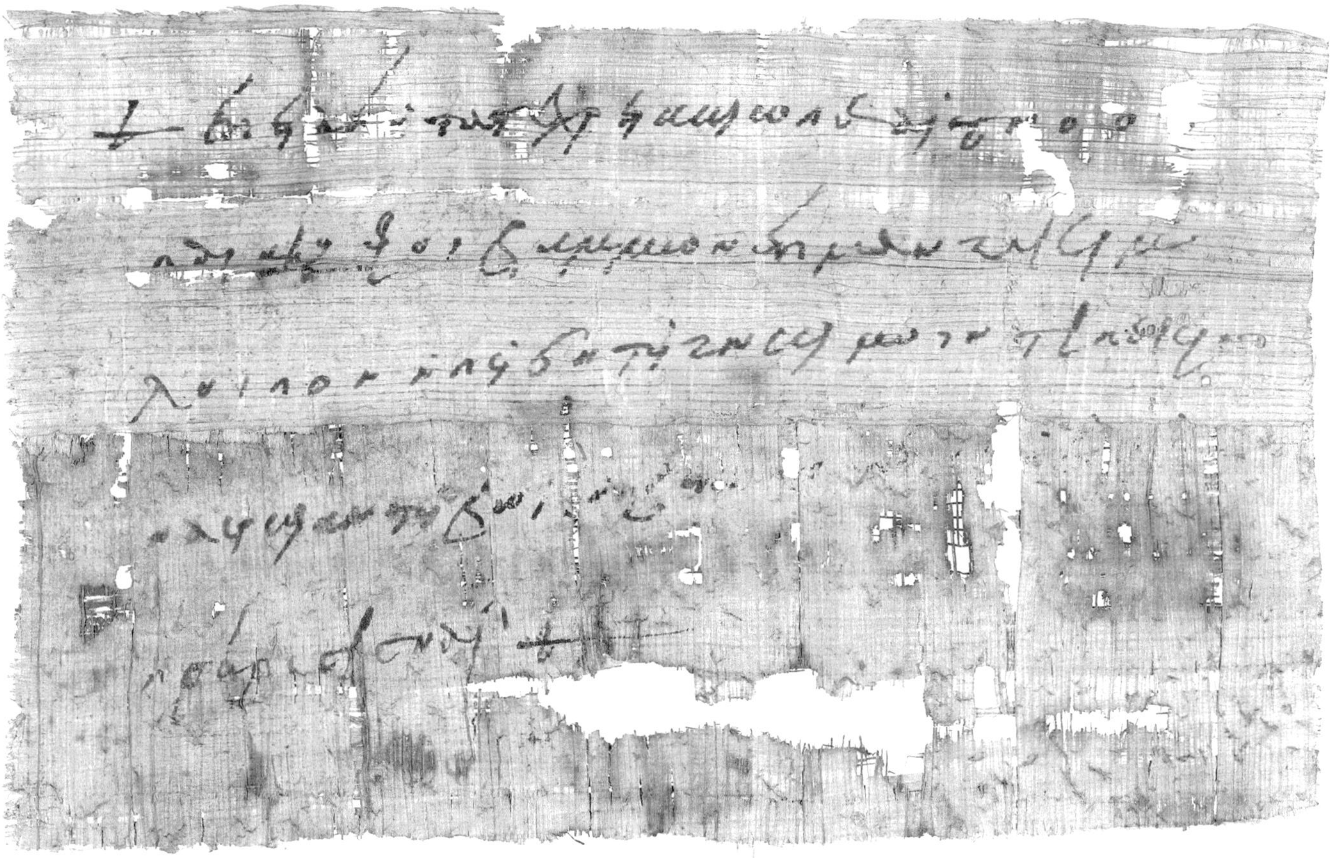

Nr. 489

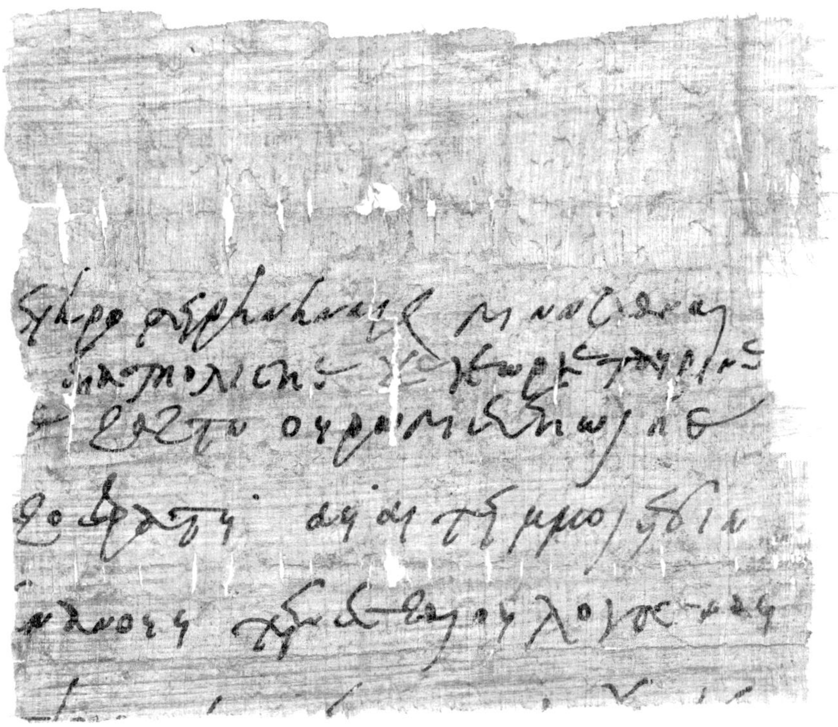

Nr. 490

Nr. 491 Recto

Nr. 491 Verso

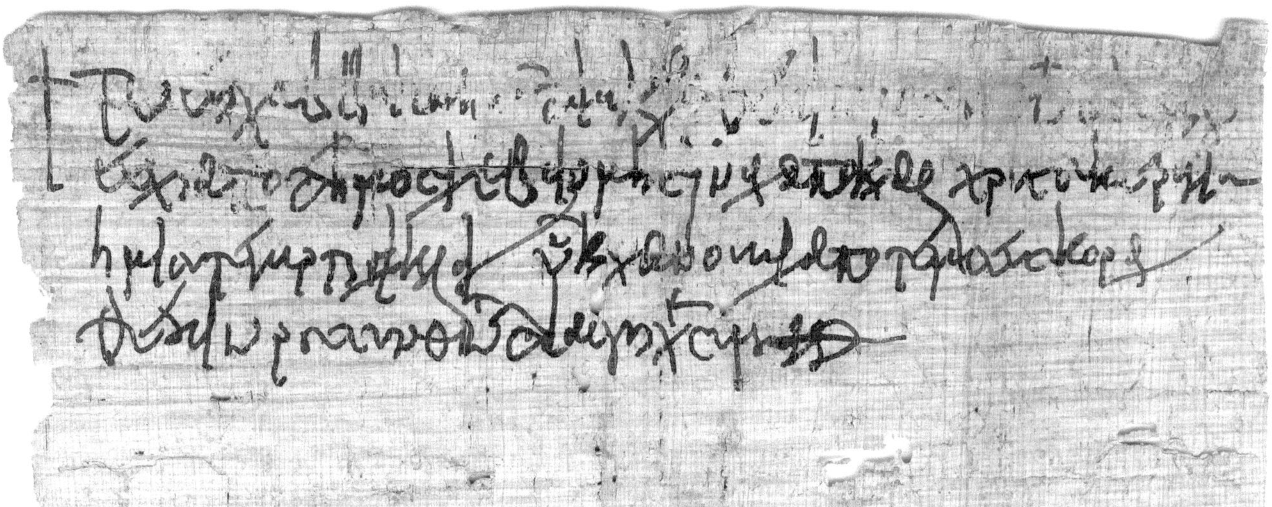

Nr. 492 Recto

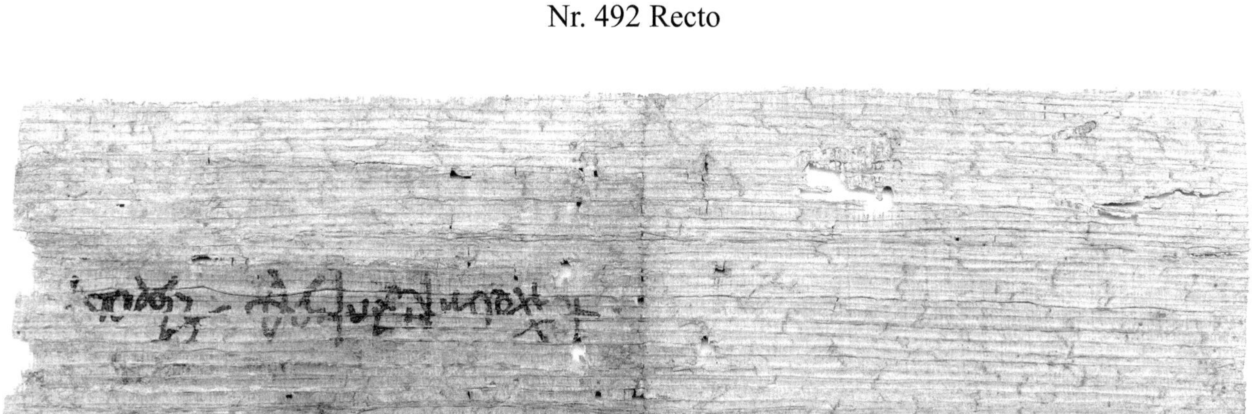

Nr. 492 Verso (Ausschnitt)

Nr. 493 Recto

Nr. 493 Verso

Nr. 494 Recto

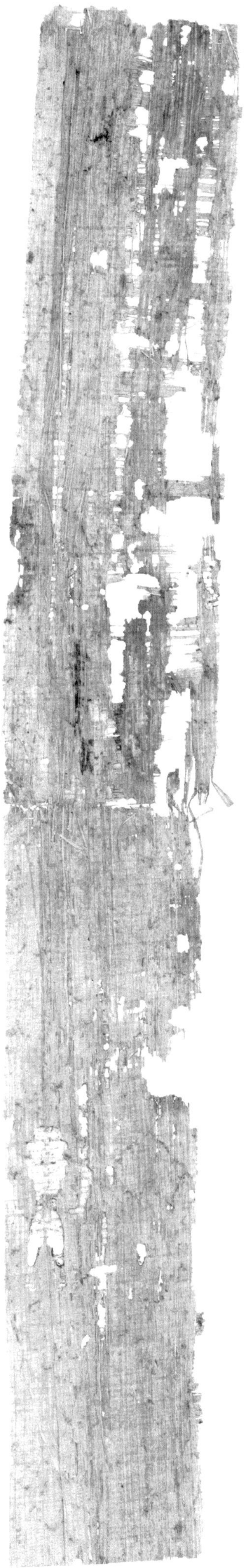

Nr. 494 Verso

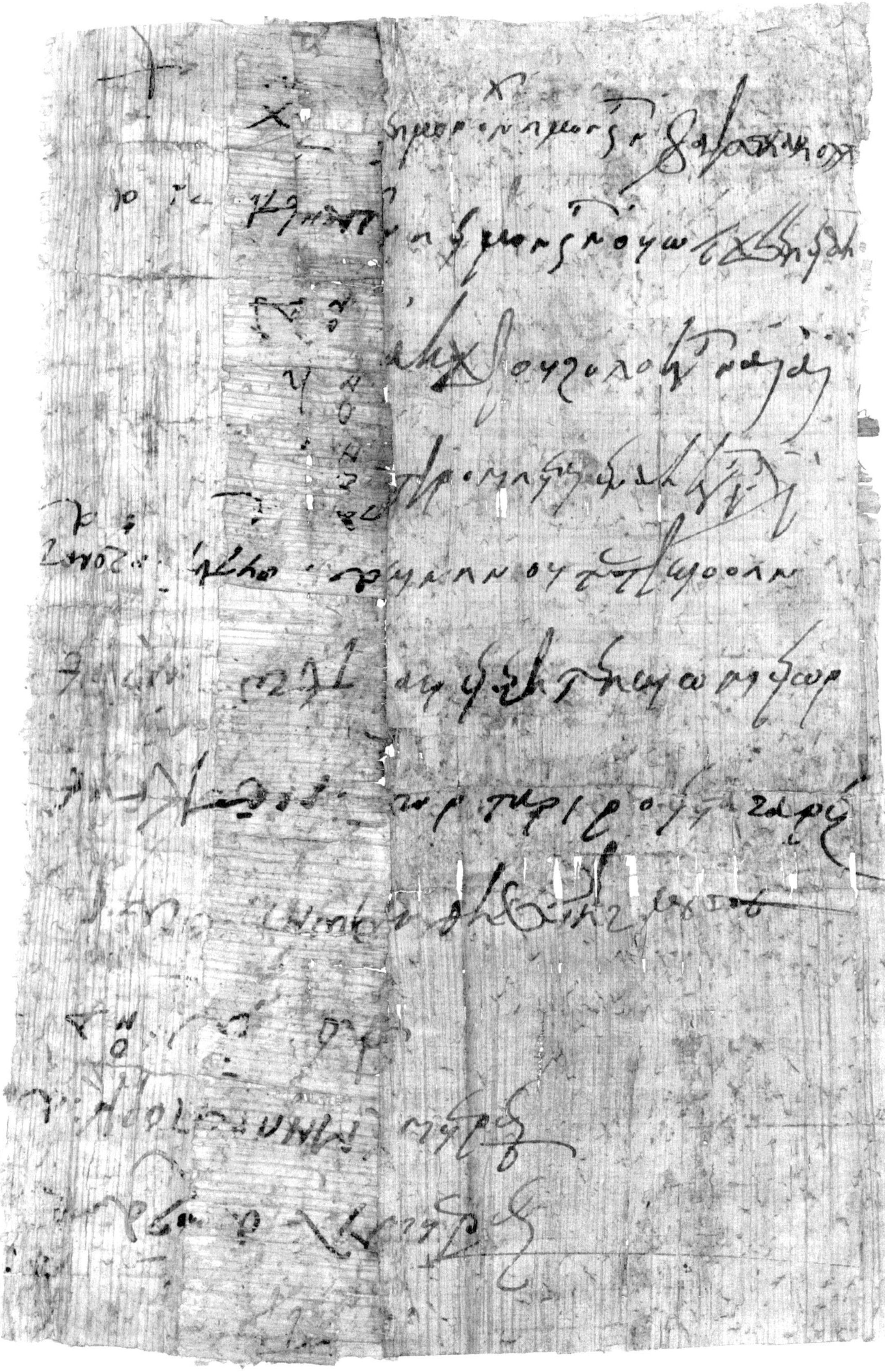

Nr. 495 Recto

Nr. 495 Verso

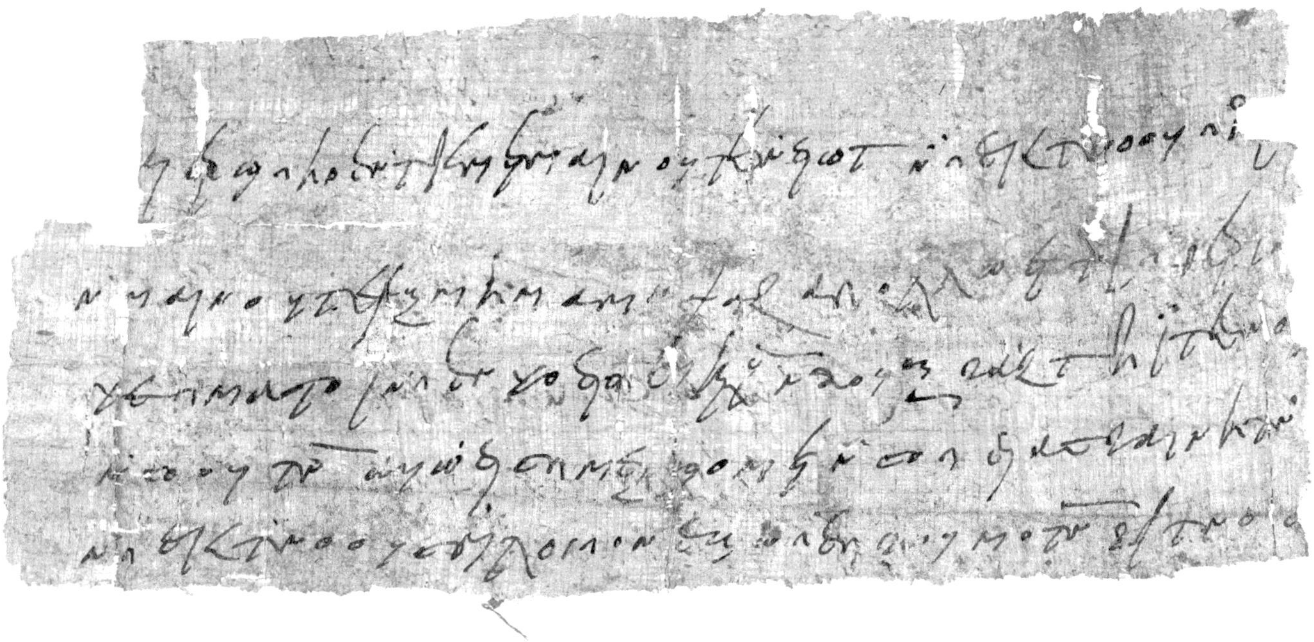

Nr. 496 Recto

Nr. 496 Verso

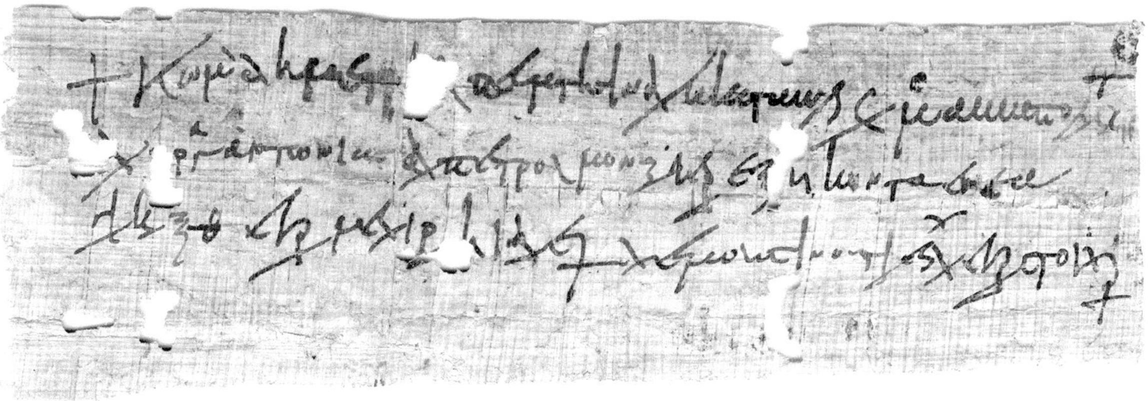

Nr. 497

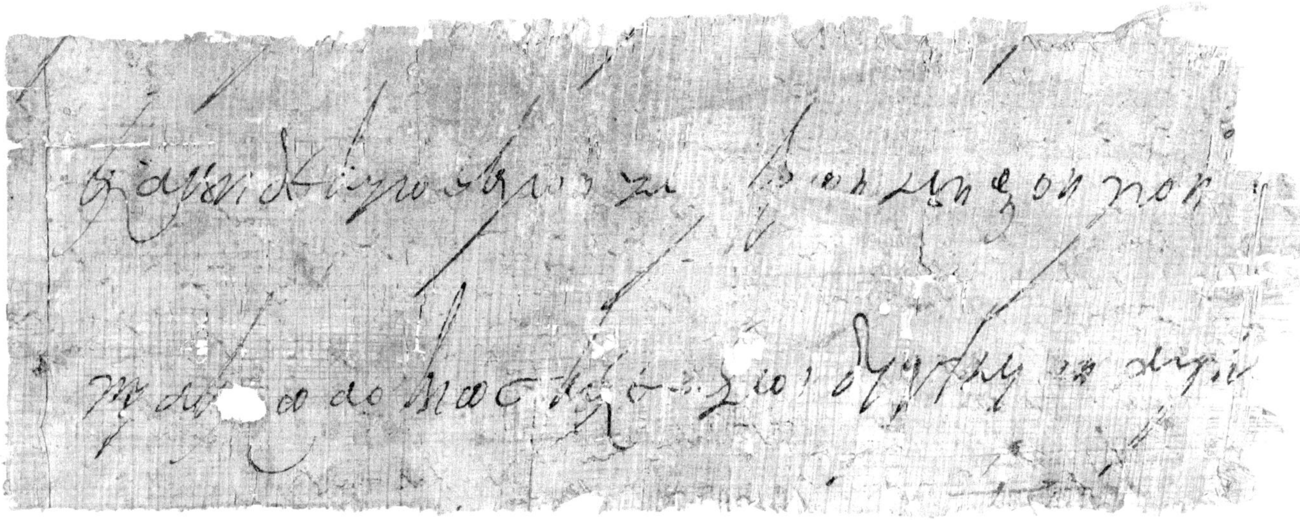

Nr. 498

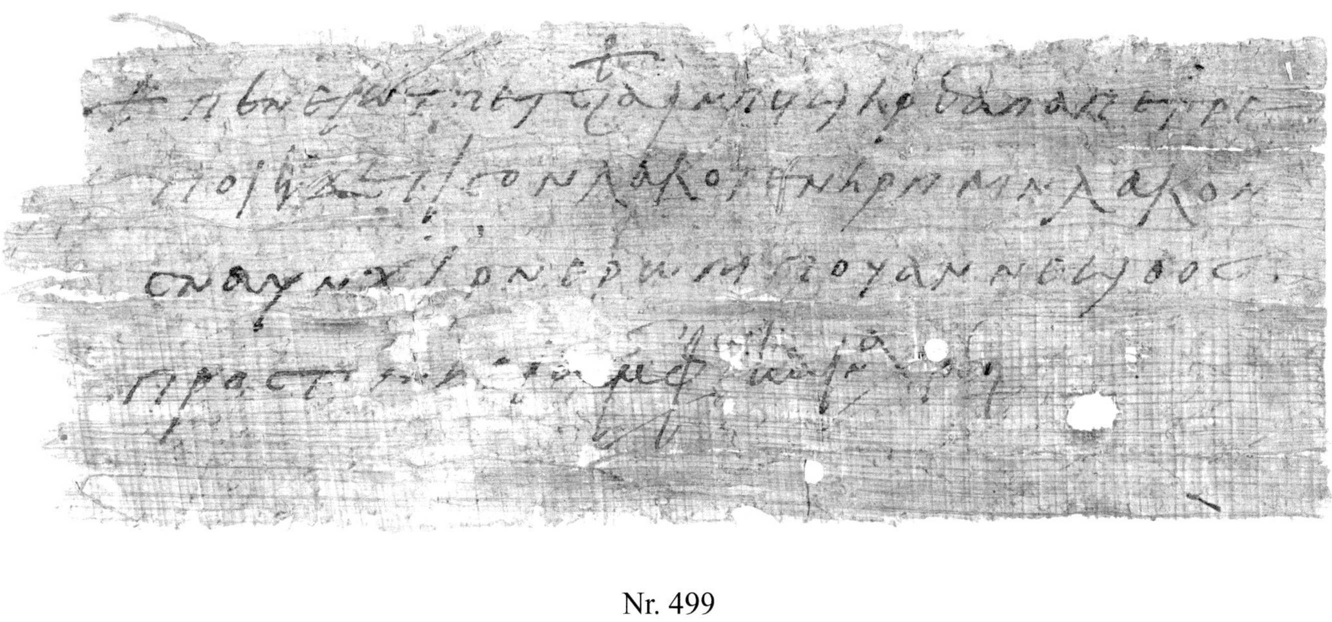

Nr. 499

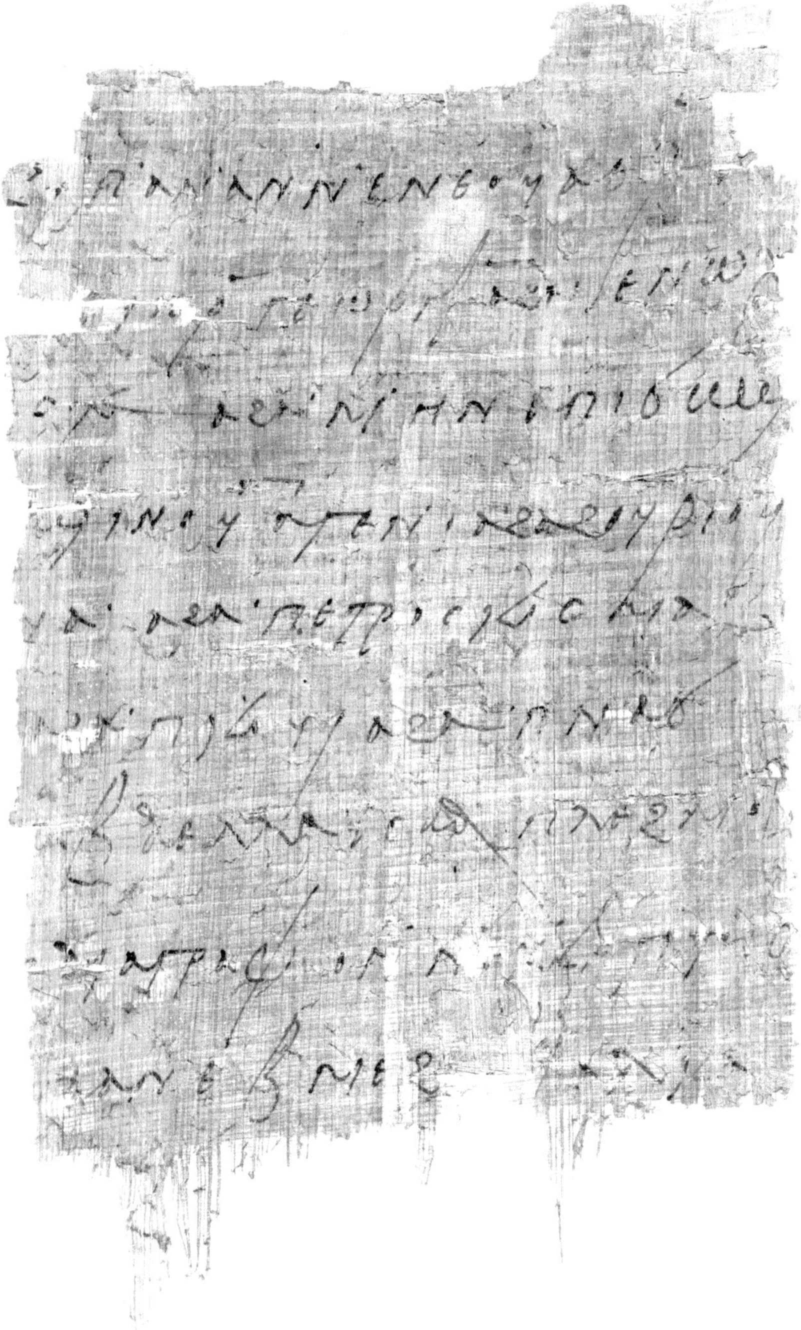

Nr. 500

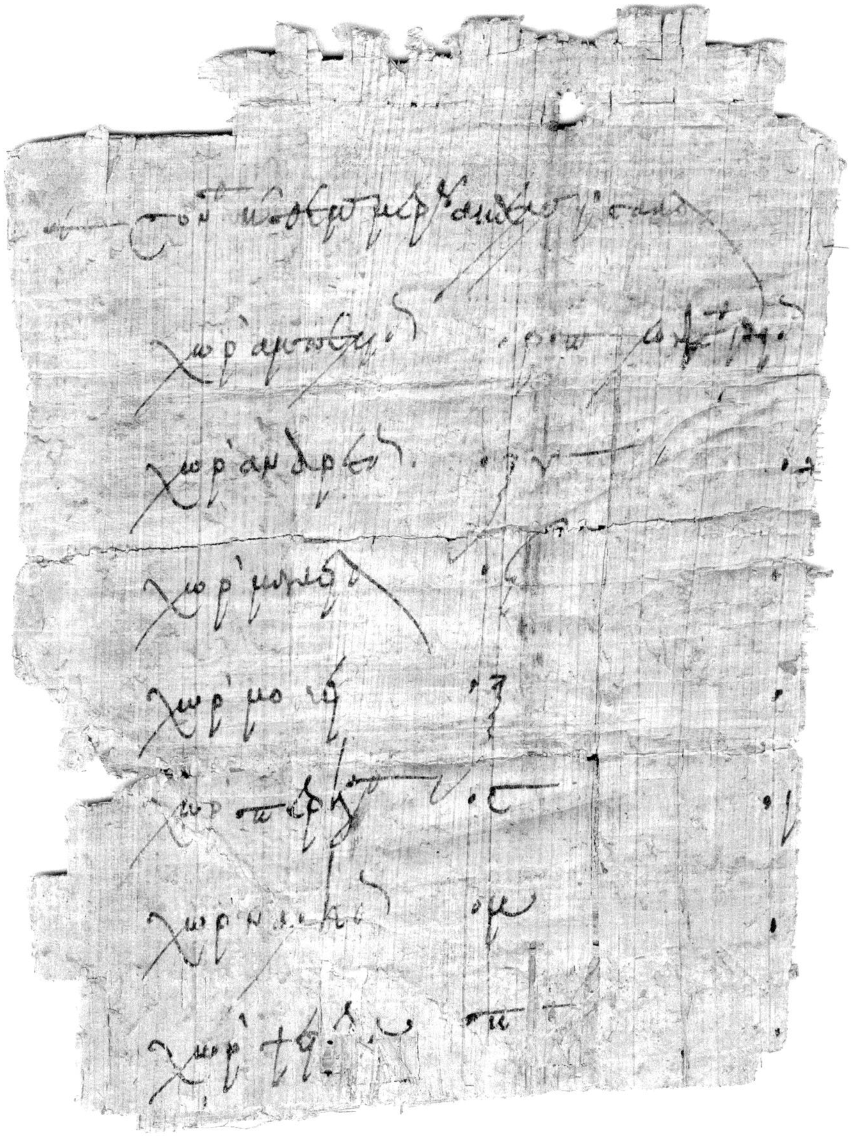

Nr. 501

Druck und Bindung
Books on Demand GmbH, Norderstedt